성공을 준비하는 사람들의 선택

MBA ENGLISH

MBA ENGLISH
FINANCENO CHISHIKITO EIGOWO MINITSUKERU
Copyright © RYOMA ISHII 2008
Originally published in Japan in 2008 by BERET PUBLISHING CO., INC.
Korean translation copyright © 2011 by E-z book
Korean translation rights arranged through TOHAN CORPORATION,
TOKYO., and Bestun Korea Agency., SEOUL

이 책의 한국어판 저작권은 일본 토한 코포레이션과 베스툰 코리아 에이전시를 통해 일본 저작권자와 독점 계약한 이지북에 있습니다.
저작권법에 의해 한국 내에서 보호를 받는 저작물이므로 무단전재나 복제, 광전자 매체 수록 등을 금합니다.

성공을 준비하는 사람들의 선택

금융 지식과 영어를 동시에 배운다

이시이 료마 지음 | 김민경 옮김

책머리에

경제 글로벌화가 진전되면서 세계 경제 동향을 정확히 이해하는 것에 대한 필요성이 높아지고 있습니다. 글로벌화는 이제 비판이나 찬성의 대상이 아니라, 그것에 국가와 국민이 어떻게 잘 대응할 수 있을까 하는 단계에 직면해 있습니다. 인간은 결코 혼자서는 살아갈 수 없다는 원칙이 현재는 국가에도 적용되어, 일본 경제가 혼자서만은 살아남을 수 없는 상황에 처해 있습니다. 국가의 경제 운영은 정치의 중심 과제로, 특히 금융 시스템의 정비는 경제 성장 정책의 근간입니다. 세계 여러 곳에서 전개되는 극심한 경쟁에서 결코 도망치지 않고 경제 성장 노선을 유지하면서 국민 생활 전체를 윤택하게 하는 것이야말로 정치의 지상 테마라고 할 수 있습니다. 이러한 상황에서 글로벌 경제 정보를 올바르게 이해하는 것은 개인이 장래에 대해 스스로 준비하는 것과 마찬가지로 중요합니다.

그러나 세계의 라이벌인 외국계 기업은 그 윤곽을 잘 드러내지 않고 있습니다. 특히 그들의 일본 금융시장 진입에 대한 일본인들의 공포심은 점점 더 강해지고 있습니다. 금융시장과 세계의 관계는 적대적 M&A 등과 같이 고압적입니다. 또한 파생 금융 상품 등이 복잡한 금융 공학으로 대표되듯이 일반인들에게는 난해한 것으로 비쳐집니다. 그러나 '검은 배(에도 시대 말기에 서양에서 온 페리 함선을 일컫는 말)' 이후 일본은 지금까지 수많은 미지의 시스템과 노하우에 일본 독자의 문화와 지혜를 조합하여 오히려 전보다 뛰어나게 만들어 세계로 퍼뜨렸습니다. 세계는 지금 다시 일본에게 그 역할을 기대하고 있습니다. 그 본질은 개개의 일본인들이 '자본시장을 이해하고 위험을 정면 돌파하면서 보유하고 있는 돈을 합리적으로 굴린다'는 것에 있습니다. 또한 현재 일본의 기간산업인 수출 제조업의 발전 프로세스와 마찬가지로 세계의 금융 분야 지식과 일본식 노하우의 융합이 새로운 미지의 가능성을 가져다 줄 혁신적인 프로세스가 되는 것은 아닐까라는 기대도 있습니다. 자산의 많고 적음에 상관없이 각 개인이 세계 시장과 올바르게 마주 봄으로써 새로운 경제 성장의 찬스가 생길 것입니다.

이 책은 저자가 미국의 MBA 코스 입학 당시에는 그저 난해하기만 했던 재무 금융이 영어를 이해하면서부터 갑자기 쉬워지면서 의미 있는 학문 분야로 느껴졌던 과정을 13장으로 그대로 정리한 것입니다. 2년 과정인 MBA에서 1년차가 배우는 코어(기초) 코스의 커리큘럼을 망라하는 동시에 실제 금융 경제와의 관계에 중점을 둔 테마를 골랐습니다. 금융과 경제에 완전히 초심자인 분들부터 영어로 MBA 재무 금융을 이해해가는 데 흥미가 있는 사회인까지 널리 읽을 수 있도록 본문에 폭넓은 내용이 실려 있습니다. 또한 금융을 공부하는 학생이 영어로 된 전문용어를 조기 습득할 수 있도록 실제 MBA에서 사용하는 재무 금융 교과서를 기준으로 한 영어 단어집도 수록했습니다. 영어 단어집은, 초심자용부터 실무자가 필요로 하는 전문용어까지 내용의 중복에 상관없이 영어로 표현된 금융 지식을 습득하는 것을 목적으로 동의어를 반복해서 수록했습니다. 집필, 편집 과정에서 영어와 글로벌 금융 용어의 친화성을 강조하는 동시에 실용성에도 중점을 둘지 혹은 MBA 금융 코스의 학술성을 내용적으로 중시할지에 대해 논의하면서 큰 갈등이 있었습니다. 그 과정에서 제 동창생인 미시건 대학 경영대학원(Ross School of Business, University of Michigan) MBA 졸업생 여러분과 베레 출판사의 신타니(新谷) 씨에게 여러 모로 유익한 조언을 받았습니다.

이 책이 세계와 마주하려는 독자 여러분에게 조금이라도 도움이 되기를 바랍니다.

이시이 료마(石井竜馬)

CONTENTS

CHAPTER 1 | 금융이란?

1. 금융의 의미 • 14
DEFINITION OF FINANCIAL CIRCLES

금융의 두 가지 의미 | 간접금융과 직접금융 | 간접금융이란? | 직접금융이란? |
금융의 두 가지 기능적 특징 – '장소'와 '시간'을 초월하다

2. 미국에서 도입된 다양한 금융 서비스 • 21
VARIETY OF FINANCIAL SERVICE

미국의 은행 제도의 특징 | 미국의 금융 시스템 발전의 역사 |
미국의 금융 시스템은 '증권 자본주의'

경기 동향과 거시경제에 관한 Key Words • 32

CHAPTER 2 | 현대 금융 이론

1. 현대 금융 이론이란? • 38
MODERN FINANCIAL THEORY

2. 세계의 여러 금융시장 • 40
GLOBAL CAPITAL MARKET

주식시장 | 채권시장 | 금융시장(단기 금융시장) | 외환시장

3. 현대 금융의 8가지 주요 이론 및 테마 • 45
PRINCIPLE FINANCIAL THEORY

현재가치 | 자본 자산 가격 결정 모형 | 재정 가격 이론 | 효율적 시장 가설 |
가치 가산 | 자본 구성 이론 | 옵션 | 대리인 이론

4. 미국의 주요 경제지수 • 50
ECONOMIC INDICATOR OF THE U. S.

GDP | 고용 통계 | ISM 제조업 지수 | CPI | 미시건 대학 소비자 신뢰 지수

주요 시장과 현대 금융 이론에 관한 Key Words • 53

CHAPTER 3 | '시장이 결정된다'는 의미란?

1. 모든 가치를 결정하는 효율적인 시장 • 64
MARKET EFFICIENCY

시장의 효율성이란?

2. 주가 결정의 실제 • 67
THEORY OF STOCK PRICE FORMATION

증권회사가 관여하는 가격 형성 | 증권회사가 관여하지 않는 가격 형성

3. 랜덤워크와 시장 이론 • 73
RANDOM WALK THEORY

랜덤워크 이론과 위험 헤지 | 원숭이의 다트 던지기

증권시장과 투자 효율성에 관한 Key Words • 76

CHAPTER 4 | 금융 상품의 이것저것

1. 금융상품이란? • 90
FINANCIAL PRODUCTS

2. 상품 시장과 코모디티 시장 • 92
COMMODITIES

상품 가격 결정의 구조

3. 파생 금융 상품이란? • 95
DERIVATIVES

4. 파생 금융 상품의 역사 • 98
HISTORY OF DERIVATIVES

금융 상품에 관한 Key Words • 100

CHAPTER 5 | 주식회사의 구조

1. 주식회사의 구조　•108
   STRUCTURE OF CORPORATION

2. 회사는 누구의 것일까?　•109
   WHO OWN THE COMPANY?

3. 경영자의 책임　•111
   MANAGEMENT RESPONSIBILITY

4. 전략적 자본 정책과 자사주 취득, 금고주 활용　•113
   STRATEGIC CAPITAL MANAGEMENT
   금고주의 활용법

5. 현금흐름 경영이란?　•117
   CASH FLOW MANAGEMENT

6. 미국의 자본 정책과 고주가 경영　•119
   CAPITAL MANAGEMENT IN THE U. S.
   미국의 고주가 경영 실태

7. 주식회사의 수익 구조와 이해관계자　•121
   PROFIT STRUCTURE OF THE CORPORATION

8. 기업 지배 구조　•124
   CORPORATE GOVERNANCE

9. 대리인 비용　•126
   AGENCY COST

주식회사의 구조와 자본 정책에 관한 Key Words　•128

CHAPTER 6 | 주식시장과 시가총액 경영

1. 시가총액 경영 • 142
MANAGEMENTFOR MARKET CAPITALIZATION
기업의 시가총액과 성장성

2. 시가총액 경영과 주식회사의 구조 • 145
MARKET CAP AND STRUCTURE OF THE CORPORATION
시가총액 경영과 자금 조달

3. 주식 교환에 의한 M&A • 147
STOCK EXCHANGE M&A

시가총액 경영과 주식회사 구조의 Key Words • 150

CHAPTER 7 | 금리의 구조

1. 금리의 변동 • 160
FLUCTUATION OF INTEREST RATE
돈에 대한 수급과 관리

2. 수익률 곡선 • 163
YIELD CURVE
장·단기 금리와 수익률 곡선의 결정 요인

3. 세계의 표준은 복리 계산 • 166
COMPOUND INTEREST

4. 할인 계산과 복리 계산의 관계 • 168
COMPOUNDING AND DISCOUNTING
복리 계산의 실제와 NVP(순현재가치)

5. 미국의 금융정책과 금리 • 172
MONETARY POLICY IN THE U.S.

6. FF 금리와 공정환율, FED의 정책 • 175
MONETARY POLICY BY FED

금리와 할인 계산의 Key Words • 178

CHAPTER 8 | 채권이란?

1. 부채와 채권 • 184
CREDIT AND BOND, DEBENTURE
금리와 채권 가격 | 채권의 수익 기회

2. 일본 국내의 채권의 종류 • 188
VARIETY OF JAPANESE BOND

3. 미국에서 유통되는 채권의 종류 • 194
VARIETY OF BOND IN THE U.S.

4. 채권의 만기 수익률과 신용 평가 • 195
YIELD TO MATURITY AND RATING
발행자 입장에서 본 채권의 장점 | 신용 평가란?

5. 듀레이션과 볼록성 (컨벡서티) • 199
DURATION AND CONVEXITY
금리 수준의 변화에 의한 채권 가격의 변동 리스크 | 듀레이션 '평균 회수 기간(연수)' | 볼록성(컨벡서티)

채권에 관한 Key Words • 205

CHAPTER 9 | 외환이란?

1. 외환의 구조 • 214
FOREIGN EXCHANGE

2. 기축통화의 의미 • 217
KEY CURRENCY

3. 달러 가치와 일본 기업의 실적 • 219
DOLLAR RATE AND ACHIEVEMENT OF JAPANESE CORPORATION
달러 인덱스란?

4. 달러 가치를 측정하는 빅맥 이론과 구매력 평가 • 224
BIG MAC THEORY AND PPP

환율에 관한 Key Words • 226

CHAPTER 10 | 기업 가치란?

1. 기업 가치란? • 232
CORPORATE VALUE

2. ROA · ROE · PER · PBR · DOE란? • 236
EFFICIENCY INDEX

ROA(총자산 순이익률) | ROE(자기자본 이익률) | ROE의 상승과 기업의 성장성 | PBR(주가 순자산 비율) · BPS(주당 순자산 가치) | DOE(주주 자본 배당률)

3. IRR · NPV · ROI · EBIT · EBITDA · EVA란? • 243
PROFITABILITY INDEX

IRR(내부수익률) | IRR의 장점과 단점 | NPV(순현재가치) | ROI(투자수익률) | EBIT(세전이익) | EBITDA(세전 이자 지급 전 이익) | EVA(경제적 부가가치) | WACC(가중평균 자본비용)

4. MM이론이란? • 251
MM THEORY

기업 가치와 경영의 효율화에 의한 Key Words • 254

CHAPTER 11 | 리스크란?

1. 리스크와 주가 변동성 • 262
RISK AND VOLATILITY

블랙 숄즈의 방정식이란? | 실제 유러피언 옵션(콜) 계산의 예

2. 분산투자 • 267
DIVERSIFIED INVESTMENT

3. 증권화 • 270
SECURITIZATION

4. 서브프라임 론과 리스크 분산, 증권화 • 271
RISK OF ABS

5. 증권화하는 측의 장점 • 273
ADVANTAGE OF SECURITIZATION

리스크와 변동률의 Key Words • 275

CHAPTER 12 | 선물거래와 옵션

1. 선물거래 • 286
　　FUTURES

2. 옵션 • 288
　　OPTION
　　옵션의 종류 | 옵션의 매매 및 손익 | 옵션의 매도에 대한 위험 관리 |
　　그 외의 옵션을 사용한 전략 | 옵션 거래의 전문 용어 |
　　옵션을 사용한 투자 판단 ; 리얼 옵션

선물거래와 옵션에 관한 Key Words • 301

CHAPTER 13 | 위험 헤지와 시장의 효율성

1. 위험 헤지란? • 308
　　RISK HEDGE
　　리스크와 주가 변동성 | 투자 위험·매니지먼트의 구체적인 예들

2. 투자에 대한 기대 수익 • 315
　　EXPECTED RETURN
　　기대수익과 위험

리스크 헤지와 시장 효율성에 관한 Key Words • 322

CHAPTER 1

금융이란?

금융의 의미

1

DEFINITION OF FINANCIAL CIRCLES

금융의 두 가지 의미

    financial circles(금융)란 단어는 의미가 obscure(모호한)합니다. 또한 financial circles(금융)란 단어에는 여러 가지 aspect(측면)가 있습니다. 일본의 독자적인 Bank management system(은행 시스템)인 Bank management under the convoy system(선단식 경영 방식의 은행 시스템)부터 사회 문제로 대두된 consumer loan(소비자 금융)까지 다양한 image(이미지)가 있습니다.

    실제로 미국을 중심으로 한 세계의 경제 시스템에서 financial circles(금융)의 role(역할)은 일본에서 말하는 financial circles(금융)와 약간 차이가 있습니다. 미국의 슈퍼마켓에 가면 몇십 달러를 payment(지급)받으려고 한 손에 돋보기를 들고 personal check(개인 수표)을 draw(인출)하고 있는 평범한 부인을 볼 수 있습니다. 그녀는 슈퍼마켓에서 draw(인출)하는 personal check(개인 수표)이 자신의 bank account(예금계좌)의 balance of account(계정 잔액)에서 withdraw(인출하다)되는 과정을 conceptually(개념적으로) 이해하고 있습니다. 미국의 financial circles(금융)는 생활과 밀착되어 있기 때문입니다.

financial circles는 '금융'을 뜻하지만, circles라는 단어로 인해 보다 구체적으로 circulation(순환)한다는 image(이미지)를 가질 수가 있습니다. '돈의 순환(circulation of money)'이라는 말에는 크게 두 가지 의미가 있습니다. 하나는 세상을 순환하는 money flow(돈의 흐름)라는 의미이고, 다른 하나는 assets and liabilities(자산과 부채)라는 의미입니다. 여기서는 간단하게 flow(흐름)와 stock(축적)이라는 두 가지 aspect(측면)로 이해하고 살펴보겠습니다.

간접금융과 직접금융

'돈의 흐름(money flow)'을 인간의 신체에 비유하자면 flow(흐르다)하는 혈액과 같은 것입니다. 혈액은 단순히 몸속에서 circulate(순환하다)하는 것이 아니라 세포의 growth(성장)에 필요한 산소를 운반하고 이산화탄소를 흡수합니다. growing(성장하는)하는 세포를 stock(주식, 자본 축적)이라고 생각하고 funds(자금)를 필요로 하는 회사나 개인에 대입해봅니다. 이렇게 생각하면 혈액을 매개로 하는 산소와 이산화탄소의 exchange(교환)는 '돈의 차입과 대출(borrowing and lending)'이라고 생각할 수 있습니다.

economy(경제)가 grow(성장하다)하기 위해서는 자금의 circulation(순환)이 smoothly(원활하게)하게 되어야 합니다. circulation of funds(자금의 순환)에는 direct financing(직접금융)과 indirect financing(간접금융)이라는 두 가지 system(시스템)이 있습니다.

간접금융이란?

전후 일본에서는 메이저 은행이 funds(자금)를 필요로 하는 project(사업)에 funds(자금)를 대출해주고 depositor(예금자)에게는 principal(원금)과 interest(이자)를 guarantee(보증)하면서 모든 risk(위험)를 bear(부담하다)하는 '간접금융 방식(indirect financing)'을 취했습니다. 은행은 depositor(예금자)가 맡긴 funds(자금)에 대해 total liability(전면적인 책임)를 졌습니다. 또한 일본의 은행은 financial intermediary(금융 중개 기관)로서 자금을 필요로 하는 growth industry(성장산업)에 대해 sufficient(윤택한) 자금을 project finance(융자)해 주었습니다. 일반적으로 이 project finance(융자)에는 대단히 높은 business risk(경영 위험)가 동반됩니다. 그러나 예전 high growth period(고도성장기)의 일본에서는 주로 확실한 demand(수요)가 있는 분야에서 이들의 investment(투자)가 행해졌으며, decreasing risk(위험의 경감)를 하면서 돈의 circulation(순환)을 확보했습니다.

이 시스템은 demand(수요)가 오름세로 growing(성장하는)하고 있는 전후 일본의 high growth period(고도성장기)에는 훌륭하게 기능했습니다. 그러나 1990년대에 collapse of the bubble economy(거품경제의 붕괴)로 인해 balance of financing(융자 잔액)의 방대한 bad debt : irrecoverable loan(악성 부채 : 회수 불능 부채)이 발생했습니다. 그 결과 financial intermediary(금융 중개 기관)로서 mega bank(초대형 은행)의 financial stamina(금융 체력)는 눈에 띄게 weaken(약해져)해졌습니다. 1990년을 경계로 일본 경제는 the lost decade(잃어버린 10년)라는 write-offs of bad loans(불량 채권 처리)에 쫓기는 나날이었습니다. 또한 1990년대에는 globalization(세계화)이 급격하게 진전되었습니다. 따라서 world monetary market(세계 금융 시장)의 장벽이 없어져 돈을 순환시킬 수 있게 되었습니다. 미국의 저명한 경제지인 『Fortune(포춘)』이 발표한 세계 최고 매출 ranking(랭킹)을 보면 1990년대 후반까지 일본의 general trading company(종합상사)는 매출액 랭킹 상위를 차지하고 있었습니다. 그러나 미국의 multinationals(다국적 기업)가 1990년대 중반부터 세계 시장에서 사업 규모를 확대하기 시작했습니다. 그 결과 이들은 일본 general trading company(종합상사)의 매출 규모를 앞지르고 있습니다. 기업의 growth strategy(성장 전략)를 생각할 때 이는 일본의 growth of economy(경제 성장)를 중심으로 보는 관점에서 세계의 성장 기회를 business opportunity(비즈니스 기회)로 보는 관점으로 변화하는 계기가 되었습니다.

financial transaction(금융 거래)은 derivatives(파생 금융 상품) 등의 innovation(개발)에 의해 be complicated(복잡화)가 진행되어 risk(위험)가 decentralized(분산

되어)되는 동시에 그 시장 참가자의 range(범위)는 확대되었습니다. 그 결과 금융 세계에 보다 많은 stakeholder(이해관계자)가 생겼습니다. 또한 일본에서는 mega bank(초대형 은행)일지라도 은행 한 곳만 financial intermediary(금융 중개 기관)로서 모든 금융 거래 리스크를 책임지지 않는다는 생각이 주류를 이루게 되었습니다. 결국, margin(이익률)은 낮지만 stable growth(안전 성장)란 목표를 전제로 한 indirect financing(간접금융) 방식을 채택한 일본에서는 그 risk(위험) 부담을 감당할 수 없게 되어 dysfunction(기능 장애)이 되고 말았습니다.

직접금융이란?

한편, '직접금융(direct financing)'으로 '간접금융(indirect financing)'의 dysfunction(기능 장애)을 처리할 수 있을지에 대해 debate(토론)되고 있습니다.

직접금융(direct financing)은 은행을 대신해 securities firm(증권회사) 등이 자금 부족 부문(적자 주체)인 enterprise(기업)의 stock(주식)이나 bond(채권)를 자금 잉여 부문(흑자 주체)인 investor(투자가)에게 직접 sale(판매하다)함으로써 성립합니다. 직접 판매된다는 것은 이들의 stock(주식)과 bond(채권)를 purchase(구입하다)하는 investor(투자가) 본인에게 그 자금에 대한 responsibility(책임)가 생긴다는 것을 의미합니다. 이 risk(리스크)를 책임지는 사람이 investor(투자가) 본인이라는 점이 indirect financing(간접금융)과 큰 차이가 있습니다. 미국과 영국에서는 direct financing(직접금융)이 main stream(주류)임에 반해 일본, 독일에서는 indirect financing(간접금융)이 main stream(주류)입니다. 그 이유에 대해서는 일본, 독일 공통의 factor(요인)인 전후 reconstruction(부흥)이라는 factor(요인)를 들 수 있습니다. good credit rating(좋은 신용 등급)이 아니고 being well funded(자금력이 있는 상태)도 아닌 기업이 자금을 procure(조달하다)할 때 은행 borrowing(대출)에 의지해야만 했던 것이 factor(요인)입니다. 말하자면 investment(투자)를 위한 risky money(자금)가 전후 reconstruction(부흥)을 주안으로 하는 나라에서는 insufficient(윤택하지 않은)했다고 생각할 수 있습니다.

또한 일본에서는 특히 asset management(자금 운용) 방법으로 security(안정성)가 높은 deposit(예금)이 선호되었는데, 높은 저축률이 low cost(저비용)의 funds(자금)를 industry(산업계)에 provide(제공하다)하는 engine(원동력)이 되었습니다. 일본에서는 부지불식간에 money flow(돈의 흐름)를 domestic(국내 주체)이라고 생각하는 일이 assumption(전제)되었을 것입니다. '돈의 흐름(money flow)'에 있어 '돈의 차입과 대출(borrowing and lending)'이란 가계 등과 같이 돈의 여유가 있는 곳(자금 잉여 부문·흑자 주체)에서 성장하려고 하는 기업처럼 돈이 부족한 곳(자금 부족 부문·적자 주체)으로 '돈을 융통하는 것(revolving funds)'을 일컫습니다. 즉, 일반적인 과부족을 '조정(adjust)'하기 위해서 생긴 돈의 borrowing and lending(돈의 차입과 대출)을 말합니다. 이 경우의 lending(융통)은, 문자 그대로 cash holding(현금 보유)에 의해 생긴 '여지와 여유(to have money to spare)'를 이를 필요로 하는 다른 사람에게 사용하도록 해주는 것이라고 생각할 수 있습니다.

지금까지 '장롱 예금(은행에 맡기지 않은 채 집 안에 두는 현금 - 옮긴이)'이라는 발상으로 현금 보관을 우선시하는 생각이 강했습니다. 그러나 돈에는 interest(이자)가 붙습니다. 이것은 돈에 time value(시간적 가치)가 존재하기 때문에 아무것도 하지 않으면 돈의 가치가 decrease(감소하다)함을 의미합니다. 돈의 borrowing and lending(돈의 차입과 대출)에 의해 돈의 borrower(대출자)는 수중에 자금을 획득할 수 있으며 그것을 profitable project(수익 사업)에 투자할 수 있게 됩니다. 반면에 borrower(대출자)는 lender(대여자)에게 promissory note(약속어음)를 issue(발행하다)하여 미래에 돈을 변제하기로 guarantee(약속하다)합니다. 금융은 시간을 넘는 present(현재)와 future(장래) 사이의 자금 transaction(거래) 관계라고도 합니다. 그리고 돈을 '움직여서' 획득한 time value(시간적 가치)를 웃도는 이 투자 profit(수익)이야말로 금융의 큰 목적 중의 하나입니다.

또한 돈의 lender(대여자)는 financial asset(금융 자산)을, 돈의 borrower(대출자)는 financial liabilities(금융 부채)를 각각 보유합니다. 돈의 lender(빌려주는 사람)는 그 credit(채권)를 제3자에게 cede an obligation(전매)해 현금화할 수도 있습니다. 이처럼 'liquidity(유동성)의 acquire(획득)'(현금화하는 것)도 포함해서 금융이라고 표현합니다.

corporate management(기업 경영)에서 corporate finance(기업 금융)의 theory(이론)는 최근에 눈부시게 발전했습니다. 이 이론의 중심적 과제라고 할 수 있는 것이 바로 'asset(자산)과 liability(부채)의 능숙한 활용법'입니다. market capitalization(시가총액 - 기업 가치 평가 방법 중 하나)을 증가시키는 방책으로서 matured market(성숙한 시장)에서 기존의 market share(시장점유율)를 빼앗는다는 발상의 strategy(전략)만으로는 문제를 해결하기 어렵습니다. 자금을 저렴한 cost(비용)로 조달해 rate of return(자본이익률)이 좋은 project(사업)로 관심을 돌리는 것이 중요합니다. 그 과제가 되는 것이 바로 asset(자산)과 capital(자본)의 control(통제)이며, 그 결과 보다 적극적으로 borrowed funds(차입 자금)를 사업에 투입하게 됩니다. 이처럼 liability(부채)를 활용하는 financial activity(금융 활동)를 살펴보면 돈이 돈을 낳는다(Money begets money : 일정한 조건이 충족된다면 돈은 많을수록 더욱 불어난다는 의미의 영어 속담 - 옮긴이)는 real economy(실물경제)의 의미와는 동떨어져 있으며, 따라서 monetary economy(화폐 경제)가 출현하는 것은 어떤 의미로는 필연적이라고 할 수 있습니다. 이 financial economy(금융경제)에서는 복잡한 금융 상품이 financial engineering(금융 공학)을 사용한 derivatives(파생 금융 상품)로서 폭넓게 매매되고 있습니다.

금융의 두 가지 기능적 특징 – '장소'와 '시간'을 초월하다

'돈'이 존재하지 않았던 ancient society(고대사회)에서는 barter(물물교환)를 했습니다. barter(물물교환)는 거래 대상이 되는 물품을 carry(운반하다)해야 하는 매우 불편한 transaction(거래)이었습니다. 또한 거래 상대가 자신이 원하는 물품을 꼭 가지고 있는 게 아니므로 exchange(교환) opportunity(기회)가 한정되어 있었습니다. 이 transaction(거래)의 불편함을 해소한 것이 바로 돈입니다.

요컨대 이 '장소를 초월한 교환거래'를 실현한 것이 돈의 큰 role(역할)입니다. 이 role(역할)은 돈의 settlement(결제 기능)에 focus(초점)를 맞춘 관점입니다. 돈의 flow(흐름)를 lubricate(원활히 하다)하는 것을 최대 objective(목적)로 합니다. 윤택한 liquidity(유동성)는 경제가 아직 성숙되지 않고 원활한 자금 흐름을 필요로 하는 developing country(개발도상국) 경제에서 강하게 요구됩니다.

반면에 판매한 products(상품)의 turnover(매출금)를 회수하는 데 시간이 소요되는 경우가 많습니다. 종업원의 pay day(급여일)에는 salary(급여)를 지급해야 합니다. 또한 매출 대금이 입금되기 이전의 기일까지 매입한 material(재료)에 대한 지불을 반드시 마쳐야 하는 경우도 있습니다. 이러한 경우 설령 일시적이라도 돈을 borrowing and lending(차입과 대출)할 수 있다면 시간을 유효하게 활용할 수 있는 교환 transaction(거래)이 가능해집니다. draft(수표 발행), credit card(신용카드), loan(론)의 활용으로 인해 현금 지급은 하지 않지만 후에 지급한다는 transaction(거래)이 성립합니다. 일시적인 돈의 과부족을 assets and liabilities(자산과 부채)로 조정함으로써 교환을 원활히 진행할 수 있습니다. 이것은 상품 대금이 입금되지 않을 수도 있다는 risk(위험)를 제외하면 아무런 문제가 되지 않는 financial transaction(금융거래)입니다. 이러한 '시간을 초월한 교환거래'의 실현은 돈의 또 다른 큰 role(역할)입니다.

돈을 일시적으로 빌린 사람은 그 credit(채권 : 재산권 중 하나로 채권자가 채무자에게 일정한 행위를 청구할 수 있는 권리 - 옮긴이)을 타인에게 판매해 그것을 즉시 liquidation(현금화)할 수 있습니다. credit(채권)의 purchaser(구입자)는 어디까지나 그 bond(채권)의 security(안전성)와 return(투자 이율)을 잘 검토하여 구입 여부를 결정합니다. 이때 투자 행동의 기본 attitude(자세)는 '돈을 어떻게 활용할까?'라고 할 수 있습니다.

이처럼 투자 경제의 확대는 비교적 matured country(성숙한 선진국)에서 용이하게 실행됩니다. 반면에 real economy(실물경제)와는 동떨어진 monetary economy(화폐경제)의 조성을 촉구하는 것 또한 사실입니다.

2 미국에서 도입된 다양한 금융 서비스

VARIETY OF FINANCIAL SERVICE

미국의 은행 제도의 특징

오늘날에는 은행에 가면 foreign-currency account(외화예금)나 investment trust(투자신탁), loan(론) 등의 여러 금융 투자 상품이 출시되어 있습니다. 그리고 debit card(직불 카드)나 IC credit card(IC 신용카드), electronic money(전자화폐)나 internet banking(인터넷뱅킹) 등 여러 가지 방법으로 금융시장에 access(접속하다)하는 것이 가능해졌습니다. 이들 서비스의 대부분은 미국에서 건너왔습니다. 그러나 미국에서도 이처럼 다양한 서비스를 일반 고객에게 제공하기 시작한 것은 최근입니다. 지금까지 미국에서는 money enough and to spare(여유 자산)와 risk money(리스크 머니 : 투자에 사용 가능한 자금)가 증가해 '전 국민의 투자가화'가 진전되면서 급속히 이들 서비스를 개발하여 일반 투자가에게 제공해왔습니다.

미국과 일본 금융 시스템의 최대 차이점은, 미국의 경우 금융 시스템을 담당하는 financial market(금융시장)과 financial intermediary(금융 중개 기관) 중에 전통적으로 financial market(금융시장) 쪽이 강하다는 것입니다.

그 결과 미국의 banking system(은행 제도)이 일본에서 많은 주목을 받았습니다. 실제로 미국에서 은행 수는 1990년 12월에 약 1만 5100개였으나 2005년 12월에는 약 8800개로 감소해 은행 업계의 축소 경향이 두드러졌습니다. 업무의 확대 지향이 아니라 자본의 효율 운용에 초점이 맞추어졌음을 알 수 있습니다.

미국의 은행 제도에는 주로 다음과 같은 특징이 있습니다.

- 이중 은행 제도 (dual banking system)
- 단일 은행 제도 (unit banking)
- 여러 갈래에 걸친 규제 (주를 벗어나 영업할 때의 규제)
- 중층적 규제 (복잡한 감독 기관의 규제)

미국의 금융 시스템 발전의 역사

이들의 특징은 미국 금융 시스템 발전의 역사와 깊은 관계가 있습니다. 원래는 미국 은행의 profit resource(수익원)도 전통적인 은행 업무로부터 얻어졌습니다. 여기서 전통적인 업무란 일본 은행과 마찬가지로 lending(대부 업무)과 settlement of accounts(결제 업무)를 말합니다. 그러나 1970~1980년에 걸쳐 미국에서 강력한 inflation(인플레이션)이 발생했습니다. 이로 인해 은행은 lending(대부 업무)에서 negative spread(역마진)에 시달리게 되었습니다. 미국의 은행은 최선의 방법으로 금리 수입 이외의 profit resource(수익원)를 추구하게 되었습니다.

그 후 많은 미국 은행이 1990년대 전반부터 derivatives(파생 금융 상품)에 owned capital(자기자본)을 invest(투자하다)하여 profit(수익)을 증가시키려고 했습니다. 그러나 이 시도는 1998년 러시아 위기와 LTCM파산[Long Term Capital Management라는 hedge fund(헤지 펀드)가 derivatives(파생 금융 상품) 투자에 실패하여 파산]으로 인해 수정했습니다. 그 결과 '지식 기반 업무'와 '규모의 경제(economy of scale)'

를 중시하는 업무 스타일에 직면하게 되었습니다. 그리고 VaR(value at risk : 투자 리스크를 계량화하는 기술)도 개발되었습니다. investment banking(투자은행 업무)과 private banking(프라이빗 뱅킹)이 그 주축입니다. 세계의 금융업계는 commercial bank(상업은행), investment bank(투자은행), security firm(증권회사)이라는 세 가지 기능을 동시에 겸비한 'one stop shopping(원 스톱 쇼핑)화'와 'globalization(글로벌화)'의 쌍방향으로 진행하고 있습니다. 현대 금융은 making a fortune(부의 축적)을 목적으로 하는 것이 아니라 부를 수단으로 삼아 constantly(끊임없이) 추구하는 system(시스템)이라고 할 수 있습니다.

일본에 진출해 있는 외국계 금융기관은 일본의 경기 회복에 보조를 맞춰 2003년부터는 leading industry(주도산업)가 되고 있습니다. 그러면 그 금융기관이 어떤 업무를 수행하는지, 그 organizational structure(조직 구조)는 어떤 형태를 하고 있는지 살펴봅시다.

미국 은행의 주요 수익원(profit resource) : 상업은행 업무, 투자은행 업무와 프라이빗 뱅킹

종래의 상업은행 업무 commercial banking
자금 결제 (settlement)
예금 예치 (deposit)
예금을 원자(原資)로 한 기업・개인을 대상으로 한 융자 (loan)

투자은행 업무(론 등의 대부 업무에서 투자은행 업무로의 전환) investment banking
대기업을 대상으로 한 융자 (차입금을 원자로 함 : loan)
사업 재무 전략의 조언 (advisory)
자기 자금으로 사업 투융자 (property trading)
자기 계정에 의한 자금 운용 (dealing)

주식·채권의 신규 발행 인수 (underwriting)

기관투자가를 대상으로 주식의 위탁매매 (broking)

개인투자가를 대상으로 신용거래 (margin trading)

프라이빗 뱅킹(리테일에서는 카드 사업이 수익의 중심) private banking

신용카드·직불 카드 사업 (credit card, debit card)

소비자금융 (consumer loan)

소매 금융 (retail banking)

프라이빗 클라이언트 뱅크 (private client bank)

미국 투자은행의 표준적 조직 구조

1) 투자은행 어드바이서리부 investment banking and M&A advisory

    발행시장(primary market)에서 업무를 취급한다. 인기 부문.

2) 홀 세일·트레이딩부 whole sale and trading

    채권(bond, fixed income), 상품(commodity)으로 나뉜다.

3) 자산 운용부 asset management

    투자신탁을 취급한다.

4) 컴플라이언스·심사·법무부 compliance, legal and risk management

    거래 기업의 신용 리스크와 금융거래에서 포지션(매매)의 리스크를 심사, 금융 계약의 소송 관계를 담당.

5) 총무·자금 결제부 general affairs and operations

    보통은 총무(general affairs), 자금(operation control), 결제(settlement)의 3가지 기능으로 나뉜다.

6) 시스템 솔루션부 system solution

    통신 네트워크, 보안을 취급한다. 다국적기업화로 인해 각국 지점에서도 같은 시스템을 운용할 필요성이 증가해 중요한 역할을 맡고 있다.

7) 경리 부문 controller

    경리 처리와 자금의 지급을 담당하기 때문에 현금 관리에서 중요한 역할을 맡고 있다.

8) 자금 조달부 treasury

ALM(asset liability management)라고 불리는 효율적인 자금 관리 방법을 사용해 필요한 운전자금을 조달하는 부문.

9) 사내 감사 internal audit

부정 거래가 손익 계상되지 않는지 사내에서 관리, 감독한다.

10) 인사부 human capital management

일본의 많은 일반 기업과 달리 미국 은행의 인사부에는 승진과 처우를 결정하는 권한이 없다. 오로지 부서 간의 이동 니즈(이동시키고 싶은 인재, 원하는 인재)를 조정하는 역할을 담당한다.

미국의 금융 시스템은 '증권 자본주의'

금융 시스템을 담당하는 government(정부) · household(가계) · enterprise(기업)를 살펴보면, 금융 시스템에 대한 사고방식에서 미국과 일본 간에 큰 difference(차이)를 볼 수 있습니다. 그 이유로는 이 주요 3요소의 금융 시스템에 대한 관계의 difference(차이)라고 해도 과언이 아닐 것입니다. 예를 들어 이 3요소 중 '기업(enterprise)'에 대해서는, 최근에는 '회사는 shareholder(주주)의 것이다'라는 미국형 이론이 크게 주목받고 있습니다. 지금까지 일본 corporate governance(기업 지배 구조)의 중심이 되었던 '회사는 주주뿐만 아니라 경영자, 종업원, 은행, 거래 상대, 지역사회 등의 광범위한 stakeholder(이해관계자)의 것이다'라는 사고방식은 열세에 있습니다.

기업 경영자의 최대 목적은 기업 owner(소유자)인 shareholder(주주)의 shareholder's value(주주 가치)를 maximization(최대화)하는 것과 clarify(명확화)하는 것에 있습니다. 미국 일류 기업의 경영자들이 받는 salary(보수)는 일본 경영자의 보수와는 단위가 다릅니다. 대개의 경우 오랜 기간 근무하면서 보여줬던 level of contribution(공헌도)보다 shareholder(주주)에 대한 return(수익)을 얼마나 많이 올

렸는지가 evaluation(평가)의 대상이 됩니다.

　미국과 일본 간의 기업 perspective of the management(경영관)의 차이는 왜 생기는 것일까요? 그것은 일본의 금융 시스템은 은행 기준이고 미국의 금융 시스템은 시장을 기준으로 하기 때문에 발생합니다. 미국에서는 금융 시스템상에서 pension funds(연금 기금) 등의 institutional investor(기관투자가)가 큰 position(지위)을 차지합니다. 그 institutional investor(기관투자가)의 asset(자산)의 대부분은 household(가계)가 조달하고 있습니다. 이처럼 큰 힘을 가진 institutional investor(기관투자가)가 shareholder(주주)로서 기업에 수익을 요구하며, 이들은 household(가계)에서 나온 자금의 spokesperson(대변자)이기도 합니다. 미국의 listed company(상장회사)는 이 institutional investor(기관투자가)를 위해 행동한다고 해도 과언이 아닙니다. 그리고 그 institutional investor(기관투자가)의 담당자는 '가계(household)'입니다. 요컨대 일반 생활자의 투자에 의해 미국의 증권시장은 성립한다고 할 수 있습니다. 기업 실적의 꾸준한 향상과 그 결과인 고주가가 household(가계)의 asset management(자산 운용) 담당자가 됩니다. 이 점이 바로 미국과 일본 금융 시스템의 차이점입니다. 또한 개인이 투자한 증권시장의 자본이 circulation(순환)하면서, 중개적인 은행보다 적극적으로 운용할 수 있는 증권시장이 금융 시스템상 '신용 창조(creation of the credit)'의 중심이 되고 있습니다.

　이상으로 금융 시스템에 대해 간단히 살펴봤습니다. 그리고 이 금융 시스템에서 '적극적인 management(경영관리)'와 '효율적인 resource(경영 자원)의 활용'이라는 기본 자세를 볼 수 있습니다. 이러한 점들로부터 미국 기업의 사업 운영에는 두 가지 원칙이 있다는 것을 알 수 있습니다.

1) Project Management : 매니저로서 프로젝트(무엇을 하면 이익을 올릴 수 있을지)가 명확하다.
2) Relation Management : 매니저가 고객을 위해 온 정신을 기울인다는 것은 매니저 자신뿐만 아니라 자신이 가진 스페셜리스트 집단의 인적자원을 전부 활용하는 것이다.

　둘 다 한정된 resource(경제 자원)를 aggressive(적극적으로)하고 efficient(효율적으로)하게 활용하여 결과를 얻자는 개념입니다.

이 사고방식의 배경에는 눈에 보이지 않는 암흑의 룰을 이해하기 위한 공통 언어와 개념이 필요합니다. 영어에서 말하는 common language(공통 언어)에 더해 globalize(세계화하다)된 금융 개념을 습득함으로써 매일 접하는 세계의 움직임에 민감해질 수 있습니다. 또한 금융계에서 사용하는 financial English(금융 영어)의 어휘를 늘려가는 과정에서 현대 management for financial business(금융 비즈니스 매니지먼트)의 essence(본질)도 이해할 수 있을 것입니다.

2005년도 세계 은행 시가총액 랭킹

① 시티그룹(미국) Citigroup	28.2조 엔
② 뱅크 오브 아메리카(미국) Bank of America	24.9조 엔
③ HSBC(영국)	22.5조 엔
④ 미쓰비시 UFJ 파이낸셜 그룹(일본) Mitsubishi UFJ Financial Group	18.5조 엔
⑤ JP 모건 체이스(미국) JP Morgan Chase	17.1조 엔
⑥ UBS(스위스)	14.7조 엔
⑦ 웰스 파고 앤드 컴퍼니(미국) Wells, Fargo & Co.	12.6조 엔
⑧ 중국 건설은행(중국) China Construction Bank, CCB	12.4조 엔
⑨ 스코틀랜드 왕립은행(영국) Royal Bank of Scotland	12.2조 엔
⑩ 미즈호 파이낸셜 그룹(일본) Mizuho Financial Group	11.6조 엔

(톰슨 파이낸셜)

2007년도 세계 은행 시가총액 랭킹

① 시티그룹(미국)	29.7조 엔
② 뱅크 오브 아메리카(미국)	26.9조 엔
③ HSBC(영국)	23.7조 엔

④ 중국 공상은행(중국)   21.0조 엔
⑤ 바클레이스 + ABN암로(영국 · 네덜란드)   20.7조 엔
⑥ JP 모건 체이스(미국)   19.8조 엔
⑦ 중국 건설은행(중국)   15.1조 엔
⑧ 중국은행(중국)   15.0조 엔
⑨ UBS(스위스)   14.6조 엔
⑩ 스코틀랜드 왕립은행(영국)   14.4조 엔
⑪ 미쓰비시 UFJ 파이낸셜 그룹(일본)   14.4조 엔
⑫ 미즈호 파이낸셜 그룹(일본)   9.0조 엔
⑬ 미쓰이 스미토모 파이낸셜 그룹(일본)   8.2조 엔

(톰슨 데이터 스트림)

바클레이스와 ABN암로 은행의 합병으로 세계 5위라는 거대한 은행이 탄생했습니다. 또한 중국 공상은행과 중국 건설은행, 중국은행이 4, 7, 8위로 약진했습니다.

일본, 미국의 주요 종합 은행과 업무 레벨 비교

대형 은행

미국	일본
Citigroup	미쓰비시 UFJ 파이낸셜 그룹
Bank of America	미즈호 파이낸셜 그룹
JP Morgan Chase	미쓰이 스미토모 파이낸셜 그룹

대형 투자은행

미국	일본
Goldman Sachs	노무라 홀딩스
Morgan Stanley	다이와 증권 그룹

주요 세계 금융기관의 합종연횡(合縱連衡)

Citibank (시티은행)

Citibank – Salomon Brothers – Smith Barney – Schroder – Nikko

CS (크레디트 스위스)

Credit Suisse – First Boston – Donalson, Lufkin & Jenrette – Pershing

Deutsche (도이체 방크)

Deutsche Bank – Morgan Grenfell – Bankers Trust

JP Morgan Chase (JP 모건 체이스)

New York Chemical Manufacturing Company – Chase Manhattan – Bank One

UBS (유비에스)

Swiss Bank – Phillips & Drew – S. G. Warburg – O'Connor – Dillion Read – Paine Wabber

일본 은행의 합종연횡의 역사

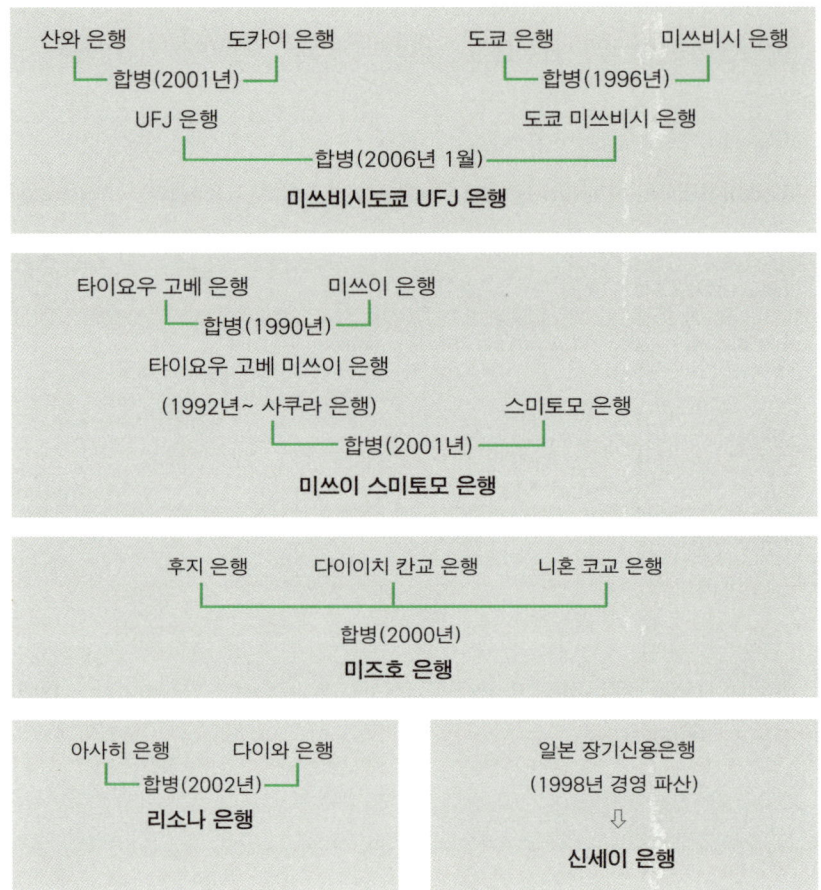

미국 고액 연봉자 랭킹

	경영자 이름	경영하는 기업	연 수입(백만 달러)
1	Steven P. Jobs	Apple	646.60
2	Ray R. Irani	Occidental Petroleum	321.64
3	Barry Diller	IAC / Inter Active Corp.	295.14
4	William P. Foley II	Fidelity National Finl.	179.56
5	Terry S. Semel	Yahoo	174.20
6	Michael S. Dell	Dell	153.23
7	Angelo R. Mozilo	Countrywide Financial	141.98
8	Michael S. Jeffries	Abercrombie & Fitch	114.64
9	Kenneth D. Lewis	Bank of America	99.80
10	Henry C. Duques	First Data	98.21

(2005년 『포브스』지)

경기 동향과 거시경제에 관한 Key Words

■는 기본 단어 □는 해설이 첨부된 중요 단어

□ **Annual percentage rate, APR**　　(실질) 연이율

Cost of the credit, interest rate in annual terms, annualized holding period return.

▶ 보유 기간 동안의 투자 이율을 연이율로 나타낸 융자 비용.

■ **Asset-inflated**　　땅값이 폭등한
■ **Bear market**　　베어 마켓, 약세장
■ **Bubble economy**　　거품경제
□ **Bubble theory**　　거품 이론

Security prices sometimes move wildly above their fundamental valuation in an ordinary financial theory.

▶ 보통 금융 이론에서 주가는 때때로 기본적인 기업 평가를 큰 폭으로 웃돈다.

■ **Business trend ; economic performance**　　경기 동향
■ **Capitalism**　　자본주의
■ **Capitalist**　　자본가
■ **Capitalist camp**　　자본주의 진영
■ **Capitalistic country**　　자본주의 국가
■ **Capitalistic economy**　　자본주의 경제
■ **Commodity price**　　물가
■ **Consumer confidence(sentiment)**　　소비자의 신뢰
□ **Consumer credit**　　소비자 신용

Credit granted to general consumers. Trade credit is credit granted to other firms.

▶ 일반 소비자에게 부여된 신용 범위. 거래에서 신용이란 다른 기업에게 부여된 신용 범위를 말한다.

■	Consumer finance	소비자 금융
■	Consumer price index, CPI	소비자 물가지수
■	Consumer price	소비자 물가
■	Consumer spending	소비 지출
■	Controlled economy	통제 경제
■	Cooling of the economy	경기 냉각
□	Corporation	주식회사

Legal entity, form of business organization that is created as a distinct "legal person" composed of one or more actual individuals or legal entities.
▶ 한 사람 이상의 실재의 개인 혹은 법적 집단, 명확한 법인으로 구성된 업무 조직 법인.

■	Current balance	경상수지
■	Cyclical (economic) trough	경기의 골
■	Cyclical bottom	경기의 바닥
■	Cyclical peak	경기의 정상
□	Deficit	적자

A sum of money is less than the required amount ; an excess of liabilities over assets, of losses over profits, or of expenditure over income.
▶ 보유 금액의 합계가 필요 지급 금액보다 적은 것, 혹은 이익을 웃도는 손실 또는 수입을 웃도는 지출을 말한다.

■	Deficit-covering bond	적자 국채
■	Deflation	디플레이션
■	Deflationary spiral	악성 디플레이션
■	Demand	수요
■	Demand deflation	수요 디플레이션
■	Demand inflation	수요 초과 인플레이션
■	Demand-shift inflation	수요 이동 인플레이션
■	Deregulation (relaxation of regulations)	규제 완화
■	Deterioration	경기의 악화
■	Diffusion index, DI	경기동향지수

■	Economic activity	경제활동
□	Economic assumption	경제 상태의 가정

Economic environment in the market in which the firm expects to reside over the life of the financial plan.

▶ 기업이 책정하는 재무 계획 기간을 통해 존재를 예측하는 시장 속의 경제 환경.

■	Economic boom (prosperity)	호경기, 호황
■	Economic cycle (미국 business cycle 영국 trade cycle)	경기순환
■	Economic deregulation (liberalization)	경제의 자유화
■	Economic fluctuation	경기변동
■	Economic outlook (forecast)	경제 전망
■	Economic plateau	고원 경기
■	Economic recovery	경기회복
■	Economic standard	경제 수준
■	Economic climate (environment)	국가 혹은 기업의 경기
■	Expansion; economic growth	경기 확대
■	Gross domestic product, GDP	국내총생산
■	Gross national expenditure, GNE	국민총지출
■	Gross national product, GNP	국민총생산
■	Index of current business conditions	경기동향지수
■	Indexation	물가연동제
□	Inflation	인플레이션

A rise in price of goods.

▶ 상품 가격의 상승.

■	Inflation-adjust economic growth rate	실질경제성장률
■	International balance of payments	국제수지
■	List price	정가
■	Overhead economy	경기과열
■	Personal spending (consumption)	개인 소비
■	Planned economy	계획경제

■ Price fall (decline; decrease)	물가 하락
■ Price fixing (rigging; manipulation); price adjustment	가격 조정
■ Price freeze	가격 동결
■ Price increase rate; rate of price increase	물가상승률
■ Price index	물가지수
■ Price movement (trend)	물가동향
■ Price rise (increase)	물가 상승
☐ Price slashing; overall decline in prices; drastic discounting; price erosion	물가 파괴
■ Price spurt	물가 폭등
■ Price stability	물가 안정
■ Price tumble (plunge; nose-dive)	물가 폭락
■ Quick Estimates	국민경제 빠른 계산
■ Recession affecting all of Japan	일본 전체 불황
■ Recession caused by many factors	복합 불황
■ Recession caused by the strong yen	엔고 불황
■ Recession; depression; slump	불경기, 불황, 경기후퇴
■ Recommended (suggested) retail price	희망 소매가격
■ Rest	경기의 보합세
■ Short-term Economic Survey of Enterprises in Japan	일본 기업의 단기 경제 예측
■ Stabilized (stable) growth	안정 성장
■ Stagflation; slumpflation; inflump	스태그플레이션
■ Stagnation	경기 침체
■ Stimulation (expansion) of domestic demand	내수 확대
■ Stock deflation	자산 디플레이션
■ Stock inflation	자산 인플레이션
■ Structural recession	구조적 불황

- **Uncertainty(concern) over the course of the economy** 경기의 불분명
- **Upturn** 경기 호전
- **Upward trend** 상승 추세
- **Wait-and-see mood** 관망 무드
- **Wait-and-see stance** 관망 자세

CHAPTER 2

현대 금융 이론

1 현대 금융 이론이란?

MODERN FINANCIAL THEORY

global standard(국제 표준)로서 financial theory(금융 이론)는 영어라는 국제어와 함께 세계의 common language(공통 언어)가 되었습니다. borders(국경)를 넘어 scholar(연구자)·businessman(실무자)·general manager(경영자)는 물론 돈과 관련된 일을 하는 모든 사람들에게 financial theory(금융 이론)는 유용합니다. 또한 이 이론의 내용은 어렵지 않습니다. 약간의 wisdom(지혜)과 knowledge(지식)를 배운다면 누구라도 이해할 수 있습니다. 미국 시장의 증권자본주의로 불리고 있는 경제는 large income earner(고소득자)뿐만 아니라 일반 가계로부터의 pension funds(연금 기금) 조달 등으로 성립합니다. 금융은 일부 부자들만의 전유물이 결코 아닙니다. 이런 의미에서 미국의 capital market(자본시장)의 range(범위)는 대단히 넓습니다. 단, 일반적으로 finance(금융)를 생각할 때는 corporate governance(기업 지배 구조)라는 기업의 financial management(재무관리)가 중심이 된 이론을 생각해야 합니다. 여러 capitalism(자본주의) 이론은 기업의 financial activity(재무 활동)와 밀접한 correlation(상호 관계)이 있기 때문입니다. 그렇다고 해서 corporation(법인 기업)만이 market(시장)과 communication(대화)할 수 있는 것은 아닙니다. 개인이라도 지금은 internet(인터넷)을 활용하여 여러 middle-man(결제 기관)을 통해 시장에 participate(참가하다)할 수 있습니다. information(정보)이 전달되는 속도는 현저히 향상되었으며 이로 인해 세계의 금융시장은 financial statistics(재무 통계자료)와 economical indicator(경제지수)에 의해서도 즉시 react(반응하다)합니다. 모든 사람이 시장에 대응하려면 세계 주요 금융시장에 관한 knowledge(지식)와 wisdom(지혜)을 알 필요가 있습니다. 이 장에서는 modern financial theory(현대 금융 이론)의 테마, 미국의 주요 financial statistics(재무 통계자료)와 economical indicator(경제지수)에 대해서 설명하겠습니다.

2 세계의 여러 금융시장

GLOBAL CAPITAL MARKET

주식시장 Stock Market

뉴욕 증권거래소(Big Board, New York Stock Exchange, NYSE)

market cap(시가총액)이 세계 1위인 거대 시장으로 open outcry system(공개 호가 시스템)을 적용하고 있다는 점이 특징입니다. 세계의 주요 시장이 computerization(컴퓨터화)을 진행하는 중에 플로어 broker(브로커)를 배치한 활기 넘치는 open outcry system(공개 호가 시스템)은 공정한 거래를 진척시키기 위해 유효한 methodology(수단)라는 신념을 토대로 합니다. 미국의 주요 전통적 대기업이 이 시장에 상장하고 있으며, 2000년 doctom boom(IT 버블)기에는 disparaging term(경멸하여 일컬음)적으로 old economy(구경제)라 칭해졌습니다.

나스닥(National Association of Securities Dealers Automated Quotations, NASDAQ)

market cap(시가총액)이 세계 2위인 시장입니다. NYSE에 대한 거래가 computerization(컴퓨터화)된 시장입니다. 시장에 NYSE 같은 broker(브로커)는 없으며 모든 것이 전자적으로 거래되고 처리됩니다. 이 거래소에는 Microsoft, Apple, Intel, Google 등 많은 high tech company(하이테크 기업)들이 상장되어 있습니다. 2000년 전후에 doctom boom(IT 버블)으로 상징된 new economy(신경제) 시장입니다. 유럽 거래소의 merge & acquisition(M&A : 합병과 매수)에 적극적입니다.

도쿄 증권거래소(Tokyo Stock Exchange, TSE)

일본 최대의 거래소로 제1부, 제2부, 마더즈(Mothers)로 구성된 3개의 시장입니다. 세계의 각 거래소에서 globalization(세계화)이 진행되고 있습니다. 이러한 변화 속에서 derivatives(파생 금융 상품) 시장의 정비 등 세계 기준과의 consistency(정합성)가 개혁의 theme(테마)이 되고 있습니다. 일본에는 도쿄 외에 오사카, 나고야, 후쿠오카, 삿포로에 각각 stock exchange(증권거래소)가 존재합니다. 이 거래소들도 broker(브로커)를 배치하지 않고 모두 전자적으로 거래하고 있습니다.

런던 증권거래소(London Stock Exchange, LSE)

international(국제)성이 풍부한 것이 최대의 character(특징)입니다. 세계의 외국 주 중 과반수가 거래되므로 상장 기업의 nationality(국적) 수는 세계 최대입니다. fund(펀드)로서 런던에 거점을 두었을 때 merit(장점) 중 하나는 자금이 영국 국적이라는 것입니다. 이로 인해 항상 미국 중심이던 자금 관리 시스템에서 거리를 둔 asset management(자산 운용)가 가능해집니다.

채권시장 Bond Market

bond market(채권시장)에는 stock market(주식시장)과 같이 거래소가 존재하지 않습니다. 따라서 주요 국가의 government bond(국채) 시장과 debenture(사채) 시장 interest(금리)가 pricing(가격 형성)을 결정합니다.

transaction volume(거래량)이 최대인 곳은 거대한 pension funds(연금 기금), investment trust(투자신탁), university funds(대학 기금) 등의 institutional investor(기관투자가)가 asset(자산)을 manage(운용)하고 US Treasury(미국 재무부 증권)나 bond(사채)가 유통되는 뉴욕 시장입니다. 런던에서 개설된 Eurobond Market(유로본드 시장)은 국제적인 bond market(채권시장)입니다. 런던 채권시장에서는 외국인도 자유롭게 거래할 수 있습니다. offshore market(오프쇼어 시장)이라는 점이 character(특징)라고 할 수 있습니다.

stock market(주식시장)과 bond market(채권시장)을 합친 개념을 capital market(자본시장) 혹은 security market(증권시장)이라고 부르며, long term(비교적 장기적) 자본을 조달하고 운용하기 위한 시장으로 일컬어집니다. 특히 기업이 procure(조달)하는 자본에는 paid in capital(자기자본) 또는 shareholder's capital(주주 자본)과 external debt(타인자본)가 있는데 이들 쌍방을 procure(조달)할 수 있는 시장입니다. 이 capital market(자본시장)에는 국가나 기업의 자금 조달을 위한 primary market(1차 시장, 발행시장)이라는 개념과 investor(투자가)가 발행된 bond(증권)를 evaluate(평가하다)하고 매매하는 secondary market(유통시장)이라는 concept(개념)이 있습니다. primary market(1차 시장, 발행시장)은 주로 public issue(신규 주식 발행)가 이루어지는 시장으로, secondary market(유통시장)은 주로 일반 주식의 매매를 행하는 시장으로 구분합니다. 기업과 국가가 primary market(1차 시장, 발행시장)에서 충분한 자금을 low cost(저비용)로 조달하는 것은 이들이 growth(성장)하는 데 중요합니다. 또한 이러한 bond(증권)의 성장성을 평가하고 investor(투자가)가 secondary market(유통시장)에서 자유롭게 매매할 수 있는 liquidity(유동성)를 유지하는 것은 더욱 중요합니다.

금융시장 (단기 금융시장) Monetary Market

단기 금융시장이란 일 년 이내의 단기자금을 조달하고 manage(운용하다)하는 시장으로 stock market(주식시장)에 대립하는 개념입니다. 단기 금융시장의 structural element(구성 요소)로는 deposit(은행예금), bonds(공사채), CP(commercial paper : 기업어음) 등을 들 수 있습니다. 일본 은행이 the Bank Rate(공정금리)로 바꾸어, interest indicator(금리 지표)로서 liquidity(유동성)를 조정하는 overnight unsecured call(무담보 익일불 콜) 금리는 이 시장에서 결정됩니다. 기업의 입장에서는 일 년 이내의 자금을 운용하는 금융시장은 단기 재무 운용과 관계되는 시장이기도 합니다.

예를 들어 net working capital(순운전자본)을 생각할 때, material(원재료)의 지불 등에 관련된 수중 자금의 volume(볼륨), inventory level(재고 수준의 조정), 고객으로부터의 receivable(받을 어음)의 volume(볼륨) 등을 고려합니다. 적절한 자금을 가능한 한 저렴한 cost of capital(자본비용)로 procure(조달)해야 합니다. 이때 기업에게 필요한 자금량은 directly(직접적으로) 시장의 금리 동향에 영향을 줍니다. 그리고 그 demand for funds(자금 수요)는 economic climate(경기) 전망에 좌우되며, 실제 economic climate(경기) 전망은 각 household(가계)의 주머니 사정과도 연관이 됩니다. 일본의 경우 회사원의 비율이 높기 때문에 household(가계)의 prosperity(윤택함)는 주로 기업의 achievement(실적)나 tax(세금)의 많고 적음에 관계가 있습니다. 이처럼 단기 시장에서 결정되는 금리는 household(가계), enterprise(기업), government(정부)와 밀접한 관련이 있습니다.

외환시장 Foreign Exchange Market; Forex Market

이곳에서는 주로 전자 브로킹(중개인을 컴퓨터화한 전자적) 거래가 이루어집니다. 일상의 달러-엔 rate(비율)가 결정되는 시장입니다. 외환시장의 character(특징)는 transaction volume(거래량)이 상당히 많으며 실제 settlement amount by trading(무역 거래 금액)과 비교해서 settlement amount by monetary transaction(금융 거래 금액)이 압도적으로 크다는 점입니다. 여러 factor(요인)에 의해서 market price(시장가격)가 형성되므로 real economy(실물경제)에 끼치는 영향이 대단합니다.

최근 일본에서는 FX라 불리는 외환 증거금 거래가 일반 investor(투자가)들에게 널리 보급되었습니다. cash in hand(수중 현금)의 100~200배가 margin trading(신용거래)되는 예가 있듯이, 이러한 거래가 점점 더 확대되고 있습니다. 외환 증거금 거래의 실태는 risk(위험) 부담을 경감하기 위한 very short term transaction(초단기거래)이 주류이며 automatic loss cutting(자동 로스컷) 등의 automatic programmed transaction(프로그램 거래)도 활발합니다. 그 결과 overshoot(오버슈트)라 불리는 상장의 과도한 변동도 종종 발생합니다. 이러한 볼륨의 증가는 외환 발행국의 경제의 fundamentals(기본 조건, 펀더멘털즈)에서 종종 separate(분리되다)되는 원인이 됩니다. 그 결과 foreign exchange market(외환시장)의 수준을 이론적으로 설명하는 데 어려움을 겪습니다.

이처럼 여러 시장에서의 가격 형성에는 많은 financial theory(금융 이론)가 관련됩니다. 여기서는 특히 이해하기 쉽도록 modern financial theory(현대 금융 이론)의 주요 theme(테마)에 대해 살펴보겠습니다. 현대 금융 이론에는 크게 나눠 8가지 theme(테마)이 존재합니다. 이 책에서는 가능한 한 각각의 detail(상세)에 대해 언급하면서 어디까지나 이해하기 쉽도록 설명하는 데 초점을 두었습니다.

3 현대 금융의 8가지 주요 이론 및 테마

PRINCIPLE FINANCIAL THEORY

현재가치 Present Value

이것은 미래의 cash flow(현금흐름)를 예측한 asset(자산)이나 project(프로젝트)의 present value(현재가치)를 말합니다. 다시 말해 돈을 효율적으로 활용하기 위한 basic concept(기본적인 개념)입니다. bond(채권)나 stock(주식)의 valuation(평가) 방법에도 폭넓게 사용됩니다. 회사의 value(존재 가치) 또한 present value(현재가치)로 evaluate(측정하다)하면 간단히 express numerically(수치화)할 수 있습니다. positive NPV(positive net present value : 양의 값의 순현재가치)를 초래하는 investment project(투자 프로젝트)는 shareholder(주주)에게 profit(이익)을 가져다 준다고 simplify(간략화)하여 표현할 수 있습니다.

자본 자산 가격 결정 모형 CAPM; Capital-Asset-Pricing Model

이것은 risk(리스크)가 있는 investment(투자)와 함께 fluctuate(변동하다)하는 earning rate(수익률)에 대한 개념입니다. 이 theory(이론)는 risk(리스크)와 return(수익)을 분석하는 데 사용됩니다. 또한 return(수익)을 결정하는 factor(요인)로서 분산 가능한 risk(리스크)와 분산이 불가능한 risk(리스크)로 구분해 생각합니다. risk(리스크)가 없는 investment(투자)는 risk free rate(무위험 이자율)라고 부르며 그 예로 JGB(국채)에 대한 투자가 있습니다. 이에 대해 return(수익)을 기대하는 stock portfolio(주식 포트폴리오), dispersed investment(분산투자)에서 risk(리스크)와 return(수익)의 관계를 나타낸 이론이 CAPM(capital-asset-pricing model ; 자본 자산 가격 결정 모형)입니다. 일반적으로,

증권의 expected return(기대 수익) = 무위험 이자율 + 증권의 베타 (beta ; 위험 측정치) × 시장의 기대 수익과 무위험 이자율의 차

라는 공식으로 나타냅니다.

재정 가격 이론 APT ; Arbitrage Pricing Theory

이것은 risk(위험)와 return(수익)을 evaluate(측정하다)하는 데 사용되는 CAPM에 대한 또 다른 이론입니다. CAPM은 투자 수익이 변동적이며 이것의 'correlation(상관관계)은 beta(증권 베타)와 expected return(기대 수익)의 linear function(일차 함수)에 있다'는 theory(이론)로 나타냅니다. 이에 반해 APT(arbitrage pricing theory ; 재정 가격 이론)는 '증권 수익은 시장 전체에 대해 복수의 factor(요인)에 의해 영향받는다'는 이론으로 표현됩니다. 이 factor(요인)라는 개념을 CAPM에서는 명확히 파악하고 있지 않기 때문에 APT가 보완하는 입장이라고 할 수 있습니다. 단, 이 factor(요인)도 시장 참가자들이 경험한 상식과 편리성을 토대로 형성된 invisible(tacit) knowledge(암묵적 지식)를 반드시 사용해야 한다는 limitation(제약)이 있습니다.

효율적 시장 가설 EMH; Efficient Market Hypothesis

효율적 시장 가설이란 시장에서 securities(유가증권)의 가격은 available information(이용 가능한 모든 정보)에 정확히 react(반응하다)한다는 개념입니다. 시장지상주의라고 불리기도 합니다. 이것은 'transaction cost(시장 거래 비용)가 어찌 되었든 저렴해야 한다'는 속물적인 생각이 아닌 'capital market(자본 시장)에서 증권의 가치와 그 증권에 내재하는 진짜 value(가치)를 올바르게 react(반영하다)한다'는 essential(본질적인) 개념입니다. 이 가설에는 '이용 가능한 모든 정보'의 정도에 따라서 다른 3가지 설이 존재합니다. information set of past prices(주가는 과거의 공개 정보에 의거한다)라는 random walk theory[랜덤 워크 이론 ; weak form(약형) 가설의 일종]와 information set of publicly available information(공표를 토대로 한 모든 정보)이 주가에 반영된다는 semi-strong form(중강형 가설), 마지막으로 all information relevant to a stock(얻을 수 있는 모든 정보)이 주가에 반영되는 strong form(강형 가설)이 있습니다.

가치 가산 Value Additivity

가치 가산이란 investment(투자) 혹은 asset(자산)의 전체적인 value(가치)는 각 부분의 가치의 aggregation(총합)과 반드시 같아야 한다는 law(법칙)를 말합니다. M&A를 생각할 때 effective(효과적인) theory(이론)입니다. 예를 들어 diversification(다각화)만을 목적으로 한 M&A는 때때로 value additivity(가치 가산)의 원칙에 따라 단순히 두 회사의 cash flow(현금흐름)를 합한 것으로 됩니다. 기업 전략을 검토할 때 value additivity(가치 가산)의 원칙을 초월하는 synergy effect(시너지 효과) 등 effect of integration(통합 효과)을 M&A에 기대합니다. MBA에서는 cash flow(현금흐름)의 증감을 M&A의 theory of strategic management(전략 경영론)와 엮어서 많이 토론합니다.

자본 구성 이론 MM이론; MM theory, Modigliani and Miller의 명제 I·II, 모딜리아니와 밀러의 명제

'기업의 자본 구성(capital structure : 자본을 구성하는 부채와 주주 자본의 균형)'의 fundamental theory(기초 이론)입니다. 법인세(tax)를 무시하면 '기업의 가치(market cap ; 시가총액)'는 capital structure(자본 구성)의 내용-[자본을 차입(debt or loan)하거나 주주 자본으로 조달(new issue)한다]에 의해 영향을 받지 않는다는 이론입니다. 이것은 동시에 value additivity(가치 가산)에 입각하는 사고방식이기도 합니다. 회사의 financial management(재무 전략)로서 direct investment(직접금융 : 주식을 발행하여 자기자본을 조달)를 할지 혹은 indirect investment(간접금융 : 금리를 지불하며 은행에서 자금을 조달)를 할지 결정해야 합니다. 이것은 실제로 차입 금리의 법인세액에서 tax deduction(공제)해주는 등의 조처가 있으므로 차입 자금에 의한 '레버리지 효과(leverage : 지렛대 원리)'가 기대됩니다. 그러나 막대한 debt(부채)는 반대로 기업의 rating(신용 평가)을 하락시키기도 합니다. 따라서 capital structure(자본구성)는 반드시 상세히 검토해야 합니다. 또한 경영자로서 채권 보유자와 주주 등 stakeholder(이해관계자)와의 관계도 고려해야 합니다.

옵션 Option

현재 계약이 가능한 일정한 조건으로 future contract(장래에 거래하다)할 권리를 일컫습니다. capital market(자본시장)에서의 option transaction(옵션거래)과 financial market(금융시장)에서의 외환 swap(스와프) 등 현재 상황에서의 변화에 대해 risk(리스크)를 어떤 방식으로 hedge(헤지)할 것인지에 관한 basic concept(기본 개념)입니다. 미국에서 option(옵션)은 1973년부터 증권거래소에서 매매되기 시작했습니다. 옵션의 가격 결정에는 excercise price(행사 가격), exercise date(행사 일시), risk of the principal(원금의 위험), 그리고 interest rate(금리)가 관련되어 있다는 것은 오랜 기간 증권계의 knowledge(지식)였습니다. 이들 variable(변수)을 formula(공식)로 알리고 call option(콜옵션)의 가치 계산을 최초로 가능하게 한 것이 바로 Black-Scholes(블랙 숄즈)의 방정식입니다. 그 결과 risk(위험)에 대한 기업의 행동 의사결정에도 option(옵션)이 응용되기 시작했습니다. '실물 옵션(real option)'은 이것의 한 예라고 할 수 있습니다. 이 옵션 이론은 경영에서 의사 판단을 할 때도 여러 형태로 기여하고 있습니다.

대리인 이론 Agency Theory

general manager(경영자)와 employee(종업원), shareholder(주주)와 bondholder(사채 보유자)에게는 각각 interest conflict(이해 충돌)가 있는데, 이 stakeholder(이해관계자)들 간의 interest conflict(이해 충돌) 그 자체나, 기업이 이러한 충돌에 대해 어떠한 대책을 강구하고 있는지 등의 case(사례)까지 포함한 이론입니다. ownership(소유)과 management(경영)의 분리, 회사는 누구의 것인가를 논하는 이론과도 관계가 있습니다. 또한 회사 경영에 있어서는 compensation(경영자 보수)과 market cap(시가총액)에 관련된 문제 혹은 shareholder(주주)와 bondholder(사채 보유자) 간의 이해관계 등도 포함되어 있습니다.

이상으로 8가지 주요 이론과 테마에 대해 살펴보았습니다. 그러나 앞에서 설명한 개요만으로는 각 이론의 본질을 이해하기가 어렵습니다. 다음 장부터는 이들의 기초 이론에 대해 필요한 사례와 함께 해설하도록 하겠습니다.

경영의 본질은 이론만으로 배울 수 있는 것이 아닙니다. MBA에서 배우고 토론하는 strategic management theory(경영전략 이론)는 물론 실제로 기업에서 수십 년에 걸쳐 직접 경험하여 알게 되는 management tactics(경영술)도 엄격한 자본 논리에 노출되면서 실질적으로 일체화되어 '공통 언어(common language)'로 거듭났습니다. 그러나 여기서 염려스러운 점은 전문적인 지식이 없는 경영자가 과거의 성공 체험만을 무기로 self-righteousness(독선적임)한 판단을 내리는 것입니다.

4 미국의 주요 경제지수
ECONOMIC INDICATOR OF THE U.S.

GDP Gross Domestic Product

Department of Commerce(미국 상무부)가 quarter(사분기)마다 발표합니다. 미국의 fiscal year(회계연도)는 1~12월이며 1~3월을 1사분기, 4~6월을 2사분기, 7~9월을 3사분기, 10~12월을 4사분기라고 합니다. 또한 GDP 속보는 각 사분기 마지막 달의 다음 달 하순에 전(前) 분기 대비 연율 환산하여 발표됩니다.

고용 통계 Employment Statistics

Department of Labor(미국 노동부)가 매월 첫 번째 금요일에 발표하는 지수입니다. non-farm payrolls(비농업 부문 취업자 수)와 unemployment rate(실업률)가 발표됩니다. 고용 통계는 미국의 market trend(경기 동향)를 점칠 때 중요한 지수가 됩니다.

ISM(미국 공급관리자협회)Institute for Supply Management 제조업 지수

매월 1일에 ISM(미국 공급관리자협회)이 GDP의 supply side(서플라이 사이드 ; 제조자)의 공급 상황을 나타내는 indicator(지수)입니다. DI(diffusion index ; 경기 동향 지수)와 마찬가지로 중립, 약세(50% 이하), 강세(50% 이상)를 나타냅니다. 여기서는 50%가 중립치입니다.

CPI(소비자 물가지수)Consumer Price Index

매월 중순에 Ministry of Labor(미국 노동부)에서 발표되는 indicator(지수)입니다. price trend(물가동향)를 계측함으로써 일반 소비자의 구매력에 대한 inflation(인플레이션) 압력을 나타냅니다.

미시건 대학 소비자 신뢰 지수 Consumer Confidence; University of Michigan Survey

University of Michigan(미시건 대학)의 survey research center(조사 연구 센터)가 실시한 소비자 mind(사고방식)와 sentiment(정서)를 지수화한 것입니다. 1996년을 100으로 하여 매월 10일 전후 금요일에 속보치가 발표되며 그 달의 마지막 금요일에 확보치가 발표됩니다. Conference board(컨퍼런스 보드)가 발표하는 consumer confidence(소비자 신뢰 지수)와 마찬가지로 미국의 개인 소비 마인드를 탐색할 수 있는 지수입니다. Conference board(컨퍼런스 보드)의 consumer confidence(소비자 신뢰 지수)보다도 설문 조사 샘플이 500명으로 꽤 많은 수이기 때문에 매월 발표되는 수치 변동이 커서 시장에서 주목을 받습니다. 미시건 대학의 소비자 신뢰 지수가 상승할수록 rate of savings(저축률)는 하락하고 개인 consumption(소비)이 증가함을 의미합니다.

시장 동향을 좌우하는 이러한 indicator(지수)는 economist(이코노미스트)와 analyst(애널리스트)들이 사전에 예상치를 발표합니다. 투자가는 이러한 예상치의 실제 수치에 대해 react(반응)합니다. 그러나 실제로 상장에서는 통계가 시사하는 정보를 시장 전체가 priced out(미리 반영하다)하기 때문에 상장이 완전히 반대로 움직이는 경우도 많이 생깁니다. 이것은 '시장의 전망은 누구도 예측할 수 없다'라는 이론을 imply(시사하다)한다고 할 수 있습니다.

주요 시장과 현대 금융 이론에 관한 Key Words

■는 기본 단어　□는 해설이 첨부된 중요 단어

□ **Accounting Liquidity**　　　　회계 유동성

The Quickness with which assets can be converted to cash.
▶ 자산을 현금으로 바꿀 때의 신속성.

□ **Accounts payable**　　　　외상 매입금

List of debts the firm owes to suppliers.
▶ 기업이 상품과 서비스의 공급자에게 지고 있는 부채.

□ **Accounts receivable**　　　　외상 매출금

List of money owed to the firm by customers.
▶ 고객이 기업에게 지고 있는 대금.

□ **Agency cost**　　　　대리인 비용

Cost of conflicts of interests among shareholders, bondholders, and managers in a firm. Agency costs are the costs of resolving these conflicts.
▶ 대리인 비용이란 주주, 채권 소지자, 기업의 경영자 사이에 존재하는 이해의 충돌을 해결하기 위해서 발생하는 비용을 말한다(주주의 이익을 최대화하기 위해 기업 경영자에게 부여하는 인센티브/실적 연동 보수와 그들을 관리 감독하기 위한 비용, 혹은 채권 투자가의 이익을 주주로부터 보호하기 위한 비용).

□ **Agency theory**　　　　대리인 이론

The theory of the relationship between two parties, such as principals and agents. This involves the nature of the costs of resolving conflicts of interest between two parties.
▶ 주요 위탁인과 비위탁인 간의 관계에 대한 이론이다. 이 이론에는 양자 간의 이해관계의 대립을 해결하는 비용에 관한 특징도 포함되어 있다.

■ **All Ordinaries**　　　　올 오디너리즈(호주 증시의 주가지수)

□ **American Depositary Receipt, ADR**　　　　미국 예탁증권

A receipt issued by U.S. banks to domestic buyers to buy security issued in

the United States to represent shares of a foreign stock, enabling that stock to be traded in the United States.
  ▶ 미국에서 발행된 외국 증권을 보유하고 있다는 증거로, 미국 은행이 발행하는 미국 기업용 외국 기업의 증서(미국 내에서 이 증권을 매매하는 것이 가능하다).

☐ **Arbitrage**   재정 거래

Financial transaction, buying an asset, security or property in one market at a lower price and simultaneously selling an identical asset in another market at a higher price.
  ▶ 한 시장에서 싸게 구입한 자산, 증권, 재산을 동시에 다른 시장에서 높은 가격으로 매각하는 금융거래.

☐ **Arbitrage pricing theory**   재정 가격 결정 이론

An equilibrium asset pricing theory that is derived from a factor model by using diversification and arbitration.
  ▶ 재정과 분산을 사용한 요인 모형에서 도출되는 균형 자산 가격 이론.

☐ **Asset**   자산

Anything owned that generates future benefits.
  ▶ 장래의 이익을 창출하기 위해 보유하고 있는 모든 것.

☐ **Auction market**   경매시장

A market where all traders in a particular good meet to buy or sell an asset.
  ▶ 특정 상품을 매매하기 위해 모든 트레이더가 집합하는 시장.

☐ **Average daily sales**   1일 평균 매출액

Annual amount of sales divided by 365days.
  ▶ 연간 매출액을 365일로 나눈 것.

☐ **Bidder**   매수 기업(인)

In negotiation, a firm or person that has made an offer to take over another firm.
  ▶ 매수 교섭에서 매입 오퍼를 제시하는 기업 혹은 사람.

■ **Big Board**   뉴욕 증권거래소

☐ **Black-Scholes option pricing models**   블랙 숄즈의 옵션 가격 결정 모형

An exact model or formula for the price of call option. The formula requires five variables: the risk-free interest rate, the variance of the underlying stock, the exercise price, the price of the underlying stock, and the time to option's

expiration.
▶ 콜옵션의 산출을 위한 정확한 공식 혹은 모형. 방정식에는 무위험 이자율, 원자산의 분산 계수, 행사 가격, 원자산 가격, 그리고 만기까지의 기간이라는 5가지 변수를 요건으로 삼는다.

■ Block trading	대량 매매
□ Bond	채권

An obligation to pay, long-term debt of a firm. In common usage, the term bond often refers to both secured and unsecured debt.
▶ 기업의 장기 부채에 대한 변제 의무. 보통 채권은 담보 채권과 무담보 채권을 모두 일컫는다.

■ Bond market	채권시장, 공사채 시장
■ Bond price	채권 가격
■ Bond rating	채권 등급 평가
■ Bourse	(주로 파리의) 증권거래소
■ Bull market	불 마켓, 상승 장세
■ Bullish market	불리시 마켓, 강세 시장
□ Buying the index	지수 구입

Buying the stocks in the Standard & Poor's 500 in the same proportion as the index to achieve the same return.
▶ 지수와 동등한 투자 효과를 얻기 위해서 S&P500 주식을 같은 비율로 구입하는 것.

■ CAC-40	CAC 40 지수(프랑스의 우량 종목 40종의 주가지수)
□ Capital gain	자본이득

The positive gain in the value of an asset. A negative capital gain is a capital loss.
▶ 자산 가치에 대한 정(正)의 수익. 부(負)의 수익은 자본 손실.

□ Capital-asset-pricing model, CAPM	자본 자산 가격 결정 모델

An equilibrium asset pricing theory that shows that equilibrium rates of expected return of investment on all risky assets are a function of their covariance with the market portfolio.
▶ 모든 위험 자산에 대한 균형 투자수익률이 시장 포트폴리오의 공분산 함수에 있다는 것을 보여주는 균형 자본 가격 이론.

□ Cash cow	캐시 카우, 수익 창출원

The business that generates a continuing cash flow.
▶ 지속적인 현금흐름을 창출하는 사업.

| ☐ Cash cycle | 현금 사이클 |

The time between cash disbursement and cash collection.
▶ 현금 지급과 수취의 시간적 간격.

| ■ Deed of trust | 계약서 |
| ☐ Deferred tax | 이연법인세 |

Noncash expense.
▶ 비현금 비용.

■ Deutsch Aktienindex, DAX	독일 주가지수
■ Domestic equity	국내 주식
■ Dow Jones industrial average	다우존스 산업 평균 지수
	(우량 기업 주식 30개 종목을 표본으로 함)
☐ Efficient market hypothesis, EMH	효율적 시장 가설

Theory that the prices of securities fully react available information.
▶ 주가는 시장에 있는 정보에 완전히 반응한다는 이론.

| ■ Employment statistics | 고용 통계 |
| ☐ End-of-year convention | 연말 규칙 |

Treating cash flows as if they could occur at the end of a year(or, alternatively, at the end of a period), as opposed to the date convention.
▶ 현금흐름이 연말(혹은 특정 기간의 기말)에 발생한다는 규칙. 일일 규칙과 반대이다.

| ☐ Equity | 주식 |

Ownership interest of common and preferred stockholders in a corporation. Also, it is total assets minus total liabilities, or net worth.
▶ 기업의 보통 주식 혹은 우선주식을 보유하고 있는 것. 총자산에서 총부채를 제한 것, 혹은 순자산.

■ Equity market	주식시장
■ Equity trading	주식 매매
☐ Equivalent annual cost, EAC	연간 등가 비용

The net present value of cost of the project divided by an annuity factor that

has the same life as the investment.
▶ 투자와 같은 설정 기간의 연금으로 프로젝트 비용의 순현재가치를 나눈 값.

■ **ERISA** 종업원 퇴직 소득 보장법

☐ **Eurobank** 유로뱅크

Banks that make loans and accept deposits in foreign currencies in mother countries.
▶ 국내에서 외국 화폐 예금을 받거나 론 대출을 취급하는 은행.

☐ **Extension** 연기

Voluntary arrangements to restructure a firm's debt, under which the payment date of the debt is postponed.
▶ 기업의 부채 재구축을 위해서 부채 지급을 연기한다는 자발적 처리 방식.

■ **First Section of the Tokyo Stock Exchange** 도쿄 증권거래소 1부

■ **FTSE 100 index** FTSE 100 지수(『파이낸셜타임스』 영국 100사 주가지수)

☐ **Future value(worth)** 미래 가치

Value of a sum after investing it more than one period. Also it is called compound value.
▶ 한 기간 이상에 걸쳐 투자된 가치의 합계. 복리 가치라고도 불린다.

■ **Hang Seng index** 항셍지수(홍콩)

■ **Hercules** 헤라클레스(오사카 증권거래소, 신흥 기업 전문 시장)

☐ **Horizontal acquisition** 수평 합병

Merger and acquisition between two companies producing similar goods or services in the same industry.
▶ 동종 산업에서 비슷한 상품이나 서비스를 제공하는 두 회사가 합병하는 것.

☐ **Interest-rate risk** 금리 위험

The chance or risk that a change in the interest rate will result in a change in the value of a security.
▶ 증권 가치의 변동으로 귀결되는 금리 변동의 위험.

■ **International Organization of Securities Commissions, IOSCO**
국제 증권관리위원회 기구

☐ **Investment bank** 투자은행

Financial intermediaries that perform a variety of services, including aiding in

the sale of securities, facilitating M&A and other corporate reorganizations, acting as brokers to both individual and institutional clients, and trading for their own account.
▶ 증권 발행 지원, M&A 혹은 다른 기업의 재편 촉진, 개인과 법인 쌍방에 대한 브로커 업무, 자기매매(자기 계정에서의 매매)와 같은 여러 가지 서비스를 행하는 금융 중개 기관.

| **Irrelevance result** | 무관련성 명제 |

The MM theorem that a firm's capital structure(shareholder's asset and debt) is irrelevant to the firm's value.
▶ 기업 가치와 자본 구성(주주 자본과 부채)은 무관계라는 MM이론의 정리.

Japan Securities Dealers Association, JSDA	일본 증권업 협회
Jasdaq	자스닥 시장
Jasdaq Securities Exchange	자스닥 증권거래소
Korea Composite Stock Price Index, KOSPI	한국 종합주가지수
Letter of comment	등록신고서에 대한 수정 레터

A communication letter to the firm from the Securities and Exchanges Commission that suggests changes to a registration statement.
▶ 증권거래위원회가 (증권 공모 발행을 할 때 제출하는 유가증권 신고서에 대해) 수정을 의뢰하는 기업에게 발행하는 연락 레터.

Market loss	시장 손실
Market manipulation	시장 조작
MM Proposition I	MM이론의 제1명제

A proposition of Modigliani and Miller(MM) that states that a firm cannot change the total value of its outstanding securities by changing its capital structure proportions. Also it is called an irrelevance result.
▶ 기업이 자본 구성 비율을 변경해도 발행 주식의 총가치를 바꿀 수는 없다는 MM(모딜리아니와 밀러)의 명제. 무관련성 명제라고도 한다.

| **MM proposition II** | MM이론의 제2명제 |

A proposition by Modigliani and Miller(MM) that states that the cost of equity is a linear function of the firm's debt-equity ratio.
▶ 주주 자본 비용은 기업의 주주 자본 비율의 일차함수라는 MM의 명제.

| **Mothers** | 마더즈 (도쿄 증권거래소의 벤처기업 전문 시장) |

■ **Nasdaq composite index**   나스닥 종합지수(미국)

■ **National Association of Securities Dealers Automated Quotations, NASDAQ**
    나스닥

■ **National Association of Securities Dealers, NASD** 전미 증권업 협회

■ **New York Stock Exchange, NYSE**   뉴욕 증권거래소

■ **New York Stock Exchange Composite Index** 뉴욕 증권거래소 종합 지수

■ **Nikkei 225**   닛케이 평균지수

☐ **Nominal cash flow**   명목 현금흐름

A cash flow expressed in nominal terms of the actual dollars to be received or paid out are shown.

▶ 수취 혹은 지급한 달러 금액을 명목치(名目値)로 나타낸 현금흐름.

■ **Opening bell**   오프닝 벨(개장을 알리는 종-NYSE 종이 유명)

■ **Opening session of the year**   대발회(大發會 : 신년 최초의 입회일)

☐ **Operating leverage**   영업 레버리지

The degree to which firm's costs of operation are decided as opposed to variable.

▶ 변동비에 대해 기업이 영업비 중에서 얼마를 고정비로 정했는지 나타내는 정도이다.

☐ **Over-the-counter(OTC) market**   점두 시장

An informal network of brokers and dealers that negotiate sales of securities.

▶ 주식 매매 교섭을 하는 브로커와 트레이더의 비공식 시장.

☐ **Perfect market**   완전 시장

Perfectly competitive financial markets. Markets that no traders has power to change the price of goods or services.

▶ 완전 경쟁이 가능한 금융시장. 트레이더도 상품이나 서비스의 가격을 변경할 힘을 가지고 있지 않은 시장.

☐ **Present value**   현재가치

The future cash flow discounted at the appropriate market interest rate.

▶ 적절한 시장의 금리로 할인된 미래 현금흐름.

☐ **Present value factor**   현재가치 요소

Factor used to calculate an estimated present value of an amount to be re-

ceived in a future.
▶ 미래의 어느 시점에서 수취하는 금액의 추정 현재가치를 계산하기 위해 사용되는 계수.

■ Production index   생산지수
■ Rapid fluctuation   급등락
■ Russell 2000 Index   러셀 2000지수
■ S&P 500   스탠더드 앤드 푸어 주가지수
■ Share price   주가
■ Slow (economic) growth   저성장
■ Stock Exchange of Hong Kong, SEHK   홍콩 증권거래소
■ Stock investment   주식 투자
■ Stock market   주식시장
■ Stock portfolio   주식 포트폴리오
■ Stock trading   주식거래
■ Stock transaction   주식거래
■ Strait Times Index   『스트레이츠타임스』지수(싱가포르)
■ Tokyo Stock Exchange, TSE   도쿄 증권거래소
■ Tokyo Stock Price Index, TOPIX   도쿄 증권 주가지수
☐ Value additivity (VA) principle   가치 가산성의 원리

In an efficient market, the value of the sum of two cash flows from the investments is the sum of the values of the individual cash flows.
▶ 완전 합리적 시장에서 두 개의 다른 투자 대상에서 창출된 현금흐름의 합계는 개별 현금흐름의 합계와 같다.

☐ Vertical acquisition   수직 합병

Merge and acquisition in which the acquired firm and the acquiring firm are at different steps in the production process.
▶ 제품 제조에서 다른 단계에 있는 기업 간의 M&A.

☐ Waiting period   대기 기간

Time period which the Securities and Exchange Commission studies a firm's registration statement.
▶ SEC가 기업의 (신주 매매를 위한) 유가증권 신고서를 심사하는 기간.

■ **Weighted average cost of capital, WACC** 가중평균 자본비용

☐ **Weighted average maturity** 가중평균 만기

A level of interest-rate risk calculated by weighting cash flows by the time of receipt and multiplying by the fraction of total present value represented by the cash flow at that time.

▶ 그 시점의 현금흐름을 가중평균해 그 합계의 현재 가치를 그 시점의 현금흐름으로 나눈 것을 곱하여 계산되는 금리 수준.

CHAPTER 3

'시장이 결정된다'는 의미란?

1 모든 가치를 결정하는 효율적인 시장

MARKET EFFICIENCY

시장의 효율성이란?

'market(시장)에 reflect(반영)되는 stock price(주가)와 interest(금리)는 모든 시장이 rational(합리적인)하게 결정한 것이다'라는 이론은 efficient(효율적인) 시장, efficient market 이론, 혹은 시장지상주의 이론이라고 평합니다.

이 경우 efficiency(효율성)란 영어를 통해 금융 세계를 훑어볼 때 대단히 중요한 의미를 가진 공통 개념입니다. 또한 MBA의 curriculum(커리큘럼)으로 항상 인식되는 keyword(키워드)이기도 합니다. 그렇다면 이 efficiency(효율성)란 어떤 의미를 가지고 있을까요?

financial market(금융시장)에서 결정되는 가격 mechanism(메커니즘)이 efficient(효율적인)하다는 것은, 특정한 누군가의 의사를 개입시키지 않고 시장 전체의 의사로서 제품의 value(가치)가 결정된다는 것입니다. 예를 들어 stock price(주가)는 시장에서의 demand(수요)와 supply(공급)에 의해 결정됩니다. 이것은 'stock price(주가)는 공급으로 결정된다'라고 말할 수 있는 근거가 됩니다. 구매하는 상품이 많을수록 stock price(주가)는 상승하며 판매하는 상품이 많을수록

stock price(주가)는 하락합니다. 이러한 구매나 매도에 대한 decision making(의사 결정)의 result(결과)가 reflect(반영)되는 것이 시장이며, 그 의사 결정이 모든 시장에서의 price making(가격 형성)에 효율적으로 직결됩니다.

시장이 efficient(효율적인)하다는 상황은 특정한 개인의 의사가 반영되지 않는 상황이라고도 할 수 있습니다. 그 기업의 achievement(실적)가 상승한다는 news(뉴스)에 대해 시장 참가자는 구매를 함으로써 react(반응)하며 주가는 자연스럽게 상승합니다. 이때 inside information(내부 정보)이 개입되어서는 안 된다는 것이 market efficiency(시장의 효율성)의 규칙입니다. 좋은 뉴스나 나쁜 뉴스에 상관없이 주가는 즉시 react(반응)하며 이것을 priced out(미리 반영하다)한 가격 형성이 필연적으로 이루어집니다. 단, 이 efficiency(효율성)에도 종류가 있습니다. 과거의 주가 변동 시세에 관한 데이터를 토대로 가격 형성을 예상하는 방법이 technical analysis(기술적 분석)입니다. 이것은 weak form(약형)의 효율성이라고도 불리는 가장 약한 타입의 효율성입니다. 이에 대해 공개된 financial statements(재무제표)의 모든 정보를 반영하면 이를 semi-strong form(중강형) 효율성이라 부릅니다. 또한 주가가 public information(공개 정보)뿐만 아니라 closed information(비공개 정보)도 반영한다면 이것을 strong(강형) 효율성이라 부릅니다.

시장 참가자 전원이 똑같이 그 기업의 미래 실적을 정확하게 예상하고 있다면, 예상한 그 시점에서 미래의 실적을 priced out(미리 반영하다)한 주가 수준이 됩니다. 즉, 예상된 기업 주가란 현재 시장에 나와 있는 모든 정보를 토대로 하여 예측할 수 있는 미래 achievement(실적)의 level(수준)을 포함합니다. 따라서 미래의 진짜 price level(주가 수준)은 그 시기가 오지 않으면 예측할 수 없습니다. 즉 valuation in the future(미래의 기업 주가)는 그 누구도 예상할 수 없다는 것을 의미합니다.

현실에는 stock price in theory(이론상 주가)와 증권회사 등에 의한 target price(목표 주가) 등의 정보가 넘쳐흐릅니다. 따라서 투자가는 이러한 정보의 질을 음미하면서 market efficiency(시장의 효율성)의 규칙에 기준을 둡니다. 그 주식이 relatively low(비교적 저렴한)하다고 생각하면 구매하고, relatively high(비교적 비싼)하다고 생각하면 팝니다. 그리고 market efficiency(시장의 효율성)에 의해 주가가 최종적으로 결정됩니다. 이러한 의미에서 보면 기업의 주가를 objectively(객관적으로) valuate(평가)한다는 것은 의미가 없다고 해도 과언이 아닙니다. 주가 형성은 어디까지나 그때 그 순간의 기업의 valuation(가치 평가)을 토대로 하며, market efficiency(시장의 효율성)를 assumption(전제)한 미래의 가치를 반영하면서 시장 참가자에 의해 subjectively(주관을 토대로)하게 결정됩니다. 그 process(과정)야말로 market efficiency(시장의 효율성)를 전제로 한 것입니다.

2 주가 결정의 실제

THEORY OF STOCK PRICE FORMATION

그렇다면 기업의 value(가치)를 결정하는 주가는 어떤 방식으로 시장에 의해 결정되는 것일까요?

주가를 결정하는 방법은 크게 두 가지로 나뉩니다. 증권회사가 관여하는 방식과 시장의 매매 동향에 따라 결정되는 방식이 있습니다. 증권회사가 관여하는 방식으로서 증권회사가 적극적으로 가격 형성의 중개인 역할을 담당하는 '북 빌딩 방식, 수요 예측 방식(BB: Book-Building method)'과, 시장의 principle(원리)에 따라 가격이 형성되는 '시장 조성 방식(market making method)'의 두 방식이 있습니다. 또한 증권회사가 관여하지 않는 가격 형성 방식으로는 '이타요세 방식(Itayose method)'과 '자라바 방식(Zaraba method)'이라는 두 가지 방식이 있습니다.

증권회사가 관여하는 가격 형성

북 빌딩 방식, 수요 예측 방식(BB; Book-Building method)

'북 빌딩 방식(BB : Book-Building method)'이란 일반적으로 수요 예측 방식이라고 불리며 매매의 수요를 토대로 증권회사가 매도 증권의 가격을 결정하는 방법입니다. 예를 들어 '주식 공개 상장(IPO : initial public offering)'을 할 때 인수 증권회사는 새롭게 공개(=신규 공개)될 예정인 회사의 issuing price(공개 가격, 발행가격)를 결정합니다. 그 프로세스의 개요는 다음과 같습니다.

IPO를 할 때 신주 발행 가격의 결정 프로세스

> ① 그 기업이 속하게 될 업계의 평균 PER(price earning ratio: 주가 수익률)과 growth rate(성장성)를 기초로 하여 institutional investor(기관투자가) 등의 의견을 토대로 temporary terms and conditions(가조건)를 결정한다.
> ② 그 temporary terms and conditions(가조건)를 투자가에게 제시하고 주로 거액 institutional investor(기관투자가)의 수요 상황을 파악함으로써 issuing price(공개 가격, 발행 가격)를 결정한다.

1997년 8월까지는 주식을 신규로 공개할 경우에 auction method(입찰 방식)만 인정되었습니다. 이 auction method(입찰 방식)에서는 수요가 많은 상품일 경우 입찰 참가자가 많으면 많을수록 issuing price(공개 가격, 발행가격)가 상승하므로(입찰에서는 일부러 가격을 상승시키는 사람도 존재하기 때문입니다) 향후 시장에서 appropriate price(적정 주가)를 형성하는 데 지장을 주기도 했습니다. 따라서 같은 해 9월 이후에 신규 상장 신청 회사는 신규 공개에 대해 BB; Book-Building method(북 빌딩 방식, 수요 예측 방식) 혹은 auction method(입찰 방식) 중 하나를 선택할 수 있게 되었습니다. BB의 merit(장점)로는 다음과 같은 point(요점)가 있습니다.

1) 주식 primary market(발행시장)뿐만 아니라 주식 공개 후의 secondary market(유통시장)까지 가정한 issuing price(공개 가격, 발행가격)의 결정이 가능해져 주가에 대한 credibility(신뢰성)를 높일 수 있다.

2) long term investment(장기 투자)를 목적으로 하는 institutional investor(기관투자가)의 시장 참가를 촉진할 수 있어 market efficiency(시장의 효율성)가 높아진다.

3) underwriter(인수 증권회사)가 주체적으로 issuing price(공개 가격, 발행가격) 결정에 관여해 발행 후의 price stability(가격 안정)를 기대할 수 있다.

4) 수속이 simplify(간소화)되어 기업의 자금 조달 수단으로서 efficient(효율적인)하게 된다.

시장 조성 방식 (market making method)

market making method(시장 조성 방법)는 2004년 12월에 Jasdaq(자스닥 시장)이 창설된 후부터 활용되고 있습니다. 즉, 원래 '점두 시장(OTC : over-the-counter market)'이었던 Jasdaq(자스닥 시장)의 매매 제도 중 하나로 기능하고 있습니다. dealer(딜러)인 증권회사는 상시 매매에 적합한 가격과 수량(시세)을 제시해야 하며 해당 시세와 일치하는 주문에 대해서는 반드시 투자가의 매매 주문에 응해야 할 obligation(의무)을 가지고 있습니다. 따라서 주문 가격만 맞는다면 매매는 반드시 성립시킬 수 있습니다. 이것은 신흥 시장에서 매매를 폐산할 때 보다 많은 거래를 성립시키는 원동력이 됩니다. 또한 자스닥 증권거래소의 market making method(시장 조성 방법)의 특징으로는 복수의 dealer(딜러) 간에 우량 시세(투자가의 입장에서 가장 유리한 가격의 시세)를 제시한 dealer(딜러)만이 매매할 수 있는 방식을 채택하고 있다는 점입니다. 이는 복수의 dealer(딜러) 간의 경쟁을 통한 시장의 합리성 및 투자가 입장에서 보다 유리한 매매가 가능한 system(시스템)입니다. Jasdaq(자스닥 시장)은 1971년에 미국의 점두 시장에서 발전적으로 창설된 '나스닥 시장(NASDAQ : National Association of Securities Dealers Automated quotations)'을 본보기로 삼고 있습니다.

증권회사가 관여하지 않는 가격 형성

이타요세 방식(Itayose method)

증권회사가 주가 형성에 관여하지 않는 주가 결정 방법으로는 '이타요세 방식(Itayose method)'과 '자라바 방식(Zaraba method)'의 두 종류가 있습니다.

이타요세 방식은 매도 주문과 매입 주문의 balance(균형)에 의해 매매를 성립시키는 방법입니다. price settlement(가격 약정)를 결정하기 전에 성립된 매매 주문은 order of priority(우선순위)가 높은 가격부터 matching(합치)시킵니다. 또한 그 수량이 matching(합치)하는 가격을 settlement price(약정가격)로 정합니다. 이타요세 방식은 다음과 같은 경우에 실행됩니다.

이타요세 방식(Itayose method)의 규칙

1) 오전 입회(전장 : 前場)와 오후 입회(후장 : 後場)의 각각의 시가(始價)와 종가(終價)를 결정하는 매매
2) 매매 거래 정지 조치 후에 거래를 재개한 최초 가격을 결정하는 매매
3) 특매(特賣) 등을 표시할 때의 가격을 결정하는 매매

도쿄 시장에서는 morning session(오전 입회)이 시작되는 9:00, 오전 입회가 끝나는 11:00, afternoon session(오후 입회)이 시작되는 12:30, close(폐장) 시간인 15:00에 이 방법으로 주문이 처리됩니다. transaction by market order(시장가 주문)가 일방적으로 치우쳐 있다면 가격이 큰 폭으로 변동할 가능성이 있습니다.

자라바 방식(Zaraba method)

자라바 방식에서는 이미 발주된 매입(또는 매도) 가격과 새로 발주된 매입(또는 매도) 가격이 matching(합치)되었을 때 매매가 성립합니다.

자라바 방식(Zaraba method)의 규칙

신규 매매 주문은 이미 존재하는 매매 주문과의 matching(합치)에 의해 성립합니다.

매입 금액	주가	매도 금액
5600엔	5280엔	
3200엔	5270엔	
800엔	5260엔	
6400엔	5250엔	
9800엔	5240엔	
	5230엔	11200엔
	5220엔	48000엔
	5210엔	8900엔
	5200엔	91200엔
	5190엔	5400엔

(실제 도쿄 시장에서 자라바 방식에 의한 거래의 예)

어느 날 '도쿄 증권거래소(TSE : Tokyo Stock Exchange)'에서 위의 예시와 같은 정보를 가진 상품이 있었다고 합시다. 이제부터 이 회사의 주식을 구입할 경우 다음의 두 가지 방법이 있습니다.

1) 어쨌든 당장 매입하고 싶은 경우 : 시장가 주문(market order)
   9800주까지라면 5240엔으로 바로 매입할 수 있습니다. 그 이상의 수량을 market order(시장가 주문)할 경우 가격은 10엔씩 상승합니다. 9800주를 넘은 부분은 다음의 6400주까지라면 5250엔으로 약정되고, 다시 800주까지는 5260엔까지 가격이 상승하여 약정(증권시장에서 거래소 간에 증권의 매매가 성립되는 것 - 옮긴이)됩니다. 여기서 주의해야 할 점은, 판매 칸에 배치되어 있는 주식 수가 적을 때는 이것을 웃도는 주식 수의 purchase order by market order(시장가 주문에 의한 매입 주문)를 넣어버리면 바로 가격의 변동 폭이 커진다는 것입니다.

2) 가격을 우선해 매입하고 싶은 경우 : 제한 가격 주문(limited price order)

어떤 방법을 써서라도 5230엔으로 매입하고 싶은 경우, 지금 여기서 1만 주의 limited price order(제한 가격 주문)를 하면 5230엔의 매입 칸에 1만 주가 추가되어 표시됩니다. 그리고 약정은 앞서 매입 주문으로 들어와 있는 1만 1200주부터 됩니다. 매도하는 경우도 마찬가지입니다.

3 랜덤워크와 시장 이론

RANDOM WALK THEORY

random walk theory(랜덤워크 이론)란 financial products(금융 상품)의 가격을 예상하는 데 있어서 과거의 price information(가격 정보)을 토대로 하여 '미래의 가격은 normal distribution(정규 분포)한다'라는 weak form(약형) 가설입니다.

이 이론에 따르면 각종 financial products(금융 상품)의 가격 결정은 statistics(통계학)의 probability(확률)에 따른다는 것을 알 수 있습니다. 즉, 어느 정도의 이율을 기대하고 있다고 할지라도 그것이 3% 이익을 볼지 반대로 3% 손해를 볼지는 반반의 확률로 일어난다는 것입니다. 따라서 시장에서의 expected return(기대 수익)율의 계산과 value at risk(VaR, 리스크의 측정)에는 의미가 없다는 결론이 나옵니다. 급속히 발달하고 있는 금융 이론 중에서 random walk theory(랜덤워크 이론)는 이러한 부분이 여느 이론과는 명확히 다르다고 할 수 있습니다. 그러나 '미래의 주가는 그 누구도 알 수 없으며 예측할 수도 없다'는 assumption(전제)하에서 보면 특히 매일 zigzag(지그재그)하고 불규칙하게 시세가 변동하는 시장가격에 대해 이 random walk theory(랜덤워크 이론)가 큰 주목을 받고 있습니다.

랜덤워크 이론과 위험 헤지

예를 들어 닛케이 평균지수(Nikkei 225)의 시세 변동을 예측할 경우, 다음 날 닛케이 평균이 상승할 경우와 하락할 경우의 probability(확률)는 각각 50%가 됩니다. 그러나 그 기간이 upward trend(상승 추세)라면 닛케이 평균이 상승하거나 하락할 확률은 순수하게 50%가 되지는 않습니다. 이것을 초장기로 고려할 경우에는 기업의 존재 이유와 성장성과도 관련됩니다.

listing company(상장 기업)는 그 존재 의의에 있어서 growth(성장)를 assumption(전제)합니다. 따라서 이 기업들의 achievement(실적)가 주가에 reflect(반영)되는 이상, 그리고 시장 전체에 타격을 주는 systematic risk(체계적 위험)가 없는 한 주가는 상승 경향일 probability(확률)가 높습니다. 또한 상승하거나 하락할 확률이 normal distribution(정규 분포)하기 위해서는 보다 오랜 기간 측정해야 하므로 현실적이지 않습니다.

반면에 주가는 확실히 매일의 가격 fluctuation(변동)을 통해 결정됩니다. 그리고 이 과정에서 random walk(랜덤워크)와 닮은 움직임을 명확히 보여줍니다. 이 fluctuation(변동)을 주가 volatility(변동성)라고 합니다. 거액의 자금 운용자인 fund manager(펀드매니저)는 이 volatility(변동성)가 수익의 opportunity(기회)이기도 합니다. 즉 volatility(변동성)가 크면 클수록 profit(수익)과 loss(손실)의 폭이 커집니다. 반대로 말하면 loss(손실)의 위험도 증가합니다. 이 risk(리스크)를 조금이라도 감소시키기 위해서 사용되는 것이 과거 시세 변동의 패턴[머리어깨형(head and shoulder), 삼중천장형(triple top) 등]인 technical analysis(기술적 분석)입니다.

technical analysis(기술적 분석)는 금융 상품의 price making theory(가격 형성 이론)상에서 random walk theory(랜덤워크 이론)에 입각하면서도 certainty(확실성)에 있어서는 단순한 예상에 지나지 않습니다. derivatives(파생 금융 상품)를 활용한 option(옵션)을 이용한 risk hedge(위험 헤지)가 상기의 문제점을 보완하는 데 중요한 역할을 합니다.

원숭이의 다트 던지기

　random walk theory(랜덤워크 이론)의 example(실례)로서 '원숭이 다트 던지기'라는 이론이 유명합니다. 신문의 주식란을 향해 원숭이에게 다트를 던지게 하여 그 다트가 꽂힌 상품군에 투자를 합니다. 그리고 professional(프로) fund manager(펀드매니저)가 골라놓은 상품군을 portfolio(포트폴리오) 투자한 경우와 compare(비교)합니다. 이에 대한 result of asset management(운용 결과)는 거의 차이가 없다는 사례를 여기저기서 찾을 수 있습니다. 따라서 investigation & valuation(기업 조사와 평가)을 한 후에 선택 투자를 한다 해도 의미가 없는 일임을 알 수 있습니다. 이는 투자 행동을 할 때의 인간 심리가 capital gain(자본 이득, 캐피털 게인)에 공헌하지 않는다는 것을 보여주는 사례입니다.

　또한 이와 관련하여 '정보에 둔감함(insensibility to market information)'이 결과적으로 효율이 좋은 투자 이율로 이어지는 경우도 있습니다. market efficiency(시장의 효율성)에서는 매일의 뉴스에 주가와 금리도 함께 반영하여 생각하려 하지만 news(뉴스)에는 good news(좋은 소식)도 있고 bad news(나쁜 소식)도 있습니다. 시장은 어떠한 news(뉴스)가 다음에 등장할지 예측할 수 없습니다. 따라서 현시점에서의 expectation(평판)과는 반대인 news(뉴스)가 등장했을 때 시장 동향에 따르지 않고 방치함으로써 보다 efficient(효율적)한 운용이 가능한 경우도 있습니다.

증권시장과 투자 효율성에 관한 Key Words

■는 기본 단어 □는 해설이 첨부된 중요 단어

■ **Black Monday**   블랙 먼데이, 암흑의 월요일

■ **Buyer's Market**   구매자 시장

□ **Dates convention**   일일 계산

Cash flows as being received on exact dates - date 0, date 1, and so on··· as opposed to the end of the year convention.

▶ 연말에 정산하는 계산 방식이 아닌 당일, 하루 뒤와 같이 하루 단위로 발생하는 현금 흐름 방식.

□ **De facto**   사실상의(현상이나 규격)

Existing in actual fact in the industry.

▶ 업계에 사실상 존재한다.

□ **Equity kicker**   주식 첨가제

Refer to warrants because they usually are issued in combination with privately placed bonds.

▶ 신주인수권. 신주인수권은 사모채(私募債)와 결합되어 발행되기 때문이다.

□ **Factor**   팩터

A type of financial service. Financial institution that buys a firm's accounts receivable and collects the debt.

▶ 금융 서비스의 일종. 금융기관이 기업의 수취어음을 구입해 부채를 회수한다.

□ **Factoring**   팩터링

A type of financial service to sell a firm's accounts receivable to financial institution known as a factor.

▶ 팩터라고도 불리는 금융기관에 수취어음을 매각하는 금융 서비스.

□ **Green-Shoe provision**   그린 슈 조항

A provision that gives the underwriter the option to purchase additional shares at the offering price to cover over allotments.

▶ (주식을 발행할 때) 수요 초과에 대응하기 위해 인수업자가 발행 가격으로 초과 구입하는 것을 인정하는 권리를 부여하는 계약 조항.

☐ **Holding period**   보유 기간

Length of time that an individual holds a security.

▶ 개인이 주식을 보유하는 기간.

■ **Holding the price line; maintaining prices**   가격 유지

■ **Improper trading**   부정 거래

☐ **Indenture**   채권 약정서

Formal written agreement between the corporate debt issuer and the lender, setting forth maturity date, interest rate and other terms.

▶ 만기일과 이율, 그리고 다른 조항을 정한 채권 발행자와 구입자 사이에 교환된 공식 서면.

☐ **Initial public offering, IPO**   주식 공개 상장

The original sale of a company's securities to be going public.

▶ 주식을 공개하는 기업의 주식 최초 발행.

■ **Interim dividend**   중간배당

■ **Invest capital**   자본을 투자하다

■ **Investment activity**   투자 활동

■ **Investment advisor**   투자 자문사

■ **Investment opportunity**   투자 기회

☐ **Liquidating dividend**   청산배당

Payment by a firm to its owners from capital instead of from its earnings.

▶ 기업이 주주에게 제공하는 이익에서 나온 배당이 아닌 자본에서 발생한 배당.

☐ **Liquidation**   청산

Termination or exit of investment of the firm.

▶ 기업에 의한 투자 종결.

☐ **Long run**   롱런

A period of time in which all costs are variable.

모든 비용이 변동 가능한 기간.

■ **Long-held share** 장기 보유주

☐ **Make a market** 마켓 메이크의 방식을 취하는 것

The obligation of a specialist to offer to buy and sell shares of assigned stocks in the market.

▶ 담당 주식의 매매를 취급하는 전문 딜러의 의무(이 행위는 구입자가 나타나면 딜러는 판매자가 되며 판매자가 나타나면 구입자가 되는 것으로 시장의 유동성을 창출하는 것을 전제로 하고 있다).

■ **Margin call** 마진 콜

☐ **Market clearing** 시장 청산(추가 증거금 납부 요구)

Demand for loans by borrowers equals the total supply of loans from lenders.

▶ 대출자의 론 수요 총합계와 빌리는 사람의 론 공급 총합계가 같은 것.

☐ **Market model** 시장 모형

A one-factor model where the index that is used for the factor is an index of the returns on the whole market.

▶ (투자 수익성 계측에 대한) 시장 전체의 수익률을 나타내는 지수가 팩터로 사용되는 하나의 팩터 모델.

■ **Market psychology** 시장 심리

■ **Market timing** 시장 타이밍(매매를 반복하는 방법)

☐ **Market value** 시장가격

The price that willing buyers and sellers trade a firm's assets.

▶ 기업의 자산을 판매자와 구매자가 자진해서 계약하는 가격.

☐ **Market claim** 마켓 클레임

Claims that can be transacted in financial markets, such as those of stockholders and bondholders.

▶ 주식과 채권 등을 금융시장에서 매매할 수 있는 청구권(세금 등은 비시장 청구권이라고 한다).

☐ **Market-to-book(M/B) ratio** 시가-장부가 비율

Ratio of market price per share of common stock divided by book value per share.

▶ 한 주당 장부가액으로 보통주의 시장가격을 나눈 비율.

☐ **Maturity date** 만기일

The date on which the last payment on a bond is due.
▶ 채권의 최종 지급 기한이 되는 날.

☐ **Merger**   합병

Acquisition or combination of two or more companies.
▶ 둘 이상의 회사 (사이에서 발생하는) 매수 혹은 합병.

■ **Minimum trading lot**   최저 거래 단위
■ **Minority shareholder**   소주주
☐ **Negative covenant**   소극적 조약

Part of the indenture (formal agreement) or loan agreement that limits or prohibits actions that the company may take.
▶ 기업이 취할 수 있는 행동을 제약하는 론 계약의 일부(배당 제한이나 합병 금지 등, 채권 보유자와 주주의 대리인 비용 삭감을 위한 방법 중의 하나).

☐ **Negotiated offer**   협상 매수

The issuing firm negotiates a deal with one underwriter to offer a new issue instead of taking competitive bidding.
▶ 경쟁입찰 매수 대신에 주식 발행 회사가 한 매수 회사와 주식 발행을 협의하는 것(경쟁입찰 매수에서는 가장 높은 가격을 매긴 매수 회사를 언더라이터로 선정한다).

☐ **NPVGO model**   성장 기회 순현재가치 모델

A model that values the firm in which net present value of new investment opportunities is examined.
▶ 신규 사업의 순현재가치를 검토하는 기업 평가 모델.

☐ **Odd lot**   단주

Stock of less than 100shares.
▶ 100주에 미치지 않는 주식(100주가 최저 거래 단위인 경우).

☐ **Opportunity cost**   기회비용(기회 손실)

Valuable alternative that is given up.
▶ 채용되지 않은 대안이 지닌 가치(경영상 전략 입안을 할 때 프로젝트에 투자하지 않는 위험/현금 보유 위험으로 종종 사용된다).

■ **Overseas demand**   외수
☐ **Oversubscribes issue**   초과 응모 발행

Investors cannot buy all the shares they want, so underwriters must allocate

the shares among investors.
▶ 주식공개를 할 때는 투자가가 원하는 모든 주식을 구입할 수 없으므로 인수업자가 투자가에게 주식을 할당해야 한다.

☐ **Oversubscription privilege** 초과 응모 특권

Allows shareholders to buy unsubscribed shares in rights offering at the subscription price.
▶ 주주에게 예약되지 않은 주식을 응모 가격으로 살 수 있도록 허가하는 것.

■ **Panic selling** 투매 장세

☐ **Par value** 액면 금액

The nominal or face value of stocks or bonds in the market.
▶ 시장에서 주식이나 채권의 명목상 권면가액.

☐ **Partnership** 조합, 공동 경영

Form of business in which two or more co-owners form a business in the corporation.
▶ 회사 업무를 두 명 이상이 공동 경영하는 사업 조직을 구성하는 것.

■ **Pause** 오름세인 시세가 중도에 주춤해지는 것

☐ **Perquisite** 특전

Management amenities such as a big office, a company car or company expense-account meals.
▶ 넓은 사무실, 회사 공용 차, 회사 경비로 하는 식사 등 관리직에게 부여하는 특전.

☐ **Positive covenant** 적극 조약

Indenture or loan agreement that specifies an action that the company have to abide by.
▶ 기업이 반드시 따라야 하는 행동을 특정하는 론 계약 조항 혹은 채무 증서의 일부.

■ **Post-bubble low** 버블 붕괴 후의 최저가

■ **Price book value ratio, PBR** 주가 순자산비율

■ **Price control** 가격 통제

☐ **Profit margin** 매출액 이익

Profits divided by total operating revenue.
▶ 이익을 영업 수입으로 나눈 값.

☐ **Prospectus** 사업 설명서

The document that must be given to every investor who contemplates purchasing registered securities in an offering.

▶ 공모를 실시할 때, 주식을 구입하고 검토하는 모든 투자가에게 주는 서류.

☐ **Protective covenant**   보호 조약

A part of the indenture agreement that limits certain actions a company takes during the term of the loan to protect the lender's interest.

▶ 대출자의 이익을 지키기 위해 대출 기간 중에 특정 기업의 행동을 제한하는 대출 계약 혹은 채무 증서.

☐ **Proxy**   위임장

A grant of authority by the shareholder to transfer one's voting right to someone else.

▶ 주주의 투표권을 제3자에게 위임하는 것.

☐ **Random walk**   랜덤워크

Theory that stock price changes daily are at random.

▶ 주가는 무작위로 매일 변동한다는 이론.

■ **Rebound**   주가의 반발

☐ **Red herring**   레드 헤링

The first document that is released by an underwriter of a new issue to prospective investors.

▶ 인수업자가 발행하는 잠재 투자가를 대상으로 한 신주 발행 채권의 첫 서류.

☐ **Refunding**   차환

The process that replaces outstanding bonds, typically to issue new securities at a lower interest rare than those replaced.

▶ 유통되고 있는 채권보다 저렴한 이율의 증권을 발행하기 위해 채권을 되사는 과정.

☐ **Registration statement**   유가증권 신고서

The registration that discloses pertinent information concerning the corporation that wants to make the public offering.

▶ 증권을 공모로 발행하고자 하는 기업에 관한 적절한 모든 정보를 공개하기 위한 등록.

☐ **Regulation A**   레귤레이션 A

The securities regulation that exempts small public offerings (those valued at less than $1.5 million) from most registration requirements when issuing to the public.

▶ 등록 시 요구되는 대부분의 항목을 150만 달러 이하의 공모에서는 면제한다는 증권 규제.

☐ **Repurchase of stock**   자사주 매입

Financial strategy to pay cash to firm's shareholders that gives more preferable tax treatment for shareholders than dividends.

▶ 주주에게 배당을 지불하는 것보다 세제 면에서 혜택받을 수 있도록 현금을 지불하는 재무적 전략.

☐ **Restrictive covenant**   제한 조약

To place constraints on the operations of borrowers, such as restrictions on working capital, fixed assets, future borrowing, and payment of dividend.

▶ 대출자의 행동을 제약하는 조항. 예를 들어 운전 자본, 고정 자산, 미래의 차입금, 배당 지급 등에 대한 제한을 말한다.

☐ **Rights offer**   주주 할당 증자

Gives a current shareholder the opportunity to maintain a proportionate interest in the company before offered to the public.

▶ 공모 발행 전에 (기존 주주가) 그 기업에 대한 지주 비율을 유지하기 위해 기존 주주에 대해 주식 할당 증자를 하는 것.

☐ **Round lot**   거래 단위

Common stock trading limit of 100 shares or multiples of 100 shares.

▶ 보통주의 거래 최저 단위로 100주 혹은 100주의 배수(미국의 경우).

☐ **Seasoned new issue**   기존 상장회사의 신주 발행

A new issue of stock after the company's securities have already been issued to the public.

▶ 이미 주식 공개를 하고 있는 기업의 신주 발행.

■ **SEC, Securities and Exchange Commission**   미국 증권거래위원회

■ **Securities and Exchange Surveillance Commission, SESC**   일본 증권 거래 감시 위원회

■ **Securities bourse**   증권거래소

■ **Securities fraud**   증권 사기

■ **Securities transaction**   증권 거래

☐ **Security market line, SML**   증권시장선

A line that shows the equilibrium relationship between systematic risk and expected rates of return for individual securities.

▶ 개별 증권들의 기대 수익률과 체계적 위험(그 증권의 베타) 관계의 균형점을 연결한 직선(자본 자산 가격 모델 ; CAPM의 그래프).

■ Sell order	매도 주문
■ Selling pressure	매도 압력
■ Sell-off	단기 하락(대량 매각에 의한 주가 하락)
□ Semi-strong form efficiency	중강형 효율성

The market is efficient with respect to all publicly available information.

▶ 모든 시장에 공개된 정보에 반응하는 효율적 시장.

□ Serial covariance	계열 상관 공분산

The covariance between a variable and a lagged value of the variable same as auto covariance.

▶ 변수와 변수의 과거 값의 공분산으로 자기 공분산과 같다.

■ Share issuance	주식 발행
■ Share manipulation	주가 조작
■ Share price manipulation	주가 조작
□ Shareholder	주주

Holders of equity shares issued by a firm.

▶ 기업에 의해 발행된 주식의 보유자.

■ Shareholder activism	주주 행동주의
■ Shareholder activist	주주 행동주의자
■ Shareholder's meeting	주주총회
■ Shareowner	주주
■ Sharp loss	급락
□ Short run	단기

The short period of time in which certain equipment, resources, and commitments of them are fixed.

▶ 특정 설비와 그에 대한 매입 지불 의무가 정해진 단기간을 말한다.

□ Short sale	공매도

Sell a security that an investor doesn't own but has instead borrowed.
▶ 빌린 주식으로 투자가가 보유하고 있지 않은 주식을 판매하는 것.

■ **Short selling**   공매

☐ **Short-term tax exempt**   단기 면세 기금

Short-term securities issued by states, municipalities, local housing agencies, and urban renewal agencies.
▶ 주, 지방자치체, 지방 주택국, 그리고 도시 재개발국에 의해 발행된 단기 채권.

☐ **Signaling approach**   신호 이론

Approach to determine optimal capital structure asserting that insiders in a firm have information that the market does not; therefore the choice of capital structure by insiders can signal information to outsiders and change the value of the firm.
▶ 기업의 내부 통제자가 시장이 가지고 있지 않은 정보를 가지고 있다고 주장함으로써 최적 자본의 구성을 결정한다는 개념. 이것으로 내부 통제자에 의한 자본 구성의 선택은 외부인에 관한 시그널 정보가 되어 기업의 가치를 바꿀 수도 있다(정보의 비대칭성이라고도 불린다).

☐ **Small issues exemption**   레귤레이션 A(소액 공개 면제)

Securities issues involving less than $1.5 million are not required to file a registration statement with the SEC(Securities and Exchange Commission).
▶ (미국에서) 150만 달러 이하의 주식 공개에 대해서는 미국 증권거래위원회에 유가증권 신고서를 제출할 필요가 없다.

■ **Small-capitalization stock**   소형주

■ **Sokaiya corporate racketeer**   총회꾼

☐ **Standard deviation** 표준편차

The positive square root of the variance.
▶ 분산의 양의 제곱근.

☐ **Standardized normal distribution**   정규분포

A normal distribution with standard deviation.
▶ 표준편차에서의 정상적인 분포.

■ **Sticker price**   표시 가격

■ **Stock average**   평균 주가

■ **Stock certificate**   주권

☐ **Stock dividend**　　　　　　　　　주식 배당

Payment in the form of stock rather than cash.
▶ 현금이 아닌 주식의 형태로 지급되는 배당.

■ **Stock exchange market**　　　　증권거래소(시장)
■ **Stock index**　　　　　　　　　　주가지수
☐ **Stock out**　　　　　　　　　　　품절

Running out of inventory.
▶ 상품 등의 재고품이 품절되는 것. 재고가 떨어짐.

☐ **Stock split**　　　　　　　　　　주식 분할

The increase in outstanding shares of stock while changing nothing in shareholders' equity.
▶ 주주 자본에 영향을 주는 일 없이 유통되고 있는 주식 수를 증가시키는 것.

☐ **Stock holder**　　　　　　　　　주주

Holder of shares in a firm.
▶ 기업의 주식을 보유하는 사람.

☐ **Stockholders' book**　　　　　　주주 장부

Books kept by firm management for its annual report following Financial Accounting Standards Board rules.
▶ 기업 경영자가 재무회계 기준 심의회의 규칙에 따라 보유하는 연차 보고서.

☐ **Straight voting**　　　　　　　　단순 투표제

A shareholder casts his or her votes for each candidate for the board of directors.
▶ 이사회를 선임할 때, 주주는 각각의 후보자에게 자신이 보유한 모든 표를 던질 수 있다.

☐ **Striking price**　　　　　　　　　행사 가격

Price that put option or call option can be exercised.
▶ 풋옵션이나 콜옵션을 행사할 수 있는 금액.

☐ **Strong-form efficiency**　　　　강형 효율성

The market is efficient with respect to all available information, public or private.
▶ (주가가) 공표되거나 비공표된 유용한 정보를 포함하는 시장의 효율적인 상태.

☐ **Subscription price** 응모 가격

Price existing shareholders are allowed to pay for a share of stock in a rights offering.

▶ 주식 할당 증자를 할 때 기존 주주가 주식에 대해 지급하는 주가.

☐ **Sum-of-the-year's digits depreciation** 연수합계법

Method of accelerated depreciation.

▶ 가속도적으로 감가상각하는 방법.

☐ **Sunk cost** 매몰 비용

A cost which is already occurred and cannot be removed.

▶ 이미 발행해버린, 제거할 수 없는 비용.

■ **Supply** 공급

■ **Supply-demand relationship** 수급 관계, 수급 상태

☐ **Surplus funds** 잉여 자금

Cash flows available in the firm after payment of taxes in the project.

▶ 프로젝트에서 세금을 지급하고 난 후의 현금흐름.

☐ **Syndicate** 신디케이트

A group of investment banking institutions that agree to cooperate in a joint venture to underwrite an offering of securities for resale to the public.

▶ 신주 발행을 인수하기 위해 공동 기업체로서 협력할 것을 동의하는 투자은행 그룹.

■ **Ticker symbol** 티커 심볼(증권을 주식 호가 시스템에 표시할 때 쓰는 코드)

■ **Trading day** 거래일

■ **Trading hour** 거래 시간

☐ **Trading range** 가격대

Price range between highest and lowest prices when a security is traded.

▶ 증권이 거래되는 최고가와 최저가의 가격대.

■ **Trading system** 매매 시스템

■ **Trading value** 거래 대금

■ **Trading volume** 거래량

■ **Two-tiered price** 이중 가격제

■ **Unlisted stock** 비상장주, 미공개주

■ **Unseasoned new issue** 신주 공개

☐ **Weak form efficiency** 약형의 효율성

The market is efficient with respect to historical price information.
▶ 시장은 과거의 정보에 대해 효율적이다.

CHAPTER 4

금융 상품의 이것저것

1 금융 상품이란?

FINANCIAL PRODUCTS

financial products, commodities(금융 상품)란 돈을 circulate(융통하다)하기 위한 instrument(수단)의 모든 것을 가리킵니다. 가까운 예로 bank(은행)와 post office(우체국)에 맡기는 deposit(예금), 국가가 issue(발행하다)한 bond(국채)가 바로 financial products(금융 상품)입니다. 또한 accident insurance(손해보험)와 life insurance(생명보험)도 해당 insurance company(보험회사)가 자금을 모아 secondary(2차적)로 그 자금을 융통할 수 있습니다. 따라서 이들 또한 financial products(금융 상품)라고 할 수 있습니다. 그러나 이들 deposit(예금)과 insurance(보험) 등은 시장에서 자유롭게 매매할 수 있는 것이 아닙니다. 따라서 이러한 의미에서 보면 financial products(금융 상품)라고 표현하는 것에 feeling of wrongness(위화감)가 들 수 있습니다. 이 위화감은 deposit(예금)과 insurance(보험)가 시장에서 resale(전매)되는 상품들이 아니라는 이유에서 생깁니다. 일반적으로 이해되는 stock(주식)과 bond(채권) 등은 financial products(금융 상품)의 대표 격이라고 할 수 있습니다. 이들은 시장에서 매매되고 있으며 가격이 시장에서 결정되는 금융 상품입니다. 상품 그 자체가 시장에서 매매되는 것, fund(펀드)나 ETF(exchange traded fund : 상장 지수 펀드), structured fund(구조화 채권) 등과 같은 2차, 그리고 3차인 resale(전매)이 credit creation(신용 창조)해 돈을 불립니다.

credit creation(신용 창조)에 의한 돈의 증가는 '유동성(liquidity)'의 증가를 의미하며, 자산 효과라 불리는 capital stock(자본금)의 가치 상승에 의해 소비와 투자 의욕을 증가시키는 효과를 가지고 있습니다. 그러나 이렇게 창조된 돈은 시장 동향에 의해 갑자기 backing(지원)을 잃는 경우도 생깁니다. 시장의 trend(트렌드)나 volatility(주가 변동성)에 연동해 이들의 동향에 의한 loss(손실)를 hedge(헤지)해 두어야 할 필요성이 생깁니다. 즉, 거래와 관련된 일련의 모든 행위들을 시장에서 완결 짓는 것이 financial products(금융 상품)로서의 조건이 됩니다. 이 책에서는 이처럼 시장에서 거래되는 stock(주식)과 bond(채권)를 financial products(금융 상품)로 취급하고 있습니다.

2 상품 시장과 코모디티 시장

COMMODITIES

financial products(금융 상품)와 관련하여, 마찬가지로 시장에서 investment(투자) 대상이 될 수 있는 것으로는 commodities(상품)가 있습니다. commodities(상품)라고 해도 보통 가게에서 팔리고 있는 general products(일반 제품)를 말하는 것이 아닙니다. gold(금)나 silver(은) 등의 precious metal(귀금속), aluminum(알루미늄) 등의 nonferrous metal(비철금속), crude oil(원유), agricultural products(농산물), livestock(축산물) 등 인간이 살아가면서 기본적으로 필요한 products(상품)를 일컫습니다.

이들 상품이 가게에서 판매되는 '상품(제품 : goods)'과 다른 점은 그 품질이나 성능에 대해 generalization(일반화)되어 있다는 점입니다. 가게에서 판매되는 상품은 조금이라도 더 손님들에게 팔기 위해 brand(브랜드)나 quality(품질), price(가격)로 다른 상품과의 differentiation(차별화)을 도모합니다. 그러나 이 시장에서 transact(거래되다)되는 상품들은 differentiation(차별화)이나 characterization(특징짓기) 등은 하지 않습니다. 예를 들어 gold(금)라면 어느 나라에서 어떤 업자가 mining(채굴)하여 refining(정제)했는지에 상관없이 일단 gold(금)라는 품질적인 certification(인증)만 받는다면 이후에 시장에서 gold(금)로 circulate(유통하다)됩니다. 이는 differentiation(차별화)하지 않는 level(레벨)에서의 demand(수요)와 supply(공급)에 맞춰 value(가격)가 결정된다는 principle(원리)을 토대로 합니다. 이것은 commodity(코모디티)라고 표현되며 common(공통화한 것)이 어원입니다.

'코모디티'에는 '대중화', '진부화', '어떤 것을 골라도 모두 같다' 등의 negative(부정적인)한 image(이미지)도 있습니다. 동시에 그 category(카테고리)의 상품에 대한 demand(수요)가 증가하면 그 상품의 품질이 차별화되기 전에 price hike(물가 등귀)한다거나 수요 감퇴에 의해 가격이 단숨에 하락한다는 character(성질)를 가지고 있습니다.

상품 가격 결정의 구조

financial products(금융 상품)에 속하는 상품은 언제라도 세계 곳곳에서 거래되고 있는 가격을 confirm(확인하다)할 수 있다는 장점이 있습니다. 상품의 수요자는 거래할 timing(타이밍)을 market situation(시장 현황)과 함께 살피면서 판단할 수 있습니다.

그리고 이것은 금융에서 futures contract(선물거래)의 시초가 되었습니다. 예를 들어 농산물의 경우 생육 시기에 수확기의 수요와 풍작 상황을 예측하여 사전에 수요자와 생산자가 결정한 가격으로 새로운 거래를 성립시킬 수도 있습니다. 이러한 futures contract(선물거래)는 supply side(공급에 관련된 시장)의 혼란을 완화하는 한편 투자가(수요자)에게는 물론 공급자에게도 안정적인 이익을 제공할 기회를 마련했다고 할 수 있습니다. 이러한 의미에서 commodity market(상품 시장)은 인간 사회를 영위하는 데 있어 가능한 한 stably(안정적으로) contribute(기여하다)하고 있는 system(시스템)입니다.

그러나 financial products(금융 상품)인 이상 시장 거래에 자유로운 참여가 가능합니다. 그 결과, 수요자가 아닌 투자가가 speculation(투기)을 목적으로 상품 시장에 참여하게 되었습니다. 이처럼 speculation(투기)을 목적으로 한 commodity market(상품 시장)에 대해 investment(투자 행동)가 초래하는 fundamental(본질적인) 문제점은 무엇일까요? 그것은 바로 이 투자 대상 상품들이 실제로 tangible product(눈에 보이는 상품)이며, 현실에서는 어딘가에서 반드시 preserve(보관) 혹은 sell(판매)되어야 한다는 것입니다.

예를 들어 crude oil(원유) 거래에 참가해 구매 가격보다 큰 폭으로 market price(현물가격)가 하락한 경우에는 기일까지 loss(손실)를 settle(결제하다)하거나 actual goods(현물)를 인수해야 합니다(settlement : 결제). stock(주식)과 bond(채권)라면 depository(금고)에 보관하지 않아도 electronic(전자적)으로 증권회사를 통해 record keeping(관리)되므로 보관에 드는 cost(비용)가 크게 발생하지 않습니다. 대부분의 세계 증권시장에서는 Security Depository System(예탁 증권 제도)이 채택되고 있습니다. 또한 common securities(상장 주권), convertible bond(전환사채), ETF(Exchange Traded Fund : 상장 지수 펀드), REIT(Real Estate Investment Trust : 부동산 투자신탁), 그리고 협동조합 금융기관의 priority stock(우선주) 등은 증권 보관 대체 기구에서 관리됩니다. speculator(투기꾼)가 현금으로 결제하기 위해서는 막대한 risk(리스크)와 cost(비용)를 필요로 한다는 점에서 보면 commodity market(상품 시장)은 원래 안정된 supply(공급)를 희망하는 수요가를 위한 hedge(헤지) 시장이라고 할 수 있습니다. skyrocketing(가격 급등)으로 인해(이것은 종종 예측 밖의 기후 악화에 의한 흉작에서 기인됨) 상품 procure(조달)가 일반적인 구매 가격의 range(범위)를 초과했을지라도 execution of futures contract(선물 계약 이행)에 의해 products(상품)를 procure(조달)할 수 있습니다. commodity market(상품 시장)에서 행해지는 futures contract(선물거래)는 안정 공급을 목적으로 합니다. 그러나 speculation(투기) 머니 상품을 목적으로 한 inflow(유입)로 인해 실제 수요보다 높은 market price(시장가격)가 결정됩니다. 그 결과 실제 수요자에게도 영향을 주면서 inflation(인플레이션)의 불안을 증가시키는 측면도 있습니다.

3 파생 금융 상품이란?
DERIVATIVES

derivatives(파생 금융 상품)는 stock(주식), bond(채권), deposit(예금), loan(대출), foreign exchange(외국환) 등의 principal(원금) 투자 risk(리스크)를 저하시키거나 risk(리스크)를 각오하고 높은 수익성을 추구하기 위해 활용됩니다. derivatives(파생 금융 상품)에는 미래에 transaction(매매)하기로 사전에 약속한 거래(futures contract : 선물거래)나 미래에 매매할 right(권리)를 사전에 매매하는 거래(option : 옵션거래), foreign exchange(외국환)와 interest(금리)의 risk(리스크)를 hedge(헤지)하기 위한 거래(swap : 스와프거래) 등이 있으며 이들을 combine(조합한)한 various(다종다양한) 거래가 있습니다.

왜 이들과 같은 파생 상품이 개발되었는지 배경을 살펴봅시다. 파생 상품은 돈을 움직이는 '투자 운용' 그 자체가 hedging(리스크 헤지하는 것)과 speculation(투기)이라는 두 가지 기능을 involving(내포)하고 있기 때문입니다. 반면에 이것은 투자 활동이 gambling(도박)과 다른 최대 important factor(포인트)이기도 합니다. 즉, 아무런 투자 활동을 하지 않고 cash(현금) asset(자산)을 보유하고 있는 것만으로도 inflation(인플레이션)이나 interest(금리) fluctuation(변동)이라는 risk(리스크)를 내재한 경제 상황이라면 필연적으로 protection of property(자산 방어)를 위해 '무엇인가를 반드시' 해야 합니다. derivatives(파생 금융 상품)는 결코 negative(부정적인)한 image(이미지)를 가진 speculation(투기) tool(도구)이 아닙니다. 돈을 운용하는 사람이 겸비하고 있어야 할 최저한의 knowledge(지식)라고 할 수 있습니다.

3가지 파생 금융 상품 - 선물(futures), 옵션(option), 스와프(swap)

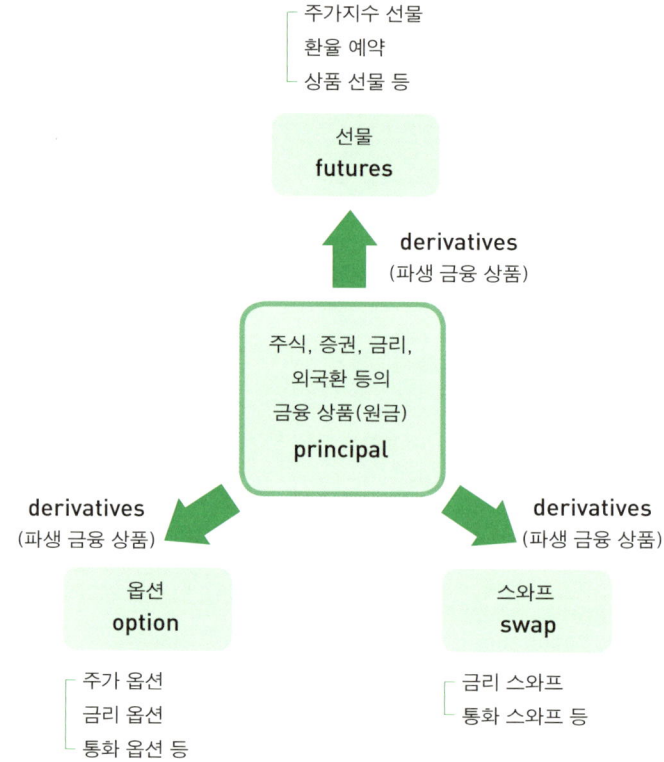

파생 금융 상품의 예

	상품의 예	편입된 파생 금융 상품
저축금 · 론	주가 연동형 예금	주가지수 옵션
	금리 상한 대출	금리 옵션
채권	(타사 주 전환사채)교환 사채(EB)	주식 옵션
	리버스플로터채(Reverse Floaters bond)	금리 스와프
	이중 통화채(듀얼커런시채)	외환 선물
	역이중 통화채	통화 스와프
주식	주식 워런트 증권	주식 옵션
상품	상품 펀드	상품 선물
파생 상품 자체의 거래	닛케이 평균 선물	-
	상품 선물	-
	개별주 옵션	-
	주가지수 옵션	-

4 파생 금융 상품의 역사
HISTORY OF DERIVATIVES

derivatives(파생 금융 상품)는 인류의 역사와도 큰 관련이 있습니다. 일본의 예로는 오래전 에도 시대의 오사카 도지마(堂島)에서 행해진 rice market(장부 기입 쌀 상장)을 들 수 있습니다. rice market(장부 기입 쌀 상장)은 주로 weather(기후)에 의한 쌀의 good harvest(풍작) 혹은 poor harvest(흉작)를 hedge(헤지)하기 위해서 활용된 futures contract(선물거래)의 typical case(전형)라고 할 수 있습니다.

반면에 option transaction(옵션거래)의 이론이 실천되기 시작한 것은 antiquity(고대 그리스 시대)부터였습니다. 철학자 탈레스는 olive(올리브) 기름을 압출하는 기계를 빌릴 option(권리)을 매매했습니다. astronomy(천문학) knowledge(지식)에 의존해 올리브의 풍작이 예상되는 season(계절) 전에 이 기기를 구입해둡니다. 그리고 실제로 풍작이 되었을 때 기름을 압출하는 기계를 빌릴 option(권리)을 보다 높은 가격으로 sale(판매하다)함으로써 큰 profit(이익)을 얻었다고 합니다. 이는 경영 의지의 결정에 사용되는 real option(리얼 옵션)의 예로 들 수 있습니다.

이러한 방법들은 현대의 futures contract(선물거래)와 option transaction(옵션거래) concept(개념)로서 선구적이라 할 수 있습니다. 이처럼 derivatives(파생 금융 상품)는 필요한 정도로 변화에 대한 hedge(헤지)를 하고 시장의 수요 예상을 반영해 수익 기회로 활용할 수 있는 뛰어난 금융 상품이라 할 수 있습니다.

금융 상품에 관한 Key Words

■는 기본 단어 □는 해설이 첨부된 중요 단어

☐ **Asset requirement**   자산 요건

A common element of a financial plan that describes future capital spending and the proposed uses of net working capital.
▶ 미래의 자산 지출(설비투자 등)과 운전자본의 용도를 명시한 금융 계획에 공통되는 요건.

■ **Asset-backed commercial paper, ABCP**   자산 담보부 기업 어음

■ **Asset-backed security, ABS**   자산 담보부 증권

■ **Bargain hunting**   바겐 헌팅(저가 매수 전략)

☐ **Bearer bond**   무기명 채권

A bond issued without registration of the owner's name.
▶ 보유자의 등록 없이 발행되는 채권.

☐ **Benchmark**   벤치마크

A study, index or average whose movement is considered a general indicator of the direction of the overall market.
▶ 시장 전체의 방향을 나타내는 연구나 일반적 지수 혹은 평균값.

☐ **Call protected**   콜 보호

Describes a bond that is not allowed to be called within a specified term, usually for a certain early period in the life of the bond.
▶ 보통 발행 후 초기 상환이 허용되지 않는 기간 중에 있는 채권.

☐ **Call provision**   콜 조항, 수의 상환 조항

An agreement that gives the corporation the option to redeem the bond at a specified price before the maturity date.
▶ 만기일 이전에 채권을 특정 금액으로 예정보다 앞당겨 상환시킬 권리를 기업에 부여하는 조항.

☐ **Callable**   중도상환채

A bond that is subject to be repurchased at specified call price before maturity.

▶ 만기일 이전에 기업이 특정 금액으로 환매한다는 조건이 붙은 채권.

☐ **Cash transaction** 현금 거래

A transaction exchanging immediately, as contrasted to a future contract.

▶ 선물 계약과는 대조적으로 결제가 바로 이루어지는 거래.

☐ **Commercial draft** 기업 어음

Demand for the payment.

▶ 지급 요구.

☐ **Commercial paper** 신종 기업 어음

Short-term obligation, unsecured promissory notes issued by corporation with a good credit standing. Their maturity ranges up to 270 days.

▶ 재무 상태가 우량한 기업이 발행하는 단기 자금을 빌리기 위한 무담보 증권. 이것의 만기일은 최장 270일이다.

☐ **Credit scoring** 신용 평가

Determining the risk of default when granting customers credit.

▶ 고객에게 신용을 공여할 때 디폴트(채무불이행, 지급불능 선언)할 리스크를 측정하는 것.

☐ **Debenture** 무담보 채권, 사채

An unsecured bond, with maturity of more than 15 years.

▶ 만기가 15년 이상인 무담보 채권.

☐ **Debt** 차입, 부채

Loan that is a liability of the firm.

▶ 기업의 부채가 되는 차입.

☐ **Debt capacity** 차입 능력

The firm's capacity to borrow. The amount a firm can borrow up to the point where the firm value no longer increases.

▶ 차입할 수 있는 여력. 그 이상으로 차입을 증가시켜도 기업 가치가 상승하지 않는 포인트.

☐ **Debt displacement** 부채 대체

The amount to borrow that the leasing displaces. Firms doing a lot of leasing

will be forced to cut back on borrowing.
> 리스를 대체할 수 있는 부채 금액. 리스를 많이 활용하는 기업은 부채 삭감을 강요당한다.

☐ **Default risk**   채무불이행 위험

The risk that interest or principal will not be paid on the date and on the promised amount.
> 이자나 원금 등 약속된 금액을 기간까지 지급하지 못하게 될 위험.

☐ **Deferred call**   콜 지연

A provision which prohibits the company from calling the bond before a certain date. During this period the bond is said to be call protected.
> 기업이 특정일 이전에 상환을 금지하는 조항. 이 기간 동안 채권은 콜 보호된다.

■ **Exchange-traded fund, ETF**   상장 지수 펀드, 지수 연동형 펀드

☐ **Fair market value**   공정 시장가치

Amount at which common stock would change hands between a willing buyer and a willing seller in the market, both having knowledge or information of the relevant facts. Also it is called market price.
> 보통주에 관련된 정보나 지식을 가지고 있는 구매자와 판매자에 의해 시장에서 매매되어 보유자가 바뀔 때의 보통주 가격. 시장가격이라고도 불린다.

☐ **First principle of investment decision making**   투자 판단에 있어서 첫 번째 방침

An investment project which is worth undertaking only if it increases the range of choices, the number of options in the financial markets.
> 금융시장에서 선택권의 수나 선택 폭의 증가가 보일 때만 인수할 가치가 있는 투자 프로젝트.

☐ **Forward contract**   선도 계약

An arrangement calling for future delivery of an asset or item at an agreed upon price.
> 합의된 가격으로 미래의 상품이나 자산을 조달하는 계약.

☐ **Forward trade**   선도 거래

An agreement to make a transaction based on exchange rates established today for settlement in the future.
> 미래의 거래를 위한 (교환) 환율을 오늘 결정해 그것을 토대로 매매 합의 계약.

☐ **Holding-period return**   보유 기간 수익률

The rate of return over a given period of holding asset.
▶ 보유 기간에 대한 수익률.

☐ **Homogeneous expectation**   동질적 기대

Idea that all individuals have the same beliefs concerning future investments, profits, and dividends in the market.
▶ 시장에서 모든 개인투자가가 미래의 투자, 이익, 배당에 대해 같은 추정치를 가진다고 가정하는 생각.

☐ **Idiosyncratic risk**   특이 리스크

An unsystematic risk.
▶ 비체계적 위험.

☐ **Immunized**   면역화

Immune to interest-rate risk.
▶ 이자율 위험에 대해 면역이 있는 것.

☐ **Incremental cash flow**   증분 현금흐름

Difference between the firm's cash flows with and without a particular project.
▶ 투자 프로젝트가 있는 경우와 없는 경우 기업의 현금흐름의 차이.

☐ **In-house processing float**   사내 표류

The time it takes the check receiver to process the payment and deposit it in a bank for collection.
▶ 대금 회수를 위해 은행에 입금되는 과정에서 수취인이 낭비하는 시간.

☐ **Instrument**   법적 서류, 증서

Legal documents, financial securities, such as money market instruments or capital market instruments.
▶ 금융시장 증서나 자본시장 증서 등의 금융 증권, 법적 서류.

■ **Investment fund**   투자 펀드, 투자 자금

■ **Investment trust**   투자신탁

■ **Japanese government bond, JGB**   일본 국채

☐ **Leveraged equity**   레버리지드 에쿼티

Stock that relies on financial leverage. Holders of leveraged equities face the benefits and costs for using debt.
▶ 금융 레버리지에 의거한 주식. 레버리지 에쿼티의 보유자는 부채를 사용하는 비용과

장점을 고려한다.

☐ **Leveraged lease** 레버리지드 리스

Lease that involves a lender of funds in addition to lesser and lessee.
▶ 대차인, 임대인에 추가해 (자금을) 빌리는 사람을 포함한 리스.

■ **Money reserve fund, MRF** 머니 리저브 펀드(증권 종합 계좌 전용의 단기 공사채 투자신탁)

■ **Moving strike convertible bond, MSCB** 전환가격 수정 조항이 첨부된 전환사채

☐ **Preemptive right** 신주 우선 인수권, 선매권

The right to share proportionally in new opportunities of buying stock sold.
▶ 신주 매입을 할 때 비례 분배되는 권리.

■ **Private equity fund, PEF** 사모(私募) 펀드

■ **Private offering** 사모

☐ **Private placement** 사모

The limited sale of a bond or other security to a limited number of investors.
▶ 정해진 수의 투자가에게 판매되는 채권이나 다른 증권의 매도.

■ **Replacement demand** 대체 수요

■ **Replacement value** 자산 대체 가치

Current cost of replacing the firm's assets to other assets.
▶ 기업의 자산을 다른 자산으로 대체할 때 드는 유동적인 비용.

☐ **Replacement-chain problem** 대체 가치의 문제

Future replacement decisions must be taken into account in selecting among possible projects.
▶ 여러 가지 프로젝트를 선택할 때 미래 자산 대체에 대한 판단을 고려해야 한다.

■ **Residential mortgage-backed security, RMBS** 주택용 모기지 저당(담보) 증권

☐ **Residual loss** 잔여 손실

Loss of the shareholder's value because of divergent behavior of the managers.
▶ 기업 관리직의 면탈 행위로 인해 주주의 가치가 훼손되는 것.

☐ **Return** 투자 수익

Profit on capital investment or securities.
▶ 자본 투자나 증권투자에 대한 수익.

☐ **Risk averse** 위험 회피형

A risk averse investor will consider risk portfolios if they provide compensation for risk via a risk premium.

▶ 위험을 회피하는 투자가는 위험 프리미엄(초과 수익)을 통해 위험을 벌충할 수 있는 경우에만 위험 포트폴리오를 생각한다.

☐ **Risk class** 위험 등급

A set of risk measure so that projects that are in the same risk class can be comparable.

▶ 같은 등급의 위험 분류에 속하는 리스크를 서로 비교할 수 있도록 통일적으로 구분한 지수.

☐ **Risk premium** 위험 프리미엄

The excess return on the asset that is the difference between expected return on risky assets and the return on risk-free assets.

▶ 리스크 자산과 무위험 자산(장기 국채 등)의 기대 수익률의 차에 상당하는 자산에 대한 초과 수익률.

☐ **Speculating** 투기

Extremely high-risk investing.

▶ 리스크가 대단히 높은 투자.

■ **Speculative** 투기적인

☐ **Spreadsheet** 스프레드시트

A computer software program that organizes numerical data into rows and columns on a terminal screen for calculating.

▶ 계산 시트상의 열과 행에 수치 데이터를 배열해 관리하는 컴퓨터 프로그램.

■ **Stock option** 스톡옵션

■ **Stock swap** 주식 교환, 주식 스와프

☐ **Swap** 스와프

Exchange one security or currency for another.

▶ 증권이나 화폐를 다른 것과 교환하는 것.

☐ **Swap rate** 스와프 레이트

The deference of rate between the sale (purchase) price and the price to repurchase (resell).

▶ 스와프 거래를 할 때, 매입가와 매도가의 이율의 차.

☐ **Taking delivery**　　　　　　　　　　물품 수령

The buyer's actually assuming possession from the seller of the asset agreed upon in a future contract.

▶ 선물 계약을 토대로 판매자로부터 실제로 자산의 인수와 인도가 행해지는 것.

■ **Technology stock**　　　　　　　　　첨단산업 주

☐ **Treasury bill (T-bill)**　　　　　　　미국 재무부 단기 증권

Short-term discount debt maturing within one year.

▶ 1년 이내에 만기가 되는 (무위험의) 단기 할인채.

☐ **Treasury bond or note**　　　　　　미국 재무부 채권

Debt obligations of the federal government that make semiannual coupon payments and are sold at or near par value in denominations of more than $1000.

▶ 1000달러 이상의 액면 금액으로 판매되며 반년마다 쿠폰 지급을 동반하는 정부 발행 채권.

CHAPTER 5

주식회사의 구조

1 주식회사의 구조
STRUCTURE OF CORPORATION

corporation(회사) structure(구조)를 궁극적으로 simplify(단순화하다)해보면, 주식회사란 그 회사의 stock(주식)을 보유하는 shareholder(주주)가 own(소유하다)한다는 것을 알 수 있습니다. 일본에서는 '주주총회(shareholder's meeting)'를 열어 director(이사)를 appoint(선임하다)하며 이렇게 appointed(선임되다)된 director(이사)가 주식회사를 manage(경영)합니다. 회사의 경영상 중요한 안건은 board of directors(이사회)의 decision(의결)이 필요하므로 shareholder(주주)의 의사가 indirectly(간접적으로) director(이사)에 의해 executive(행사)됩니다. 그 의사 결정의 theory(논리)가 항상 profit of shareholders(주주의 이익)를 represent(대표하다)하는 것만은 아닙니다. shareholder(주주)는 그 회사가 발행하는 issuing stock(주식 수)의 보유 비율에 따라 strategic management(경영전략)의 direction(방향성)에 영향을 줄 수도 있습니다. 즉, 주식회사는 보다 많은 capital(자본)을 보유함으로써 그 투하 비율에 따른 profit(이윤)을 추구할 수 있습니다. 이것은 capitalism(자본주의)의 기본이 됩니다. 이 장에서는 주식회사의 fundamental(기본적인) structure(구조)에 대해 살펴보겠습니다. 또한 그 structure(구조)가 의미하는 것들을 일본 기업과 미국 기업을 비교하면서 설명하겠습니다.

2 회사는 누구의 것일까?

WHO OWN THE COMPANY?

미국의 financial market(금융시장)에서는 대형 M&A(merge and acquisition)에 대한 안건이 활발하게 이루어지고 있습니다. M&A란 기업의 '합병(merge)'과 '매수(acquisition)'를 말하며 회사 자체가 매매의 대상이 됩니다. M&A가 시운을 타자 일본의 corporate governance(기업 지배 구조)에 대한 논단에서도 '회사는 누구의 것일까?'라는 discussion(논의)이 행해지고 있습니다.

주식회사의 ownership(소유권)에 관한 discussion(논의)에서는 회사가 창출하는 added-value(부가가치)가 누구의 소유물인지를 표명합니다. 미국의 경우, 특히 management efficiency(경영 효율) 지수는 대부분의 경우 shareholder(주주)의 관점에서 본 회사의 profit(수익) performance(실적)를 나타냅니다. ROE(return on equity ; 주주 자본 이익률) 등의 경영 효율 지수는 '더 나은 사업 가치의 growth(성장)'를 가리키는 report book(통지부)이라고 할 수 있습니다. 회사라는 administration(경영 모체)을 'shareholder(주주)를 위한 궁극적인 asset management(자산 운용) 대상으로 삼는다'라는 recognition(인식)을 가진 회사의 valuation standard(평가 기준)라고 할 수 있습니다.

반면에 일본의 경영 valuation standard(평가 기준)에 관한 discussion(논의)

은 회사라는 존재 그 자체 혹은 static(정적인) ownership(소유권)에 focus(초점)를 맞추었다는 점이 미국과는 다르다고 할 수 있습니다. 회사를 하나의 정적인 집단이라는 관점에서 보게 되면 그 집단 속에는 employee(종업원)와 office(사무실)와 brand(브랜드)가 존재합니다. 또한 equipment(생산 설비)와 materials and inventory(원재료와 재고)도 소유하고 있습니다. 따라서 일본식 관점에서는 '회사는 shareholder(주주)의 것이다'라는 balance sheet(대차대조표)의 원칙에 따른 사고방식을 받아들이기 어렵다는 걸 이해할 수 있습니다.

이 discussion(논의)은 회사 경영권 그 자체가 끊임없이 자본의 efficient management(효율적 운용) 대상이 된다는 개념을 이해하기 위한 것이 아닙니다. 즉 shareholder's capital(주주 자본)을 조달하고 있는 capitalist(자본가)의 입장에서 바라본 본질적인 capital efficiency(자본 효율) 향상에 대한 discussion(논의)과는 별개의 것이라 할 수 있습니다. 주식회사는 어디까지나 사회의 공기(公器)이며 여러 stakeholder(이해관계자)의 이해 교환 장소이자 society(사회)와의 대화를 통해 sustainable growth(지속적인 성장)를 하는 곳입니다. 이때 회사의 existence(존재) objective(목적)가 장기적 혹은 단기적 관점인지 따지지 않고 이윤 추구에 있다면, capitalist(자본가)에게서 자본 기탁을 받은 경영자는 '전략적 사업 정책(strategic operational management)'과 '전략적 자본 정책(strategic capital management)'을 조합하고 편성해 회사의 성장에 contribute(기여하다)해야 합니다. 이처럼 회사의 ownership(소유권)을 정적으로 discussion(논의)하는 것은 불가능합니다. 그렇다면 회사의 ownership(소유권)이란 shareholder(주주), bondholder(채권자), employee(종업원), business partner(거래처) 등 여러 stakeholder(이해관계자)의 equilibrium(균형 관계)상에서 성립되어 dynamic growth(역동적 성장)를 기대받으며 끊임없이 변모하는 대상이라고도 표현할 수 있을 것 같습니다.

3 경영자의 책임
MANAGEMENT RESPONSIBILITY

지금까지의 일본 industrial history(산업 역사)를 통틀어 주식회사의 경영에서 investor(투자가)에 대한 '설명 책임(accountability)'이 이 정도로 명확히 요구되었던 적은 없습니다. 경영자는 capitalist(자본가)가 조달하는 asset(자본)의 management(운용)에 대해 충분한 responsibility(책임)를 져야 합니다. 또한 이렇게 조달된 shareholder's capital(주주자본)에 대해 cost of capital(자본 비용)의 대소를 반드시 recognize(인식)해야 합니다. shareholder's capital(주주 자본)은 과거에는 owned capital(자기자본)로 표현되었습니다. 그러나 오늘날에는 owned capital(자기자본)을 '변제할 필요가 없는 자본'으로 간주하는 것은 불가능합니다. dividend(배당)에 소요되는 cost(비용)도 높고, 기업에 대한 shareholder(주주)의 큰 expectation(기대)이 있는 높은 cost of capital(자본 비용)의 funds(자금)임을 recognize(인식하다)하지 않으면 안 됩니다. 이러한 인식을 가지게 되면 경영자 입장에서는 기업이 borrowed capital(타인 자본)이라도 return(리턴, 수익)에 대한 요구도가 낮은(저금리로 차입할 수 있는) 자금을 적극적으로 borrowing(차입)하는 편이 더 편하다고 생각할 것입니다. rate of return(이익률)의 volatility(변동성)를 높이기 위해 leverage effect(레버리지 효과)를 적극적으로 도입하는 편이 cost of capital(자본 비용)을 낮출 수 있습니다. 그러나 많은 일본 기업은 1990년대 후반에 걸쳐 debt(차입 자금)를 변제하고 shareholder's capital(주주 자본)을 탄탄히 한다는 명목하에 역레버리지 capital management(자본 정책)를 지속적으로 취해 왔습니다. 그 결과 owned capital(자기자본)은 탄탄해졌으나 최종 이익은 증가하지 않았습니다. 그리고 자기자본과 최종 이익이 서로 작용하여 자본 효율 지수인 ROE(return on equity ; 주주 자본 이익률)는 계속 저하되었습니다. 이러한 결과를 낳게 된 main reason(주요 원인)은 capital structure(자본 구성) 주체의 중심이 여전히 passive shareholders(수동적인 주주)에 의한 것인 데다가 main bank system(메인 뱅크 시스템)으로 인해 procured funds(조달 자금)가 sluggish(완만한)한 상태에 안주해 있기 때문입니다. 따라서 이러한 사실로부터, 그 당시 경영자가 세운 capital strategy(자본 전략)에는 cost of capital(자본 비용)에 대한 recognition(인식)과 그 cost(비용)를 optimize(최적화하다)한다는 명확한 목표가 없었음을 쉽게 알 수 있습니다. strategic capital management(전략적 자본 정책)상에서 management system(매니지먼트 시스템)의 결정적인 결함을 지적받아도 도리가 없는 것입니다.

4 전략적 자본 정책과 자사주 취득, 금고주 활용

STRATEGIC CAPITAL MANAGEMENT

'도쿄 증권거래소 1부 상장기업(listed companies on TSE, section1)'이 2007년 3월기에 계상한 최종 이익의 합계는 약 29조 8000억 엔에 달합니다. 그중 약 20%에 해당하는 6조 엔이 dividend(배당)될 것으로 예상됩니다. 또한 share buyback(자사주 취득)의 규모에 대해서는 2006년도에는 dividend(배당)와 같은 규모인 약 6조 9000억 엔의 share buyback(자사주 취득)이 행해졌습니다. 2007년도에도 2006년도와 같은 규모의 share buyback(자사주 취득)이 행해진다고 가정한다면 2007년의 자본시장에 대한 예상 환원금 합계액은 약 13조 엔이 됩니다. 도쿄 증권거래소 1부의 all listed companies(모든 상장기업)가 벌어들이는 최종 이익의 약 40%가 된다는 것을 예측할 수 있습니다.

amount of dividend(배당 금액)의 증액은 투자가의 income gain(인컴 게인 : 이자 수입 혹은 배당 수입)으로 이어지므로 주식 보유의 직접적인 motivation(동기)이 됩니다. 반면에 share buyback(자사주 취득)에 대해서는 ROE 계산 시 분모가 되는 shareholder's capital(주주자본)의 절대 금액을 감소시키기 위해서 이익 수준이 일정하더라도 자본 효율의 개선을 통해 ROE를 개선시킵니다. share buyback(자사주 취득)의 효과는 이처럼 효율 지수의 개선에만 머무르는 것이 아닙니다. 주식시장에서 floater(부동주, 유동주) 수급을 개선시키는 효과는 물론 실제적으로 주식 가격을 상승시키는 효과도 가집니다. 또한 사전에 share buyback(자사주 취득)의 시행 기간을 알리기 때문에 그 기간 내에 행해지는 가격 형성에 대한 통지 효과도 함께 가집니다. 게다가 share buyback(자사주 취득)에 소비한 자본이 shareholder's capital(주주 자본)에서 공제됨으로써 EPS(주당 순이익 ; earnings per share)도 상승시킵니다. (자사주 취득 후 소각된 경우.) 이것은 capital management(자본 정책)에 의한 기업 실적의 growth(성장)라고 할 수 있습니다. 이처럼 주가 형성과 관련된 효과는 investor(투자가)가 보유하는 주식의 capital gain(자본 이득)에도 영향을 줍니다. share buyback(자사주 취득)의 결과 treasury stock(금고주)이 largest stockholder(최대 주주)가 되는 일본 기업도 존재합니다. 대표적인 기업군을 다음의 표로 정리해보았습니다.

treasury stock(금고주)이 최대 주주인 일본 기업(도쿄 증권거래소 일부 · 오사카 증권거래소 상장기업 기준)

기업명(company)	소유주 비율
미쓰비시 케미컬 HD Mitsubishi Chemical Holdings Corporation	24.1 %
도카이 여객 철도 Central Japan Railway Company	12.0 %
신세이 은행 Shinsei Bank Ltd.	11.6 %
도요타 자동차 Toyota Motor Corporation	10.9 %
마쓰시타 전기산업(Panasonic) Matsushita Electric Industrial Co., Ltd.	10.6 %
옴론 Omron Corporation	7.5 %

(2006년 9월 현재)

금고주의 활용법

　treasury stock(금고주)의 용도로는 1) 지속적으로 보유한다(hold), 2) 소각한다(write off), 3) 종업원에게 스톡옵션(stock option)을 부여한다, 4) 주식 교환(stock exchange)으로 행해지는 M&A에 사용한다는 4가지 주된 방법이 있습니다. 현재 행해지는 수많은 share buyback(자사주 취득)의 objective(목적)는 return one's profits to shareholder(주주 환원)라는 경향이 강하며, treasury stock(금고주)이 write off(소각되다)되는 경우도 많습니다.

　여기서 주목해야 할 점은, 설비 투자에 주력해온 일본을 대표하는 제조업체들이 연달아 write off(소각) objective(목적) 이외의 share buyback(자사주 취득)을 도입하고 있다는 점입니다. 예를 들어 2007년 초에 첫 share buyback(자사주 취득)을 발표했던 캐논은 같은 해 9월에 합계 4500억 엔분의 share buyback(자사주 취득)을 실시했습니다. 그때까지 캐논의 value chain(가치 사슬 : 기업의 가치 연쇄라고 불리는 생산 프로세스)에는 가장 중요한 두 가지 과제가 있었습니다. 잉크젯 프린터의 생산 설비에 대한 투자 확대와, 캐논 첫 텔레비전 수상기 사업의 진입을 목표로 투자 안건으로 가지고 있던 SED 텔레비전 사업이 그것입니다. 그러나 한편에서는 윤택한 FCF(free cash flow ; 잉여 현금흐름)를 가지고 있던 회사의 자기자본 비율이 66%로 증가해 자본 효율의 향상을 목표로 하는 capital management(자본 정책)가 급선무이기도 했습니다. 캐논에서 2007년도에 있었던 다섯 차례에 걸친 share buyback(자사주 취득)의 objective(목적)는 모두 자본 효율의 향상이었습니다. 그리고 자사주의 write off(소각)만이 objective(목적)였던 것은 아니고, 어디까지나 treasury stock(금고주)으로서 전략적인 capital management(자본 정책)에 유용한 역할을 하도록 한 것입니다. 도요타 자동차도 1997년도부터 지속적으로 share buyback(자사주 취득)을 하고 있습니다.

　전략적인 capital management(자본 정책)로는 share buyback(자사주 취득) 외에 dividend policy(배당 정책)가 있습니다. dividend(배당)와 share buyback(자사주 취득)을 비교할 때, 각각의 financial indicator(재무지수)와 stock price(주가)만을 본다면 share buyback(자사주 취득)과 dividend(배당)가 다른 것처럼 보입니다. 그

러나 share buyback(자사주 취득)과 dividend(배당)의 주요 차이점은 그 분배 방법에 대한 경영 전략상 특징에 있습니다. 경영 전략상 특징이란 share buyback(자사주 취득)이 dividend(배당)와 다른 treasury stock(금고주)으로서 경영자 측의 option(옵션)이 되는 것입니다. 전략적인 capital management(자본 정책)를 수행할 때는 보다 광범위한 managerial decision(경영적 의사 결정)을 지원하게 됩니다.

5

현금흐름 경영이란?

CASH FLOW MANAGEMENT

기업 경영의 objective(목적)는 profit(이익)의 maximization(극대화)입니다. 종래 기업의 경영 정보로는 profit and loss statement / income statement ; P/L(손익계산서)과 balance sheet ; B/S(대차대조표)가 주요 정보원들이었습니다. 이들 financial statements(재무제표)는 그 회계 기간 내의 실적을 나타낸 것입니다. 사실 과거의 경영 정보와 미래의 경영 정보를 간파하기란 어렵습니다. 미래를 예상할 수 있는 사업의 cash flow(현금흐름)에 착안해 기업이 벌어들이는 added-value(부가가치)를 표현하자는 것이 바로 cash flow management(현금흐름 경영)입니다. cash flow management(현금흐름 경영)에서는 profit and loss(손익)에는 없는 cash flow(현금흐름)에 주목합니다. cash flow(현금흐름)의 대소는 기업의 사업 활동에 의한 직접적인 결과일 뿐만 아니라 그 기업이 전략적으로 투자를 하는 역량을 나타냅니다. 또한 그 시점에서의 기업 가치도 나타냅니다. 그중에서도 FCF(free cash flow : 잉여 현금흐름)는 기업이 본래 행하는 사업에서 얻을 수 있는 cash flow(현금흐름)로 이것은 기업의 자본(사업 밑천)에 대한 담보물입니다. 그 결과로 얻을 수 있는 FCF(free cash flow : 잉여 현금흐름) 창출이야말로 기업 자본의 담당자라 할 수 있는 주주, 채권 보유자, 채권자에 대해 분배 가능한 원자(原資)가 되며 기업 활동 본래의 목적이기도 합니다. 주주에 대한 분배인 dividend(배당)와 share buyback(자사주 취득)은 본래 FCF(free cash flow ; 잉여 현금흐름)를 밑천으로 삼아야 합니다.

cash flow(현금흐름)의 3가지 구분

1) Operational cash flow ; 영업 현금흐름
기업 본업에 의한 이익.

2) Investment cash flow ; 투자 현금흐름
설비 투자, 자산 운용의 결과.

3) Financing cash flow ; 재무 현금흐름
자금 조달, 변제에 의한 현금의 증감.

FCF(free cash flow)의 계산 방법

1) free cash flow(잉여 현금흐름)
   =operational cash flow(영업 현금흐름) − investment cash flow(투자 현금흐름)

2) free cash flow(잉여 현금흐름)
   =NOPAT(net operating profit after tax : 세후 순 영업이익) + 감가상각비 − 설비투자 − 증가 운전자본

   ※ NOPAT = EBIT(경상이익 − 이자 비용 + 지불 이자) × (1 − 실효세율)

6 미국의 자본 정책과 고주가 경영

CAPITAL MANAGEMENT IN THE U.S.

미국은 주주 환원책인 dividend policy(배당 정책)와 share buyback(자사주 취득) 정책을 기동적으로 수행해왔습니다. 그러나 2007년 초봄부터 고주가 경영에 stick on(부심하다)한 나머지 미국 내의 investment in plant and equipment(설비투자)를 둔화시키는 것은 아닐까라는 불안감이 커지기 시작했습니다. 이것은 미국의 macroeconomy(거시 경제) 동향에 달려 있으며, 바닥을 친 기업 실적이 천천히 상승하고 있는 추이에 대해 장래에 대한 불안감을 불식할 수 없는 요인이 되고 있습니다. 예를 들어 미국에서 investment in plant and equipment(설비투자)의 2006년 GDP비는 13%로 일본의 16%, 중국의 41%를 밑돌고 있습니다. 또한 national finance(국가 재정)는 대폭적인 경상 deficit(적자)이 지속되고 있습니다. 미국의 2006년 비금융 법인 FCF(free cash flow : 잉여 현금흐름)를 보면 FCF 약 1조 4000억 달러[세후 최종 이익이 약 8000억 달러, depreciation(감가상각비) 외 약 6000억 달러] 중 약 9700억 달러가 investment in plant and equipment(설비투자)에 투입되었습니다. FCF 전체에서 이 investment in plant and equipment(설비투자) 금액이 차지하는 비율은 약 67% 수준으로, 2000년 절정기의 수치였던 77%를 10%나 밑돕니다. 문제는 그 FCF의 잉여분인 약 4300억 달러의 주주 배분의 규모로, share buyback(자사주 취득)과 dividend(배당)에 합계 총액 1조 달러를 충당하고 있습니다[share buyback(자사주 취득)에 약 6000억 달러, dividend(배당)에 약 4000억 달러]. 따라서 FCF의 잉여분 약 4300억 달러를 초과하는 약 5700억 달러를 기업은 차입하여 조달하고 있습니다.

미국의 고주가 경영 실태

미국의 현재 상황(2007~2008년)은 investment in plant and equipment(설비투자)가 부족하며 정부와 기업에 debt(부채)가 증가하는 경향이 두드러집니다. 이러한 상황은 미국의 명목 GDP가 감속하는 경우 FCF의 부족과 주가 하락의 압력을 초래합니다. 따라서 경영자는 주가를 유지하기 위해 cash(현금) 배분을 할 때 우선순위가 낮은 investment in plant and equipment(설비투자)를 더욱 낮춰야 합니다. 미국에서의 고주가 경영은 소비가 하락함에 따라 시작되는 불황보다 investment in plant and equipment(설비투자)의 감속이 초래하는 생산 부족에 의한 인플레이션형 불황을 야기할 위험이 있습니다. 고주가 경영이 앞선다면 그 분배 정책을 유지하려 하기 때문에 FCF 부족분은 차입을 통해 마련하고 dividend(배당)가 share buyback(자사주 취득)을 한다는 capital management(자본 정책)를 반드시 취하게 됩니다. 그 결과 FCF가 큰 폭으로 감속하지 않는 한 ROE(return on equity : 자기자본 이익률)의 개선 효과에 의한 고주가 유지가 가능해집니다. 그러나 명목 GDP의 감소로 상징되는 국내 경기의 감속하에서는 FCF에 대한 낙관은 금물입니다. 이러한 의미상에서의 전략적인 capital management(자본 정책)란 기존 사업의 organic growth(유기적 성장)에 의한 결과적인 성장이 아닌 top line growth(톱 라인 성장)로 상징되는 전략적인 사업 정책의 결과인 FCF 증대를 전제로 합니다. 전략적인 capital management(자본 정책)란 어디까지나 FCF의 유효 활용 옵션입니다. 이는 investment in plant and equipment(설비투자)에 의해 최종 이익의 성장이 보장된다고 할지라도 ROE(return on equity : 자기자본 이익률)의 개선을 예측할 수 없는 경우에 자본 효율 상승을 구하는 FCF의 유효 활용법이라 할 수 있습니다.

7 주식회사의 수익 구조와 이해관계자

PROFIT STRUCTURE OF THE CORPORATION

주식회사의 profit structure(수익 구조)에 대해 생각할 때 '어느 정도의 stakeholder(이해관계자)가 어떤 방식으로 회사 operation(업무)에 관계하는 것일까?'라는 의문을 가지게 됩니다.

일본의 일반적인 기업에서 볼 수 있는 profit structure(수익 구조)와 stakeholder(이해관계자)의 관계는 다음의 표와 같이 나타낼 수 있습니다.

기업의 수익 구조와 이해관계자의 관계

회사 손익(income statement)	이해관계자(stakeholder)
매출 수익(sales revenue)	거래처, 고객(환경과 사회 전체)
매출 원가(cost of goods sold)	거래처, 종업원(생산 관계 인건비)
매출 총이익(gross profit)	영업 담당자(사내 실적 평가)
판매비(selling expense)	거래처(판촉비, 물류비), 종업원(영업 인건비)
관리비(administrative expense)	경영진(임원 보수), 종업원(관리 부문 인건비)
영업이익(operating income)	(많은 대기업에서) 과장급의 실적 평가

영업외수익(other revenues and gains), 영업외손실(other expenses and losses)	채권자(수취 금리, 지불 금리, 외환 차익 등)
경상이익(ordinary profit)	(많은 대기업에서) 부장급의 실적 평가
특별 이익(extraordinary profit)	일부 경영자(특별 퇴직금, 관계 회사 정리 손익), 지역사회(토지 매각 이익 등)
법인세 비용 차감 전 순손익 (income before income tax)	임원급의 사업 책임자(사내에서의 실적 평가)
법인세(income tax)	관계 관청(법인세 등)
당기 이익(net income)	최고 경영자, 채권 보유자, 주주(환경과 사회로의 환원)

stakeholder(이해관계자)와 기업 관계를 이해하는 데 있어서 중요한 것은 우선 그 기업의 cash(현금)의 입구인 sales revenue(매출 수익)를 어떤 customer(고객)에게서 얻고 있는가 하는 것입니다. 그리고 다음으로 큰 cost factor(비용 요인)인 cost of goods sold(매출 원가)를 구성하는 요소와의 관계가 어떠한지 검토하는 것 또한 중요합니다. 상품의 매입처와 생산 현장에 있는 employee(종업원), investment in plant and equipment(설비투자), materials(원재료)의 매입처 등은 다음으로 큰 stakeholder(이해관계자)입니다. sales revenue(매출)와 procurement(조달 : cost of goods sold : 매출 원가)는 stakeholder(이해관계자)와의 관계를 생각하는 데 있어 두 번째로 중요한 요소입니다. 일본 기업에서 achievement(실적)를 evaluation(평가)할 때 중요한 index(지수) 중 하나인 ordinary profit(경상이익)은 그 외의 administrative expense(관리비)를 제외하면 이 두 가지 주요 수익 요소들의 결과물이라 할 수 있습니다. 또한 ordinary profit(경상이익)은 많은 경우 기업 내 실무 매니지먼트층(부장급)에 대한 실적 평가 지수로 사용됩니다. 이것은 일상 업무를 수행하는 매니지먼트층이 회사의 stakeholder(이해관계자)에 큰 영향을 주고 있음을 의미합니다. 형식상으로 당기 이익에 대한 사업 공헌도라는 관점에서 보면 사업을 관장하는 director(임원)가 결과에 대한 책임을 가장 크게 지고 있습니다. 그러나 앞에서 살펴본 ordinary profit(경상이익)에 영향을 주는 임원의 업무 판단은 실

질적으로는 부장·과장급 실무 레벨에 위임이 가능한 경우가 많습니다. 주주 외의 stakeholder(이해관계자)의 입장에서 본 agency cost(대리인 비용)의 저하를 일상 업무를 담당하는 실무 매니지먼트층이 확실히 의식하고 있다는 점이 포인트입니다.

이것을 컨트롤하는 구체적인 방법으로는 1) 실적 commitment(커미트먼트)에 의한 조직 예산의 철저한 관리, 2) stakeholder(이해관계자)에 대한 top management(톱 매니지먼트, 최고 경영층)의 경영 방침 정보의 철저한 발신이라는 두 방법이 유효합니다. 여기서 문제가 되는 것은 그 실무자층이 각 stakeholder(이해관계자)의 명확한 이해 조절자가 될지의 여부입니다. 즉, 중간 매니지먼트층이 입안한 전략의 중추에 '주식 가치의 증대'와 'stakeholder(이해관계자)의 이해 조절 기능의 강화'를 마련해놓았는지의 여부를 말합니다. 실무자층이 입안하는 strategic operation(사업 전략)에 agency theory(대리인 이론)의 moral hazard(모럴 해저드, 도덕적 해이)에 대한 assumption(전제)을 적용하게 되면 유감스럽게도 명확한 '주주 가치 극대화' 및 'stakeholder(이해관계자) 간의 이해 조정'까지는 그 의식이 미치지 못하게 됩니다.

8 기업 지배 구조
CORPORATE GOVERNANCE

corporate governance(코퍼레이트 거버넌스)는 '기업 지배 구조'로 해석됩니다. 이 것은 shareholder(주주)의 이익을 위해서 회사 경영이 적절히 수행되고 있는지 supervise(감독하다)하는 구조를 나타낸 것입니다. 미국에서 shareholder(주주)와 기업 활동의 관계는 shareholder(주주)에 대한 이익 배분으로 알 수 있는데 이것이 바로 기업 활동의 명확한 objective(목적)입니다. income statement(손익계산서)에서 각 stakeholder(이해관계자) 중에 shareholder(주주)는 가장 '뒤떨어진' 입장이라고 할 수 있습니다. 주주 가치를 residual value(잔여 가치)라고 평하는 것도 이 때문입니다. 언뜻 보기에는 회사가 존재하는 데 있어 가장 중요한 shareholder(주주)의 몫을 뒤로 미루는 것처럼 보입니다. 그러나 income statement(손익계산서)상에서는 그 '가장 약한 입장'의 shareholder(주주)에 대한 이익 분배가 결과적으로 커져버리면 필연적으로 그 외의 stakeholder(이해관계자)에게도 보다 많은 이익 분배가 행해져야 한다는 경영 이념이 미국에서는 주류가 되고 있습니다. 그 결과로서 ROE(return on equity ; 자기자본 이익률)가 경영 지수로 중시되고 있습니다.

이것은 미국의 경영 전략에 관한 역사적인 배경이 영향을 주었다고 할 수 있습니다. 1980년대부터 주류가 된 LBO(leveraged buyout ; 상대방의 자산을 담보로 한 차입 자금에 의한 매수, 차입 매수) 등의 M&A는 매수 후에 기업을 일부씩 나누어 팔았는데, 그 objective(목적)는 단기적 수익이었습니다. 기업의 장기적 성장을 목표로 하는 경영진은 이에 대한 방어책으로 좋든 싫든 간에 장기적인 실적 향상과 안정 주주를 확보해야만 했습니다. 이처럼 shareholder(주주)와의 대화를 중시하는 경영 방법은 기관투자가와 연금 펀드의 기업 경영에 대한 관심의 향상은 물론이고 이들의 이익이 동일하게 설정되도록 했습니다. 즉 장기적인 shareholder's capital(주주 자본)의 효율적 운영이야말로 경영에 강력하게 요구되게 되었습니다. 따라서 감독 기관의 자격으로 사외 director(이사)를 등용함으로써 철저한 disclosure and transparency(정보 공시)와 shareholder(주주)에 대한 accountability(설명 책임)가 기대를 받고 있습니다. 이를 위해 감독 기관에 기대되는 것은, 사외 director(이사)를 등용함으로써 철저한 disclosure and transparency(정보 공시)와 shareholder(주주)에 대한 accountability(설명 책임)가 이루어지도록 하는 것입니다. 이로 인해 미국의 기업 경영 형태는 기업 경영을 직접 수행하는 executive director(경영 위원)회와 직접적으로는 경영에 관여하지 않는 board of directors(이사회)로 분류되었습니다. board of directors(이사회)는 executive director(경영 위원)회가 수행하는 경영을 supervise(감독하다)합니다. 즉 소유와 경영이 분리되었음을 의미합니다. CEO(Chief Executive Officer)는 executive director(경영 위원)회의 대표자라는 위치에서 shareholder(주주)의 이익을 최우선시하는 board of directors(이사회)의 감독하에 있습니다.

9 대리인 비용
AGENCY COST

기업 경영이 소유자라고 할 수 있는 shareholder(주주)와 집행 역할을 담당하는 경영자라는 구도에 의해 수행될 때 이 둘 사이에서 이익이 상반될 수 있습니다. 경영자는 shareholder(주주)의 위탁을 받아 경영하고 있으므로 매일 경영에 관한 정보를 shareholder(주주)보다 더 많이 집중적으로 접할 수 있습니다. 여기서 경영자의 shareholder(주주)에 대한 knowledge supremacy(정보 우위)가 발생합니다. 이때 경영자가 자신의 이익만을 위해 행동하지 않으리라는 보증은 없습니다. 이러한 문제를 해결하기 위해 shareholder(주주) 측이 부담하는 비용을 agency cost(대리인 비용)라고 합니다. outside director(사외 이사)의 설치 등은 주주 측 관점에서 본 경영 감독 업무이므로 shareholder(주주)가 agency cost(대리인 비용)를 부담합니다. 궁극적으로는 경영자가 자신을 완전히 통제하면서 주주 이익의 극대화만을 위해 경영을 할 수 있다면 agency cost(대리인 비용)를 극소화할 수 있습니다.

이상으로 주식회사의 구조에 초점을 맞춘 discussion(논의)을 살펴보았습니다. 그러나 기업의 capital structure(자본 구성)를 생각할 때 agency cost(대리인 비용)는 shareholder(주주)와 bondholder(채권 보유자) 간에도 일어날 수 있는 discussion(논의)입니다. 예를 들어 shareholder's capital(주주 자본)이 잘 활용되지 않아 ROE(return on equity : 자기자본 이익률)가 낮은 경우 shareholder(주주)의 agency cost(대리인 비용)가 상승합니다. ROE가 낮은 이유는 shareholder(주주)의 돈이 효율적으로 이익을 창출하고 있지 않기 때문입니다. 반대로 경영자가 debt(부채)를 과도하게 활용하면 가치가 급락할 위험이 있으므로 투자를 받기 위해서는 사채 이율을 높게 설정해야 합니다. 그 결과 유통되고 있는 사채 가격이 하락해 bondholder(채권 보유자)가 agency cost(대리인 비용)를 부담해야 합니다. 경영자는 자기(주주) 자본과 타인 부채(차입)가 가장 효율적으로 작용할 수 있는 조합을 찾아내어야 합니다.

주식회사의 구조와 자본 정책에 관한 Key Words

■는 기본 단어　☐는 해설이 첨부된 중요 단어

☐ **Accounts receivable financing**　　외상 매출금 담보 금융

Short-term financing that involves either the assigning of receivables or the factoring of receivables. The lender has a lien on the receivables and the recourse to the borrower.

▶ 외상 매출금의 담보 설정은 외상 매출금의 할인에 의한 단기 금융이다. 대출자는 외상 매출금에 대한 선취권 혹은 차용인에 대한 소급력을 가진다.

☐ **Aging schedule**　　연령분석표

A classification of accounts receivable by the age of account.

▶ 외상 매출금을 오래된 순으로 일람표화한 것.

☐ **Amortization**　　상각

Repayment or reduction of a loan in installments.

▶ 분할 지급에 의한 대부금 변제.

☐ **Angel**　　엔젤(천사)

Individuals who are providing venture capital.

▶ 벤처 캐피탈(성장하는 기업에 리스크 머니를 공급하는 것)에 투자하는 투자가.

☐ **Balance sheet**　　대차대조표

An accounting picture showing a firm's accounting value on a particular date. It reflects the equation ; Assets = Liabilities + Stockholders equity

▶ 결산일에서의 기업의 회계상 가치를 전체적으로 나타낸 것. 자산 = 부채 + 자본(주주 자본).

☐ **Bankruptcy**　　파산

State of insolvency, being unable to pay debts. The ownership of the stockholder's assets is transferred from the stockholders to the bondholders.

▶ 차입을 변제할 수 없게 된 지급 불능의 상태. 주주의 회사 소유에 대한 권리는 주주에게서 채권 보유자에게로 이동된다.

■ Biggest shareholder　　　　　　최대 주주

■ Buyback　　　　　　되사기, 주식 환매

■ Capital　　　　　　자본금

■ Capital and labor　　　　　　자본가와 노동자

☐ Capital cost　　　　　　자본 비용

Cost increasing along with the level of investment in assets.
▶ 자산에 대한 투자 금액에 따라 증가하는 비용.

■ Capital investment　　　　　　자본 투자

☐ Capital rationing　　　　　　자본 할당

The process of selecting the mix of acceptable case where funds are limited to a fixed dollar amount and must be allocated among competing projects.
▶ 투자 자금이 한정된 채로 경쟁하는 프로젝트에 투자해야만 할 때 허용된 케이스가 혼합된 전형 과정.

■ Capital spending(expenditure, outlay)　　자본 지출

■ Closing share price　　　　　　종가(終價)

■ Commemorative dividend　　　　기념 배당

☐ Common stock　　　　　　보통주

Security claims held by the "residual owners" of the firm, who are the last to receive any distribution of earnings or assets.
▶ 가장 후순위인 '잔여 주식 지분자'가 보유하는 기업 이익의 분배와 자산 청구 증권.

☐ Conflict between bondholders and stockholders

　　　　　　채권 보유자와 주주의 이해 충돌(대리인 문제)

These two groups have interests in the corporation that conflict. Sources of conflict include dividends, dilution, overinvestment, and underinvestment. Protective covenants work to resolve these conflicts.
▶ 기업 내에서 이해가 충돌하는 두 그룹. 배당, 희석화, 투자 과다, 투자 과소 등의 이해 충돌이 원인. 보호 계약이 이들의 문제 해결에 기여한다.

☐ Conversion premium　　　　　　전환 프리미엄

Difference between the conversion price and the current stock price in the market divided by the current stock price.
▶ 전환가격과 시장에서의 현재 주가의 차를 현재 주가로 나눈 비율(로서 나타나는 차).

☐ **Conversion price** 전환가격

The dollar value, the amount of par value exchangeable for one share of common stock.

▶ 보통주 1주에 대해 전환 가능한 가격.

☐ **Conversion ratio** 전환 비율

The number of shares per $1000 bond or debenture that a bondholder would receive if the bond were converted into stock.

▶ 채권이 주식으로 전환될 때 1000달러의 채권당 수취할 수 있는 주식 수.

☐ **Conversion value** 전환 가치

What a convertible bond would be worth if it were immediately converted into the common stock at the market price.

▶ 전환사채가 바로 주식으로 전환될 때 시장에서의 가치.

☐ **Convertible bond** 전환사채

A bond that may be converted into common stock.

▶ 주식으로 전환할 수 있는 사채.

☐ **Cost of equity capital** 자기자본 비용

The rate of return on the company's common stock on capital markets.

▶ 자본 시장에서 기업의 보통주 이율.

☐ **Covenant** 사채 계약 조항

The promise designed to control debt-equity ratio and conflicts of interest between shareholders and bondholders.

▶ 기업의 장부 가격에 대한 부채 비율과 주주와 채권 보유자 간의 이해를 조정하기 위한 사채 발행 시의 조항.

☐ **Crown jewel** 크라운 주얼(초토화 작전)

An anti-takeover tactic in which major assets-the crown jewels-are sold by a firm when faced with a takeover threat from the third company.

▶ 기업이 제3자 기업으로부터 적대적 매수에 직면했을 때, 주요 자산(크라운 주얼)을 매각하는(매수 대상으로서의 매력을 떨어뜨림) 매수 방어책.

☐ **Current asset** 유동자산

Asset in the form of cash or expected to be converted into cash in the next 12 months, such as inventory.

▶ 현금 혹은 12개월 이내에 현금화될 가능성이 있는 재고 등의 자산.

☐ **Date of payment** 　　　　　　　　　　배당 지급일

Date on which dividend checks are dispatched.

▶ 배당 지급표가 발송된 날.

☐ **Date of record** 　　　　　　　　　　배당 권리일

Date on which holders of record in a firm's stock ledger are designated as the recipients of either dividends or stock rights.

▶ 기업의 주주 명부에 주주 권리의 수취인으로서 배당이 기재된 날.

☐ **Declaration date** 　　　　　　　　　　배당 선언일

Date that the board of directors passes the resolution to pay a dividend of a specified amount to all qualified holders of record on a specific date.

▶ 이사회가 정해진 날에 자격이 있는 주주에게 정해진 금액을 지급하기 위해 의결을 통과시키는 날.

☐ **Depreciation** 　　　　　　　　　　감가상각

A noncash expense, such as the cost of plant or equipment, charged against earnings to write off the cost of an asset during its useful life.

▶ 공장이나 설비 등, 사용 가능한 기간에 감소하는 자산 비용을 이익에서 공제할 수 있는 비현금 지출.

☐ **Depreciation tax shield** 　　　　　　　　　　감가상각 절세 효과

Portion of an investment which can be deducted from taxable income.

▶ 과세 소득에서 공제 가능한 투자 금액.

■ **Distressed investment** 　　　　　　　　　　기업 채권 투자

☐ **Dividend** 　　　　　　　　　　배당

Payment which is made by a firm to its shareholders, either in cash or in stock.

▶ 기업이 주주에게 현금 혹은 주식으로 지급하는 것.

■ **Dividend payout ratio** 　　　　　　　　　　배당 성향

☐ **Ex-rights; ex-dividend** 　　　　　　　　　　권리락, 배당락

An indication that a stock is selling without a recently declared right or dividend. The ex-rights or ex-dividend date is generally four business days before the date of record decided by the firm.

▶ 최근에 공표권이나 배당이 없이 주식이 매도되는 상태를 말한다. 권리락 날짜는 일반적으로 기업이 정한 주주 등록일의 4영업일 전이다.

☐ **Financial distress** 　　　　　　　　　 재정난

Conditions proceeding and including bankruptcy, such as violation of loan contracts.

▶ 대출 변제의 계약 위반에 의한 파산 등의 수속.

☐ **Fixed cost** 　　　　　　　　　 고정비

Cost that remains fixed in total for a given period of time and for given volume levels.

▶ 어떤 기간과 생산량에서 고정이 되는 비용.

☐ **Fixed-dollar obligation** 　　　　　　　　　 고정 지급 채권

Conventional bonds for which the coupon rate is set as a fixed percentage of the per value in the market.

▶ 시장에서 고정 비율로 쿠폰이 결정되어 있는 보통 채권.

☐ **Frequency distribution** 　　　　　　　　　 도수분포

The organization of data to show how often certain values appear.

▶ 데이터의 분포 범위 혹은 수치 그 자체의 출현 빈도 분포.

☐ **GAAP** 　　　　　　　　　 갭

Generally Accepted Accounting Principles.

▶ 일반적으로 인정된 회계 원칙.

☐ **General partnership** 　　　　　　　　　 합명회사

Business organization in which all partners agree to provide some portion of the work and capital and to share profits and losses.

▶ 이익과 손해를 분담하기 위해서 자본과 노동을 공급하는 파트너와의 합의하에 구성된 업무 조직 형태.

☐ **Golden parachute** 　　　　　　　　　 골든 패러슈트, 황금 낙하산

Lucrative contract, compensation paid to top-level management by a target firm if a takeover occurs.

▶ 기업을 매수할 경우 기업의 최고경영자에게 막대한 보수를 지급하는 것.

☐ **Growth opportunity** 　　　　　　　　　 성장 기회

Chance or opportunity to invest in profitable projects.

▶ 수익성이 높은 프로젝트에 투자할 기회.

☐ **Holder-of-record date** 　　　　　　　　　 주주 권리 등록일

The date that holders of record in a firm's stock ledger are designated as the recipients of either dividends or stock rights. Also it is called date of record.
▶ 배당 혹은 주주 권리를 받을 수 있는 주주로서 기업의 주주 명부에 등록되는 날. 배당 권리일이라고도 한다.

☐ **Income statement** 손익계산서

Financial statement that reports a firm's performance over a specified time period.
▶ 특정 기간의 기업 실적을 보고하는 계산서.

☐ **Information-content effect** 정보 내용 효과

The rise in the stock price following the dividend signal or information.
▶ 배당 시그널 혹은 정보로 인해 계속되는 주가 상승.

☐ **Inventory** 재고

An asset, composed of raw materials to be used in production, work in process, and finished goods.
▶ 생산, 제조 공정 중인 상품, 최종 상품에 사용되는 원재료로 구성된 유동자산.

☐ **Invoice** 청구서

Bill prepared by a seller of goods or services and submitted to the purchaser.
▶ 상품 혹은 서비스 판매자가 준비한 구매자에게 제출하는 계산서.

☐ **Ledger cash** 원장(元帳) 현금(장부 현금)

A firm's cash balance in its financial statements. Also it is called book cash.
▶ 기업의 금융 장부에 기재된 현금의 잔액. 장부 현금이라고도 부른다.

☐ **Legal bankruptcy** 법적 파산

A procedure for liquidating or reorganizing a business.
▶ 기업의 재편 혹은 청산을 위한 법정 수속.

☐ **Lend** 대부

To provide money temporarily on the condition that its equivalent will be returned, often with an interest fee.
▶ 대부분의 경우, 이자를 붙여 빌린 금액과 동등한 것을 변제한다는 조건으로 자금을 일시적으로 제공하는 것.

☐ **Lessor** 임대인

One can grant a lease that conveys the use of assets under a lease.

▶ 리스 조건하에서 자산의 사용권을 차용자에게 공여할 수 있는 사람 혹은 기업.

☐ **Leveraged buyout, LBO**　　　　　차입 매수

Takeover by using borrowed funds, usually by a group including some member of existing management.

▶ 일반적으로 기존 경영진을 포함한 그룹의 차입금에 의한 기업 매수.

☐ **Liability**　　　　　부채

Debts of a firm in the form of financial claims of the firm's assets.

▶ 기업의 자산에 대해 금융적 청구권이 있는 부채.

☐ **Line of credit**　　　　　대출 한도

A no committed line of credit is an informal agreement that allows firms to borrow up to a previously specified limit without going through the normal application. A committed line of credit is a formal legal arrangement.

▶ 커미트먼트(약정)가 없는 대출 한도란 보통 대출 신청을 할 때 준비해야 할 서류 없이도 기업에 비공식 합의로 사전에 결정된 금액까지 대출해줄 것을 승인하는 것이다. 커미트먼트가 있는 대출 한도는 공식적인 법정 수속이다.

☐ **Long-term debt**　　　　　장기 차입금

An obligation having a maturity of more than one year.

▶ 만기일이 1년 이상인 차입금.

■ **Major shareholder**　　　　　대주주

■ **Neutral float position**　　　　　중립적 표류 위치

■ **Open pricing**　　　　　오픈 가격

☐ **Operating activity**　　　　　영업 활동

Events and decisions that create the firm's cash inflows and cash outflows.

▶ 현금의 유입과 유출을 창출하는 행동과 판단.

☐ **Operating cash flow**　　　　　영업 활동 현금흐름

Earnings before interest and depreciation minus taxes.

▶ 이자 지급과 감가상각 전의 이익에서 세금을 차감한 것.

☐ **Operating cycle**　　　　　업무 사이클

Time interval between the arrival of inventory stock and the date when cash is collected from receivables.

▶ 재고 상품의 매입부터 상품을 구입한 고객이 입금하기까지의 기간.

☐ **Percentage of sales approach**　　　　매출액 비율 조사 방식

A financial protocol that specifies balance sheet and income statement items as a proportion of sales.
▶ 대차대조표와 손익계산서를 매출액 비율로 보는 금융 계획 방식.

☐ **Pie model of capital structure**　　　　자본 구성의 파이 모델

A model of the debt-equity ratio of the firm, depicted in slices of a pie that represents the value of the firm in the markets.
▶ 시장에서의 기업 가치를 파이 조각처럼 시각적으로 표현한 주주 자본 비율 모델.

☐ **Poison pill**　　　　포이즌 필(독약 증권)

Strategy taken by a takeover target company to make intentionally a stock less appealing to a company that wishes to acquire it.
▶ 매수의 표적이 된 기업이 매수를 원하는 기업에게 자의적으로 자사의 주식에 매력을 못 느끼도록 만드는 매수 방어 전략.

☐ **Prepackaged bankruptcy**　　　　프리패키지 파산, 사전 조정 파산

Bank arrangements planned to be worked out before the formal filing.
▶ 정식으로 파산을 수속하기 전에 계획적으로 수행된 은행 정리.

☐ **Private workout**　　　　사적 정리

Financial restructuring that takes place instead of formal bankruptcy.
▶ 정식의 파산을 대신하는 금융 재구축.

☐ **Pro forma statement**　　　　견적서

Projected income statements.
▶ 프로젝트의 수입 계산서.

■ **Profit-taking**　　　　프로핏 테이킹, 이식매

☐ **Purchase accounting**　　　　매수법

Reporting acquisitions requiring that the assets of the acquired firm be reported at their fair market value on the books of the acquiring firm.
▶ 매수된 기업의 자산이 매수한 기업의 장부에 공정 시장 가격으로 기장되도록 요구하는 기장.

☐ **Real cash flow**　　　　실질 현금흐름

A cash flow that is expressed in real terms if the current, or date 0, purchasing power of the cash flow is given.

▶ 기일 0, 혹은 그 시점에서의 실질적인 구매력으로 표시되는 현금흐름.

☐ **Regular cash dividend**   안정적 현금 배당

Cash payment by a firm to its shareholders, four times a year in the U.S.
▶ 미국에서 사분기마다(연 4회) 기업이 주주에게 지급하는 현금.

☐ **Reorganization**   재조직

Financial restructuring of a failed firm.
▶ (청산에 대응하는 의미를 가진 어휘로 계속 기업으로서 회사를 유지한다는 전제에서) 파산한 회사에 대한 금융 재편.

☐ **Repurchase agreement**   환매조건부채권

Sales of government securities with an agreement to repurchase the securities at a slightly higher price.
▶ 약간 높은 가격에 환매한다는 계약으로 정부 발행 증권을 단기로 매도하는 것.

■ **Resale price**   재판매 가격

■ **Resale price maintenance system**   재판매 가격 유지 제도

☐ **Reverse split ; reverse stock split**   주식 병합

The procedure whereby the number of outstanding stock shares is reduced.
▶ 유통되고 있는 주식을 감소시키기 위해 취하는 금융 절차.

☐ **Sales forecast**   판매 예측

The firm's financial planning process.
▶ 기업의 금융 계획 과정.

☐ **Shark repellent**   샤크 리펠런트(기업 매수 방지책)

Action taken by a firm to make the firm less attractive to potential bidders to reduce the risk of taking over.
▶ 매수 리스크를 피하기 위해 잠재적인 매수자에게 회사가 덜 매력적으로 보이도록 취하는 행동.

☐ **Shirking**   직무 태만

The tendency of workers to do less work with less motivation when the return is smaller.
▶ 수익이 적으면 동기 부여가 감소해 업무를 하지 않게 되는 경향.

☐ **Short-run operating activity**   단기 영업 활동

Events and decisions concerning the short-term finance of a firm, such as

inventory volume to order and whether to offer cash terms or credit terms to customers.
▶ 주문을 위한 재고량이나, 고객에게 현금 지급 혹은 신용카드 지급을 할지 여부 등에 관한 단기적인 금융 기업 재정 활동에서의 사건과 판단.

☐ **Sole proprietorship**　　　　　　　　　개인 기업

A business owned by a single person.
▶ 개인이 소유하는 사업체.

☐ **Stakeholder**　　　　　　　　　이해관계자

Stockholders and bondholders of the firm.
▶ 기업의 주주와 채권 보유자.

☐ **Stand-alone principle**　　　　　　　　　단체주의

Investment principle that states a firm should accept or reject a project by comparing it with securities in the same risk.
▶ 기업이 동일한 리스크 분류를 할 때 어떤 증권과 비교하여 프로젝트의 채택 여부를 결정하는 투자 원칙.

☐ **Standby fee**　　　　　　　　　스탠바이 요금

Amount to an underwriter who agrees to purchase any stock that is not subscribed to the public investor in a rights offering.
▶ 주주 할당 증자에서 투자가가 구입하지 않은 주식에 대해 언더라이터가 매입하는 보수 금액.

☐ **Standby underwriting**　　　　　　　　　스탠바이 인수, 잔액 인수

An agreement whereby an underwriter agrees to buy any stock that is not purchased by the public investor.
▶ 투자가들에게 매도되지 않은 주식을 언더라이터가 전액 인수한다는 계약.

☐ **Stated annual interest rate**　　　　　　　　　표시연이율

The interest rate expressed as a percentage per year.
▶ 연간 이율로 표시된 이율.

☐ **Straight-line depreciation**　　　　　　　　　정액법(감가상각)

Depreciation whereby each year the firm depreciates a constant proportion of the initial investment minus salvage value.
▶ 기업이 매년 잔여 가치를 차감한 총투자액의 일정 비율을 감가상각하는 상각법.

☐ **Super-majority amendment**　　　　　　　　　초다수결 수정 조항

A defensive strategic tactic that requires 80percent of shareholders to approve a merger.
▶ 합병을 승인하는 데 주주 80% 이상의 찬성을 필요로 하는 전략적 매수 방어책.

☐ **Sustainable growth rate**　　　지속 가능 성장률

The growth rate possible with preset values for four variables : profit margin, payout ratio, debt-equity ratio, and asset utilization ratio, if the firm issues no new equity.
▶ 이익률, 배당률, 자기자본 비율, 자산 활용률의 4가지 변수에 의해 결정되는 성장률 (신주 발행을 동반하지 않는다).

☐ **Sweep account**　　　스위프 계좌

Account in which the bank takes all excess funds at the close of each business day and invests them for the firm.
▶ 은행이 각 영업일에 모든 잉여 자금을 모아 기업을 위해 투자하는 계좌.

☐ **Takeover**　　　매수

To transfer of control of a firm from one group of shareholders to another.
▶ 하나의 주주 집단에서 다른 집단으로 기업 지배를 옮기는 것.

☐ **Target cash balance**　　　목표 현금 잔고

Amount of cash for a firm to hold, considering the trade-off between the opportunity costs of holding too much cash and trading costs of holding too little.
▶ 기업이 보유해야 하는 최적의 현금 보유 잔고. 현금을 너무 많이 보유하여 발생하는 기회 손실과 너무 적은 액수의 현금밖에 보유하지 않아서 발생하는 거래 비용 등의 트레이드 오프(상충관계 : 어느 한쪽을 얻기 위해 다른 쪽을 희생시키는 것을 트레이드 오프라고 한다. – 옮긴이)를 고려해야 한다.

☐ **Target firm**　　　매수 대상 기업

A firm that is the object of a takeover.
▶ 매수의 표적이 되는 기업.

☐ **Target payout ratio**　　　목표 배당률

A firm's long-run dividend-to-earnings ratio.
▶ 장기적인 기업의 배당률 목표(배당률 ; 기업 수익에 대한 배당 비율).

☐ **Taxable acquisition**　　　과세 인수

A merge and acquisition in which shareholders of the acquired firm will realize

capital gains or losses that will be taxed.
▶ 매수된 측인 기업의 주주가 과세 대상이 된 자본 이득 혹은 손실의 발생을 인식하는 M&A.

☐ **Tax-free acquisition** 　　　　　　　비과세 인수

A merge and acquisition in which the selling shareholders are considered to have exchanged their old shares for new ones of equal value, and in which they have experienced no capital gains or losses.
▶ 주식을 처분하는 측의 주주가 같은 가격을 지불해 오래된 주식을 신주로 교환했다고 간주하는 것으로 자본 이득이나 손실이 발생하지 않는 M&A.

☐ **Technical insolvency** 　　　　　　　기술적 지급 불능

Default on legal obligation of the firm.
▶ 기업의 법적 지불 의무에 대한 채무불이행.

☐ **Terms of sale** 　　　　　　　판매 조건

Conditions that a firm sells its goods and services for cash or credit.
▶ 현금 혹은 신용으로 상품과 서비스를 판매하는 조건.

☐ **Total asset-turnover ratio** 　　　　　　　총자산 회전률

Total operating revenue that is dividend by average total assets.
▶ 영업 수입을 평균 총자산으로 나눈 것.

☐ **Trade credit** 　　　　　　　기업 간 신용

Credit granted to other firms.
▶ 타사에 대한 신용을 공여하는 것.

☐ **Trading cost** 　　　　　　　거래 비용

Costs of selling marketable securities and borrowing.
▶ 시장 가치가 있는 증권을 판매하여 차입하는 비용.

☐ **Transactions motive** 　　　　　　　거래 동기

A reason to hold cash from normal disbursement and collection activities of the firm.
▶ 기업의 일반적인 지급과 대금 회수 업무를 위해 현금을 보유하는 동기.

☐ **Treasury stock** 　　　　　　　자기 주식, 금고주

Shares of stock that have been issued and repurchased by a firm.
▶ 기업이 발행 후에 되사는 주식.

☐ **Triangular arbitrage**   삼각 차익 거래

Striking offsetting transaction among three markets simultaneously to obtain an arbitrage profit with risk free.

▶ 리스크 없이 재정 이익을 얻기 위해 3개의 시장에서 동시에 상쇄 거래하는 것.

☐ **Underwriter**   언더라이터

An investment firm that buys a security from the firm and resells it to the investors.

▶ 기업으로부터 증권을 매수해 그것을 투자가에게 재판매하는 투자 회사.

■ **Unfunded debt ; short-term debt**   단기 차입금

☐ **White knight**   백기사

A friendly new bidder in a hostile takeover contest to avoid hostile takeover bid.

▶ 적대적 매수에 대해 방어하기 위해 접전이 벌어질 때 새로 나타난 우호적 매수를 제시하는 기업(인).

■ **Wholesale price**   도매 물가

■ **Wholesale price index**   도매물가지수

CHAPTER 6

주식시장과 시가총액 경영

1 시가총액 경영

MANAGEMENT FOR MARKET CAPITALIZATION

current market price(시가)인 stock price(주가)와 총 발행 주식 수를 곱한 금액이 기업의 market cap(시가총액 ; market capitalization)입니다. market cap(시가총액)의 크기는 그 timing(타이밍)에 따라 fluctuate(변동하다)합니다. 또한 market cap(시가총액)은 intangible(눈에 보이지 않는) 주식의 premium(프리미엄)을 포함하고 있으므로 어디까지나 시장의 evaluate(평가하다)를 받는 기업 가치라고 할 수 있습니다. 그러나 기업을 acquire(매수하다)할 때에는 그 cost of M&A(매수 비용)를 가장 명확하게 나타내는 figure(숫자)가 되는 것도 사실입니다.

기업의 시가총액과 성장성

개별 기업뿐만 아니라, 그 주식이 listing(상장)된 각 국가의 시장 전체(주식 시가총액)를 비교하면 다음의 표와 같습니다. 여기서 important factor(포인트)는 시장 전체의 market cap(시가총액) 변동률입니다. 이 변동률을 비교함으로써 그 국가의 산업 전체의 growth rate(성장률)를 파악할 수 있습니다. market cap(시가총액)의 상승률이 큰 시장은 세계의 capitalist(자본가) 입장에서 보아 높이 evaluate(평가되다)하는 것을 알 수 있습니다. 장기적으로 봤을 때 이 evaluation(평가)을 사용하는 가장 큰 reason(이유)은 그 국가의 산업 growth rate(성장률)와 그 시장에 속하는 기업군의 성장성 때문입니다. 단, 최근에는 border(국경)를 초월한 money(돈)의 존재로 인해 세계적으로 주가 fluctuation(변동)이 연동되기 쉽습니다.

다음 표를 보면 일본의 주식 상승률은 5.3%라는 것을 알 수 있습니다. 이것은 일본의 GDP(gross domestic product) 성장률을 크게 웃도는 수준입니다. 그러나 다른 G7(Group of Seven : 선진 7개국의 재무 장관, 중앙은행 총재 회의. 이탈리아, 캐나다, 독일, 프랑스, 영국, 미국, 일본의 7개국으로 구성되어 있다)의 developed country(선진국)

세계의 주식 시장의 market cap(시가총액)과 그 상승률

	국가 · 지역	상승률	주식 시가총액
G7	독일	21.4%	240조 엔
	프랑스	9.3%	511조 엔
	캐나다	7.7%	241조 엔
	미국(다우)	7.6%	2006조 엔
	영국	6.2%	489조 엔
	일본(닛케이 평균)	5.3%	570조 엔
	이탈리아	1.3%	137조 엔
개발도상국	중국(상하이 종합지수)	42.7%	283조 엔
	말레이시아	23.5%	37조 엔
	브라질	22.3%	119조 엔
	한국	21.6%	122조 엔
	싱가포르	18.8%	59조 엔
	멕시코	17.8%	52조 엔
	타이완	13.5%	74조 엔
	남아프리카공화국	13.1%	98조 엔

(1$ = 121엔 61전. 상승률은 2006년 6월과 2007년 6월 비교)

와 비교하면 그 상승률은 결코 높지 않다는 것을 이해할 수 있습니다. 국제적인 money market economy(금융시장경제)에서 money(돈)는 자유롭게 border(국경)를 넘어 이동하므로 일본은 성장 국가로서는 valuation(평가)이 그다지 바람직하다고 할 수 없습니다.

2 시가총액 경영과 주식회사의 구조

MARKET CAP AND STRUCTURE OF THE CORPORATION

market cap(시가총액)의 증가는 shareholder(주주)에게 capital gain(자본 이득)을 가져다 줍니다. capital gain(자본 이득)은 shareholder(주주)에게 최대의 merit(장점)를 제공합니다. 또한 장기적인 주가 상승은 shareholder(주주)에게 안정감을 줍니다. shareholder(주주)는 획득한 capital gain(자본 이득)으로 reinvestment(재투자)를 해도 좋고, 그 주식을 장기 보유해도 좋다는 새로운 안정감과 함께 shareholder(주주)로서의 motivation(동기 부여)을 얻습니다. shareholder(주주)가 안정되면 시장에서 경영에 대한 sustain(지지)을 얻을 수 있어 경영도 안정됩니다.

시가총액 경영과 자금 조달

또한 market cap(시가총액)의 상승은 hostile M&A(적대적 매수)의 직접적인 방어책이 됩니다. 기업이 시장에서 전반적으로 평가되고 있는 상황에서 주가는 결코 relatively low(비교적 저렴한)하다고 평가되지 않습니다. 펀드 등이 relatively low(비교적 저렴한)한 주식을 매점하고 있기 때문에 정당한 amount of valuation(기업 평가 가치)에 따라 시장에서 resale(재판매)할 reason(이유)이 희박합니다. 그리고 integration(통합)의 전략적인 synergy(시너지, 상승 효과)를 얻기 위해 매수 대상이 된 경우에도 매수하려는 기업에게 상대방의 주가가 높을수록 strategic alliance(전략적 제휴)에 good will(영업권)이라는 형태로 높은 cost(비용)를 지급해야 합니다. 기업의 가치가 상승한 경우 '잠재 수익(latent profit)'은 현 경영자를 지지하는 기반이 되어 growth strategy(성장 전략) 구축을 더욱더 부추길 수 있을 것입니다. 또한 투자가의 투자 여력을 초래해 시장을 더욱 activate(활성화시키다) 합니다. 이 credit creation(신용 창조)의 process(과정)를 하나의 기업 단위로 행할 수 있도록 장기적으로 shareholder(주주)와 communication(커뮤니케이션)을 하면 market cap(시가총액) 경영의 최대 merit(장점)가 생깁니다.

market cap(시가총액)의 증가는 M&A 등의 매수 제휴 전략에도 좋은 영향을 미칩니다. 예를 들어 경영이 시장에서 신임을 얻는 상태가 market cap(시가총액)이 증가한 상황이라고 합시다. 이 상황에서 시장에 relatively low(비교적 저렴한)한 가격으로 방치된 기업은 market cap(시가총액)이 낮으며 그 기업의 shareholder(주주)에게 contribute(공헌)할 수 없는 상태가 됩니다. 이러한 경영자 대신 market cap(시가총액)이 큰 기업이 경영권을 획득하면 매수하는 측은 매수 대상 기업의 경영을 개선함으로써 정당한 기업 가치의 valuation(평가)이 이루어지고 직접적인 profit(이익)을 얻습니다. 매수되는 측 기업의 shareholder(주주)는 경영 improvement(개선)에 따른 capital gain(자본 이득)을 기대할 수 있습니다.

market cap(시가총액) 경영의 다른 merit(장점)로는 new issue(증자)하는 경우에 신주의 issuing price(발행가액)를 높일 수 있으며 보다 많은 cash(현금)를 획득할 수 있다는 점을 들 수 있습니다. 기업은 신주 매출로 시장에서 직접적으로 신규 자금을 얻을 수 있습니다[투자가의 관점에서 보면 direct investment(직접투자)가 됩니다]. 단 low interest rate(저금리)라면 new issue(신주 발행)에 의한 자금 조달보다 자사의 credibility(신뢰도)를 활용한 형태로 저금리 debt(융자)를 받음으로써 cost of capital(자본 비용)을 낮출 수 있습니다.

3 주식 교환에 의한 M&A

STOCK EXCHANGE M&A

　market cap(시가총액)의 상승은 M&A(merge and acquisition : 합병과 매수)를 efficiently(효율적)하게 진행하는 원동력이 됩니다. 시장에서 가격이 상승한 자사의 주식을 매입해 매수의 타깃이 되는 회사의 shareholder(주주)에게 allocate(할당하다)합니다. 매수된 회사의 shareholder(주주)는 현재 보유하고 있는 회사의 주식보다 높은 가치가 있는 회사의 주식을 보유한다는 rationality(합리성)를 토대로 행동합니다. 매수하는 회사는 그 시점에서 보유하고 있는 현금의 outflow(유출)를 수반하지 않습니다. 그리고 treasury stock(금고주) 혹은 new issue(신주 발행)를 보유함으로써 매수의 타깃이 되는 회사를 산하에 둘 수 있게 됩니다. 이 stock exchange M&A(주식 교환에 의한 합병과 매수)는 현금의 outflow(유출)를 수반하는 일 없이 자사 주식을 매수 자원으로 사용할 수 있습니다. 한 가지 케이스를 예로 들어 검토해 봅시다.

　A사는 core business(주력 사업 분야)에 많은 distribution channel(유통망)을 보유하고 있으나 제품 development(개발)가 생각대로 진행되지 않아서 신제품을 시장에 출시할 수 없는 상황이라고 가정합시다. 반면에 같은 사업을 하고 있는 B사는 우수한 개발진을 보유하고 있어 상품력은 있지만 after-sale service(애프터서

비스)를 제공할 장소가 부족하여 distribution channel(유통망)에 상품을 진출시킬 수가 없었습니다. B사의 parent company(모회사)인 C사는 B사가 취급하는 제품이 non-core business(핵심 외 사업)였기 때문에 B사에 충분한 경영 지원을 해주지 않았습니다. 그 결과 B사의 주가는 점점 하락해 consolidation(연결 결산)의 대상이었던 C사의 주가도 하락한 채로 유지되었습니다. A사는 C사가 가진 B사의 주식을 매입하는 형식으로 B사를 acquire(매수하다)해 B사의 매력적인 제품을 A사의 강력한 distribution channel(유통망)에 실어서 사업의 re-organization(재편성)을 도모하기로 했습니다. B사의 경영 악화를 고민하던 C사도 B사를 연결 대상에서 제외시키면서 경영 효율이 큰 폭으로 향상하였습니다. 이 시점에서 C사는 보유하고 있는 B사의 주식을 A사에게 양도하기로 했습니다. 단, B사의 시가총액은 의외로 높아서 A사가 현금으로 매수하기에는 부담이 컸습니다. 이때 A사에서는 현금을 사용하지 않고 자사의 주식을 할당해 B사의 주식과 교환하는 방법을 사용하기로 했습니다. A사의 주식 가치가 높을수록 B사의 주식을 많이 모을 수 있습니다. 따라서 A사는 share buyback(주식 환매), capital efficiency(자본 효율)를 향상시키면서 높은 주가를 유지하기 위해 노력했습니다. 그리고 share buyback(주식 환매)을 해놓은 일부 treasury stock(금고주)을 write off(상각, 소각)하면서 어떤 시점에서 stock exchange(주식 교환)에 의한 'B사의 매수'를 발표했습니다. stock exchange(주식 교환)에 의한 M&A는 treasury stock(금고주)의 시장 재방출로 이어지므로 기존 주주에게 '희석화(dilution : 1주의 시장가치가 유통 주식 수의 증가에 의해 감소하는 것. 주가 하락의 원인이 된다)' 문제를 제기시킵니다. 그러나 A사는 이미 시장에서 높은 평가를 받고 있는 자사주를 B사 주식에 할당한 efficiency(효율성)와 매수 후의 구체적인 growth strategy(성장 전략)로 어필했으므로 시장은 dilution(희석화) 문제를 해결할 수 있을 것이라고 생각해 주가는 반대로 상승했습니다.

이상의 케이스는 주식 교환에 의한 M&A의 이상형 중 하나입니다. M&A에는 필수적인 두 가지 키워드가 숨겨져 있습니다. 그것은 바로 strategic capital management(전략적 자본 정책)에 의한 management efficiency(경영 효율화)의 실현과 사업의 synergy effect(시너지 효과)를 노린 strategic management(사업 전략)에 따른 efficiency(효율성) 실현입니다.

이상으로 일본의 예를 살펴봤습니다. 일본에서는 법이 개정되면서 외국 기업도 일본 기업과 stock exchange(주식 교환)를 통해 M&A(triangle M&A : 삼각 합병)가 가능해졌습니다. 따라서 매수 방어책의 구축[현 경영자에 의한 기득권의 보호가 목적. 단기적인 매수자에 의해 기업 가치가 훼손될 위험을 동반하는 defense from hostile TOB(적대적 매수에 대한 매수 방어책)와는 반드시 구별되어야 합니다]보다는 기존 주주의 management efficiency(경영 효율화)를 통한 market cap(시가 총액)의 증대야말로 현 기업 경영자에 대한 시장의 인증이 된다는 것을 이해할 수 있을 것입니다.

시가총액 경영과 주식회사 구조의 Key Words

■는 기본 단어 □는 해설이 첨부된 중요 단어

■ Accumulation of capital	자본 축적
■ After-hours trading	시간외 거래
■ Allow capital to be idol	자본을 사장시키다
■ Blue chip	블루칩, 우량주
■ Brokerage account	증권 계좌, 위탁매매 계정
■ Brokerage commission	위탁수수료
□ Capital market	자본시장

The financial markets for long-term debt and for equity shares.
▶ 주식과 장기 부채의 금융시장.

□ Capital market line　　　　　자본시장 선

The efficient combination of all assets, both risky and riskless, which provides the investor with the best possible opportunities.
▶ 투자가에게 가능한 한 최선의 투자 기회를 제공하는 리스크 자산과 무위험 자산의 효과적인 조합.

□ Cashout　　　　　　　　　자금의 융통이 막힘

Situation where a firm runs out of cash.
▶ 기업의 현금이 바닥을 드러낸 상황.

□ Competitive offer　　　　　경쟁적 매수

Combination of selecting an investment banker for a new issue by offering the securities to the underwriter bidding highest.
▶ (신규 주식 공개에서) 가장 높은 가격으로 입찰한 언더라이터에게 주식을 제공함으로써 신주 매수를 할 투자은행을 선택하는 조합.

□ Conditional sales contract　　조건부 매매계약

A method whereby the firm retains legal ownership of the goods until the cus-

tomer has completed payment.
▶ 고객이 지급을 완료하기까지 상품 소유권을 유지하는 매매계약.

■ **Cross shareholding** 　　　　　　상호 주식 보유

■ **Cross-listing** 　　　　　　　　　교차 상장

☐ **Cumulative dividend** 　　　　　누적 배당

Dividend on preferred stock which takes over dividend payments on common stock. Dividends may not be paid on the common stock until all committed dividends on the preferred stock have been paid.
▶ 보통주에 대한 배당 금액을 웃도는 우선주에 대한 배당. 우선주에 대해 결정된 배당이 지급되기까지 보통주에는 배당이 이뤄지지 않는 경우도 있다.

☐ **Cumulative voting** 　　　　　　누적 투표

Shareholders may cast all of their votes for one member of the board of directors.
▶ 주주가 자신이 보유한 모든 표를 한 사람의 이사에게 투표할 수 있는 방식.

■ **Day trader** 　　　　　　　　　　데이 트레이더, 일일 거래자

☐ **Dealer market** 　　　　　　　　딜러 시장

A market where only professional traders specializing in particular commodities buy and sell assets for their own account. The OTC market is an example.
▶ 특정한 상품 거래에서 자신의 계좌를 사용해 자산 매매를 하기 위한 프로 트레이더 대상의 시장. 예로는 OTC 시장이 있다.

■ **Decliner** 　　　　　　　　　　　하락 주, 하락 종목

■ **Declining issue** 　　　　　　　　하락세 주식

■ **Delisting** 　　　　　　　　　　　상장 폐지

☐ **Dilution** 　　　　　　　　　　　희석화

Effect of loss in existing shareholder's value. There are several kinds of dilution : 1) dilution of ownership of a firm, 2) dilution of market value of a firm or circulated common stock, and 3) dilution of book value and earnings of a firm, as with warrants and convertible bond issues.
▶ 기존 주주가 가진 가치의 감소 효과. 워런트채(신주 인수권부 사채)의 발행이나 전환사채의 발행에 의한 1) 기업 소유권의 희석화, 2) 시장의 기업 가치 혹은 유통되고 있는 보통주의 희석화, 3) 기업의 장부 가격과 수익의 희석화 등의 희석화가 있다.

☐ **Dividend growth model** 　　　　배당 성장 모형

An income model where dividends are assumed to be made at a constant rate in perpetuity.

▶ 배당이 일정한 비율로 영속적으로 지속된다는 수익 모형.

■ **Dividend hike**   증배

☐ **Dividend yield**   배당 수익성

Amount of dividends per share of common stock dividend by market price per share.

▶ 시장에서 주가로 보통주의 배당을 나눈 값.

☐ **Dividend per share**   1주당 배당

Amount of cash paid as dividend to shareholders expressed as dollars per share.

▶ 1주당 배당으로서 지급된 현금.

■ **Domestic demand**   내수

■ **Domestic demand-related stock**   내수 관련주

■ **Economic growth**   경제성장

■ **Equity investment**   주식 투자

☐ **Equity share**   주식 지분

Shareholder's ownership interest.

▶ 주주의(기업 수익의) 지분 소유권.

☐ **Event study**   사건 연구

A statistical study that examines how the release of information affects prices at a particular time in the market.

▶ 시장에서 특정한 시기에 정보를 발신하는 것이 주가에 어떠한 영향을 주는지를 통계적으로 음미하는 연구.

■ **Exchangeable bond, EB**   교환 사채

☐ **Exchange rate**   환율

Price of one country's currency for another's.

▶ 어떤 국가 통화의 타국 통화에 대한 가격.

☐ **Exclusionary self-tender**   배타적 자사주 매입

Marking a tender offer for a given amount of its own stock while excluding targeted stockholders.

▶ 대상이 되는 주주를 제외하고 일정액으로 자기 주식을 매입하는 것.

☐ **Ex-dividend date**   배당 기준일

Four business days before the date of record for a security. An individual purchasing stock before its ex-dividend date will receive the current dividend.

주식의 주주 등록일 4영업일 전. 배당 기준일 전에 주식을 구입한 개인은 그날 배당을 수취한다.

■ **Export-related share**   수출 관련주

☐ **Financial distress cost**   재무적 곤경 비용

Legal and administrative costs of liquidation or reorganization, referred to direct costs ; an impaired ability to do business and an incentive toward selfish strategies such as taking large risks, under investing, and milking the property, referred to indirect costs.

▶ 청산과 파산 수속의 법적, 관리 업무에 수반된 비용(직접비), 그리고 거액의 투자 리스크를 취하거나 자산을 일부씩 떼어 파는 등 자기 중심적 전략이나 업무 불이행이 되어버린 비용(간접비).

☐ **Firm commitment underwriting**   총액 인수

An underwriting in securities which an investment banking firm commits to buy the entire issue and assumes all financial responsibility for any unsold share.

▶ 주식을 매도할 때, 투자 은행이 매도 주식의 전부를 매입해 매각이 허용되지 않는 주식에 대해서도 금융적인 책임을 지기로 확약한 인수.

☐ **Forced conversion**   강제 전환

When the conversion value of a convertible bond is greater than the call price, the call can be used to force conversion.

▶ 전환사채의 전환 가치가 콜 금액보다도 높은 경우, 콜은 강제로 전환하는 데 사용할 수 있다.

☐ **Free cash flow, FCF**   잉여 현금흐름

Cash flow after taxes, interest and all positive NPV opportunities to invest.

▶ 세금, 이자 지급, 모든 정의 순현재가치를 창출하는 기회에 대한 투자를 없앤 현금흐름.

■ **Gainer**   상승세 주식, 상승 종목

☐ **General cash offer**   일반 공모

A public issue of a security that is sold to all interested investors(public), rather than only to existing shareholders.

기존 주주뿐만 아니라 신주 발행을 폭넓게 일반적으로 행하는 증자.

■ **Geopolitical risk**   지정학적 위험

☐ **Going-private transaction**   비공개화 거래

Publicly owned stock in a firm is replaced with complete equity ownership by a private institution.
▶ 비공개 기관에 의한 완전한 주식 보유에 의해 기업의 공개 주식이 대체되는 것.

☐ **Goodwill**   영업권

Intangible assets, the excess of the purchase price over the sum of the fair market values of the individual assets acquired.
▶ 매수한 개별 자산의 공정 시장가격의 합계를 웃도는 매수 가격의 초과분에 상당하는 눈에 보이지 않는 자산.

■ **Greenmailer**   그린 메일러, 주식을 매점하는 사람

☐ **Greemail**   그린 메일, 주식 매점

Payments to potential bidders to cease hostile takeover attempts.
▶ 적대적 매수의 시도를 방지하기 위해 잠재적 매수자에게 지급하는 자금.

■ **High growth**   고도성장

■ **High-dividend stock**   고배당주

■ **Holding**   보유 주식

☐ **Homemade dividend**   자가 배당

An investor can undo corporate dividend policy by reinvesting excess dividends or selling off shares of stock to receive an originally desired cash flow.
▶ 개인투자가는 희망하던 현금흐름을 얻기 위해 초과 배당을 재투자하거나 주식을 매각함으로써 기업의 배당 정책을 원래대로 돌려놓을 수 있다.

■ **Individual investor**   개인투자가

■ **Individual shareholder**   개인 주주

■ **Institutional investor**   기관투자가

■ **Internet stock trading**   인터넷 주식거래

■ **Investment risk**   투자 위험

■ **Investor confidence**   투자가 신뢰

■ **Investor sentiment**   투자가 심리

■ **IPO price** 주식 발행 가격

■ **Largest shareholder** 대주주

☐ **Liquidity** 유동성

The ease and quickness of converting assets to cash. Also it is called marketability.
▶ 자산을 현금화하는 간편함. '시장성'이라고도 부른다.

☐ **Liquidity-preference hypothesis** 유동성 선호 가설

Theory that the forward rate exceeds expected future interest rates in the market.
시장에서 선도 금리가 기대 금리를 웃돈다는 이론.

■ **Listed stock** 상장주

■ **Maiden trading session** 첫 거래

☐ **Making delivery** 인도

The seller's actually turning over to the buyer the asset agreed upon in a future contract.
▶ 선물 계약에서 매매한 자산(의 명의를 판매자에서 구매자로 전환하는 것)을 구매자에게 실제로 전하는 것.

☐ **Marked to market** 시가 평가

The daily settlement of obligations on futures positions.
▶ 선물 계약의 집행 의무를 매일 결제하는 것(선물 계약에서 구매자 혹은 판매자의 채무불이행 위험을 경감시키기 위해 실행한다).

☐ **Market capitalization; market cap** 시가총액

Price per share of stock that is multiplied by the number of shares outstanding.
▶ 주식의 1주 가격에 유통 주식 수를 곱한 것.

■ **Market liquidity** 시장의 유동성

☐ **Market risk** 시장 위험

Systematic risk. It influences to some extent all assets in the market.
체계적 위험. 시장의 모든 자산에 대해 어느 정도의 영향을 주는 위험이다.

☐ **Marketability** 시장성

The ease and quickness of converting an asset to cash. Also it is called liquid-

ity.
▶ 자산을 간편하고 빠르게 현금화할 수 있는 정도. 유동성이라고도 부른다.

■	Monitoring post	관리 포스트
■	Morning close	전장 종가
■	Morning trade	전장 거래
■	Morning trading	전장 거래
■	New stock	신주
■	Nighttime stock trading	야간 주식거래
■	Nosedive	주가 폭락
■	Off-hours trading	입회 외 거래
■	One-day gain	일일 상승 폭
■	Online securities market	온라인 증권시장
■	Online securities trading	온라인 증권 거래
■	Online stock trading	온라인 주식거래
■	Online trade	인터넷 주식거래
■	Order-driven transaction	주문 주도형 거래
■	Ordinary share	보통주
■	Outstanding share	발행주식
■	Outstanding stock	발행주식
■	Overseas investor	해외투자가
■	Preemption	선매, 선매권
■	Pre-emptive right	신주 인수권
■	Preferred share	우선주
☐	Preferred stock	우선주

One type of stock whose holders are given certain priority over common stockholders in the dividend payment.
배당 지급 권리에서 보통주 주주보다 특정 우대 조치를 받는 타입의 주식.

■	Pre-market trading	시간 전 거래, 시간 외 거래
■	Price mechanism	가격 메커니즘

☐ **Priced out** 이미 주가에 반영하다

The market that has already incorporated information, such as a low dividend, into the price of a stock.

▶ 배당금 인하 등의 정보를 이미 시장이 주가에 반영하고 있는 것.

■ **Primary market** 발행 시장
■ **Private equity** 프라이빗 에쿼티, 미공개 주식
■ **Public issue** 공모채(신주 발행)
■ **Public offering** 공모
■ **Public tender offer** 주식 공개 매수
■ **Recommended list** 추천 종목 리스트
☐ **Residual dividend approach** 잔여 배당 정책

A firm pays dividend if and only if acceptable investment opportunities for those funds are not currently available.

▶ 기업이 배당을 지급하는 것은 자금을 투자하는 데 충분한 기회가 없는 경우에만 한정된다는 개념.

☐ **Residual value** 잔존 가치, 잔존가액

The value of a lessor's property at the lease expires.

▶ 리스 기한이 종료될 때 남아 있는 대차인의 가치.

☐ **Secondary market** 유통시장

Already issued, existing securities are bought and sold on the exchanges or in the over-the-counter market.

▶ 기존에 발행된 주식이 증권시장 혹은 장외 거래 시장에서 매매되는 것.

■ **Share allotment** 주식 할당
■ **Stock (for stock) exchange** 주식 교환
■ **Stock listing** 주식 상장
■ **Stock price** 주가
■ **Stock transfer** 주식 양도
■ **Stock value** 주식 가치
■ **Stockholding** 주식 보유
■ **Stock-market flotation** 주식 공개

■ **Subscription warrant**　　　　　　신주 인수권

■ **Supervisory post**　　　　　　　　관리 포스트

■ **Take over bid, TOB**　　　　　　　공개 매수

☐ **Targeted repurchase**　　　　　　특정 목표 주 재매입

The firm buys back its own stock from a potential bidder at a substantial premium, to avoid a takeover attempt.

▶ 매수의 표적이 되지 않기 위해 많은 프리미엄을 붙여 잠재적 매수자로부터 주식을 되사는 것.

☐ **Tender offer**　　　　　　　　　　주식 공개 매수

Public offer to purchase shares of a target firm.

▶ 표적 기업의 주식의 공개 매수.

CHAPTER 7

금리의 구조

1 금리의 변동

FLUCTUATION OF INTEREST RATE

interest(금리)란 무엇일까요? 이 질문에 대해 간단히 대답하자면, interest(금리)는 돈의 차입(대여)에 소요되는 rental fee(대여료)라고 할 수 있습니다. 또한 interest(금리)는 은행에 deposit(예금)을 하면 붙는 이자, 즉 interest rate(이율)라는 recognition(인식)이 강합니다. interest(금리)는 그 나라의 중앙은행이 세운 정책하에서 economic growth(경제 전체의 성장)를 촉구하거나 inflation(인플레이션)에 의한 currency(통화)의 감가를 방지합니다. 은행은 일반 개인과 사업 법인으로부터 맡은 deposit(예금)을 그대로 보관하지는 않습니다. 그 돈으로 loan(대출)을 하거나 invest(투자)하여 다른 opportunity(기회)를 이용해 수익을 올립니다. 이 돈이 없으면 은행은 수익 opportunity(기회)를 얻을 수 없습니다. 또한 예금 이율을 낮게 유지하면 은행에 deposit(예금)하지 않고 stock(주식)과 bond(채권) 등 다른 financial products(금융 상품)에 투자합니다. 일본에서는 investment(투자)보다 deposit(예금)을 선호하는 경향이 있습니다. 사실 low interest rate(저금리)는 은행의 수익 기회를 뺏는 요소가 되지만, 1990년대의 '잃어버린 10년(the lost decade)' 동안에는 반대로 은행이 depositor(예금자)에게서 저금리로 자금을 procure(조달하다)하는 engine(원동력)이 되었습니다. 그리고 비교적 수익 수준이 낮았지만 은행이 bad debt(불량 채권)를 처리하는 데 contribute(기여)해왔습니다. 즉, 은행은 low interest rate(저금리)인 funds(자금)로 돈을 조달할 수 있었으며, low interest rate(저금리)인 돈의 힘으로 수익 opportunity(기회)를 얻을 수 있었던 것입니다.

돈에 대한 수급과 금리

이것을 개인의 돈에 대한 demand(수요)라는 관점에서 생각해보면 가장 큰 순위를 차지하는 수요는 mortgage loan(모기지론, 주택 담보 대출)과 automobile loan(자동차 구입 론), credit loan(신용카드)의 payment by installment(할부 지급)에 부가되는 interest(금리) 등이 있습니다. interest(금리) 변동은 소비자의 소비 행동에도 큰 영향을 줍니다. interest(금리)를 지불하면서까지 돈을 빌려서 다른 상품을 구입할 수 있는 opportunity(기회)가 interest(금리)를 지불하는 것보다도 더 큰 merit(장점)가 있다면 interest(금리)가 increase(상승)하더라도 consumption(소비)은 확대될 것입니다.

또한 자금 수요라는 관점에서 보면, 자금 borrowing(차입)에 대한 demand(수요)가 기업의 investment in plant and equipment(설비투자) 등에 의해 증가한다는 것은 자금 수요자가 자금 procure(조달)의 merit(장점)를 깨닫고 있음을 의미합니다. 이것은 경기 전망을 optimistic view(낙관)하는 사람들이 증가함과 동시에 자금 흐름의 activate(활성화)로 이어집니다.

이처럼 interest(금리)도 돈에 대한 supply and demand(수급)에 따라 fluctuate(변동하다)합니다. 자금의 demand(수요)가 많을 때는 interest(금리)에도 increase(상승) 압력이 가해집니다. 반대로 자금의 demand(수요)가 그다지 많지 않을 때는 interest(금리)도 decrease(감소)한다는 mechanism(메커니즘)을 가지고 있습니다. interest(금리)를 결정하는 mechanism(메커니즘)은 stock(주식)과는 약간 다른 구조이며 은행이 그 role(역할)을 맡고 있습니다. 돈의 borrower(대출자) 수가 lender(빌려주는 사람)보다 많은 경우 은행의 자금 demand(수요)도 증가합니다. 따라서 interbank(은행 간)에 자금을 거래하면서 interest(금리)의 상승 압력이 가해집니다. 은행은 시장에서 middleman(중개인)과 같은 function(기능)을 발휘하면서도 자금의 demand(수요)와 supply(공급)에 따라서 interest(금리)를 adjust(조정)합니다. 돈의 lender(빌려주는 사람)(depositor ; 예금자)가 borrower(대출자)보다 많은 경우 보다 저금리 조건으로 빌리고 싶어 하는 자금 수요자가 예금된 돈을 대출합니다. 이러한 방식으로 interest(금리)가 하락합니다.

2 수익률 곡선

YEILD CURVE

돈을 빌린 경우 interest(금리)는 rental fee(대여료)라는 expression(표현)을 썼습니다. 이것은 대여점에서 DVD를 빌렸을 때를 생각하면 이해하기가 쉽습니다. 일반적으로 물건을 빌릴 때 그 대여 contract(계약)를 long term(장기간)으로 하면 rental fee(대여료)가 relatively low(비교적 저렴)합니다. 그런데 대여 DVD라도 deadline(약속 기일)을 넘겨 arrearages(연체료)가 발생하면 그 arrearages(연체료)는 원래 contract(계약)보다 relatively high(비교적 높은)한 가격으로 설정됩니다. 이것은 가게의 입장에서 생각한 경우, 가게의 stock(재고)인 특정 DVD를 어떤 borrower(대출자)가 monopoly(독점)함으로써 다른 고객이 그 DVD를 볼 opportunity(기회)를 놓치는 loss(손실)를 높게 estimate(견적하다)하기 때문입니다. '그 가게는 항상 신작이 대여 중이다'와 같은 상황이 되면 손님은 오지 않을 것입니다. 돈도 이와 마찬가지로 장기로 빌릴수록 interest(금리)는 relatively high(비교적 높은)가 됩니다. lender(빌려주는 사람)의 입장에서는, 대출이 장기로 고정된다는 것은 원래라면 다른 수익 opportunity(기회)에 활용될 수도 있었던 funds(자금)가 한 곳에 fix(고정)되어버리는 것을 의미하기 때문입니다. 이처럼 장기로 대출했을 때의 이율과 단기로 대출했을 때의 이율의 차를 yield curve(수익률 곡선)라고 합니다. 이 yield curve(수익률 곡선)는 short term interest(단기 금리)와 long term interest(장기 금리)의 차이입니다. 이 이론을 응용하면 장기 대출자와 단기 대출자 사이에서 향후의 경기 전망에 대한 관점을 둘러싸고 market principle(시장 원리)이 작용하고 있음을 알 수 있습니다.

장·단기 금리와 수익률 곡선의 결정 요인

예를 들어 신작 DVD에 대한 대여 demand(수요)가 향후 높아질 것으로 예상되는 경우 가게는 더 많은 신작을 준비해두려고 노력합니다. 또한 매력적인 단기간 대출 계획을 충실히 실행하는 동시에 연체로 인한 opportunity coat(면실 이익)를 커버하기 위해 연체료를 높게 설정합니다. 이것을 interest(금리)와 비교하면 short term interest(단기 금리)는 단기 채권 발행의 증가와 함께 일단은 낮게 책정됩니다. 그러나 장기 채권이 되면 장래에 금리가 더욱 오를 것이라고 예측해 상승합니다. 보통 yield curve(수익률 곡선)는 지속적으로 큰 값으로 증가합니다. 이처럼 단기 금리와 장기 금리의 차가 증가하는 것을 'yield curve(수익률 곡선)가 steep(스티프)화(=스티프닝)된다'고 표현합니다.

반대로 미래에 DVD에 대한 대여 수요가 하락할 것으로 예상되는 경우, 가게 측은 매입을 억제해 신작의 종류를 최저한으로 유지하면서 고객 붙들기에 고심합니다. 과도한 연체료는 대여자가 더 이상 가게에 오지 못하도록 하는 원인이 되기도 합니다. 이것을 yield curve(수익률 곡선)에 비교하면 단기 채권에서는 경기 자극 정책에 의해 수요가 감소하지 않는 상태이므로 일단 short term interest(단기 금리)는 상승하지만 long term interest(장기 금리)는 상대적으로 하락합니다. 즉 단기 금리와 장기 금리의 차가 줄어들면 곡선은 완만해집니다. 이것을 'yield curve(수익률 곡선)가 flat(플랫)화(=플래트닝)된다'고 표현합니다.

수익률 곡선의 스티프화와 플랫화

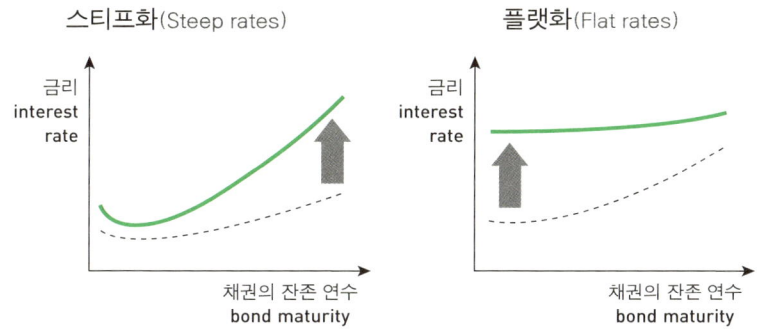

미국의 경기와 yield curve(수익률 곡선)

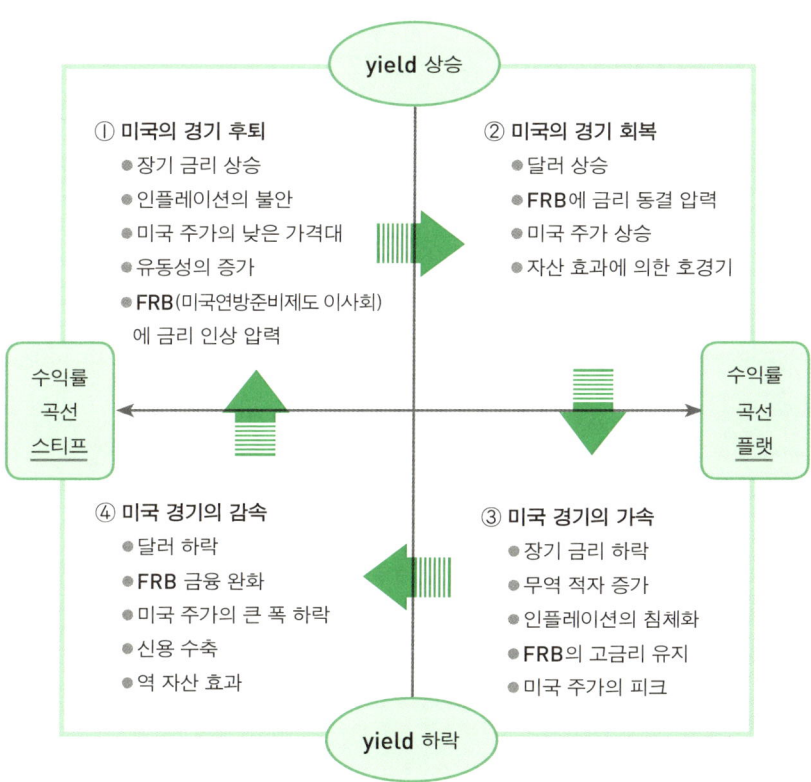

3 세계의 표준은 복리 계산

COMPOUND INTEREST

funds(자금)를 manage(운용)할 때 가장 단순한 방법은 principal(원금)과 simple interest(단리)에서 발생한 이자를 분리해서 생각하는 것입니다. principal(원금)은 감소하는 일 없이 유지되며, 그 외에 income gain(인컴 게인, 이자나 배당 수익)으로 얻을 수 있는 profit(이익)이 있습니다. 세계의 금융 현장에서는 이러한 simple interest(단리) 계산이 아닌, interest(금리)를 원금에 가산하여 다시 이율을 얹은 compound interest(복리) 계산이 asset management(자산 운용)의 기본입니다. management(운용)를 10년 정도로 생각하면 simple interest(단리)와 compound interest(복리)에서 큰 차이가 생깁니다. 예를 들어 simple interest(단리)라면 연이율 5%, 원금 1000만 엔에 대해 매년 50만 엔의 interest(이자)가 붙습니다. 이것으로 얻을 수 있는 simple interest(단리)에서의 이자 합계는 tax(세금)를 무시하고 생각하면 10년 × 50만 엔으로 500만 엔이 됩니다. principal(원금)과 합하면 1500만 엔이 수중에 남습니다. 그러나 compound interest(복리)로 계산하면 총액은 1000만 엔 × $(1 + 0.05)^{10}$이 되므로 총액은 약 1629만 엔이 됩니다. simple interest(단리)와 compound interest(복리)의 차는 약 130만 엔에 달합니다. 이 compound interest(복리) 계산 방법은 자금의 '순현재가치(net present value,

NPV)'를 계산할 때도 사용됩니다[NPV : 순현재가치의 계산은 compound interest(복리 계산)와 반대로 합니다]. 기업이 어떤 project(프로젝트)에 현금을 투자하려는 경우, 투자하는 그 시점부터 현금만 manage(운용)하여 획득할 수 있는 cash flow(현금흐름)의 금액보다 project(프로젝트)에 현금을 투자해서 얻는 수익성이 더 높아야 합니다. net present value(순현재가치)를 계산함으로써 투자 기간과 compound interest(복리) 계산이 가져다 주는 기업 행동의 경제적 합리성이 엄밀하게 측정됩니다.

4 할인 계산과 복리 계산의 관계

COMPOUNDING AND DISCOUNTING

NPV(net present value : 순현재가치) 계산은 기업의 investment project(투자 프로젝트)를 산정할 때 자주 사용됩니다. project(프로젝트)를 exit(종결)할 때 기업에서 발생하는 cash flow(현금흐름)의 합계의 present value(현재가치)가, 아무것도 하지 않고 금리 수입으로 얻을 수 있는 cash flow(현금흐름)의 합계 또는 총투자액의 present value(현재가치)를 상회한다면 그 project(프로젝트)에는 투자해야 한다는 결론이 도출됩니다. 이와 같이 NPV(net present value : 순현재가치)는 어떤 사업의 경제적 가치를 측정하는 지수로 사용됩니다(자세한 내용은 10장에서 살펴보겠습니다).

복리 계산의 실제와 NPV(순현재가치)

이제부터 compound interest(복리)로 얻을 수 있는 3년 후의 cash flow(현금흐름)을 계산해봅시다.

예를 들어 principal(원금) 1000만 엔을 연리 10% compound interest(복리)로 3년간 운용하는 경우,

- 1년 후의 현금 …… 1100만 엔[=1000만 엔 × (1 + 10%)]
- 2년 후의 현금 …… 1210만 엔[=1000만 엔 × (1 + 10%)^2]
- 3년 후의 현금 …… 1331만 엔[=1000만 엔 × (1 + 10%)^3]

이 됩니다.

여기서 1000만 엔을 3년간 연 10%의 compound interest(복리)로 계산한 금액이 현재의 1000만 엔과 같은 가치가 됩니다. 다시 말해 1000만 엔의 3년 후의 미래가치는 1331만 엔이 됩니다. 그리고 반대로 3년 후에 얻을 수 있는 investment project(투자 프로젝트) 1331만 엔의 present value(현재가치)는 1000만 엔이 됩니다.

요컨대 net present value(순현재가치) 산출의 discounting(할인) 계산과 compound interest(복리) 계산은 표리일체의 관계가 됩니다.

compounding 복리 계산 ⟷ discounting 할인 계산
(현재 금액의 미래가치를 계산)　　　　　(미래 금액의 현재가치를 계산)

실제로 compound interest(복리) 계산식을 변형하면 present value(현재가치)의 discounting(할인) 계산식이 구해집니다.

연리 10%일 때 현재 1000만 엔의 3년 후의 가치는,
1331만 엔 = 1000만 엔 × (1 + 10%)^3

이것을 1331만 엔의 present value(현재가치) 1000만 엔에 대해 계산해 보면,

$$1000만\ 엔 = \frac{1331만\ 엔}{(1 + 10\%)^3}$$

즉, 연리 r%일 때 t년 후 현금의 present value(현재가치)는,

$$현재가치 = \frac{t년\ 후의\ 현금}{(1 + r\%)^t}$$

이 됩니다.

NPV(net present value ; 순현재가치)에 의한 투자 판단은 이론상 대단히 명료하기 때문에 이해하기가 쉽습니다. 그러나 실제로 사업을 할 때 net present value(순현재가치)만으로 투자 판단을 하면 '판단이 잘 서지 않는다'는 점도 있습니다. 당연한 말이지만, 미래의 경제 상황이 어떻게 변할지 예상하는 것은 불가능하기 때문입니다. 경영자는 결코 net present value(순현재가치)의 계산 결과만으로 투자 판단을 해서는 안 됩니다. 최근에는 경영자의 경험치나 전략의 flexibility(유연성)를 반영한 real option(리얼 옵션)이 활용되고 있습니다.

할인 계산의 예

두 가지 예가 있습니다. 1000만 엔을 운용하여 1) 1년 후에 1200만 엔 전액을 수취하는 방법과, 2) 1년 후부터 5년간 매년 250만 엔 분할로 수취하는 방법(5년 동안 수취하는 합계 금액은 1250만 엔이 됩니다) 중 하나를 선택한다고 합시다(연이율은 10%라고 합시다). 어느 쪽이 높은 현금흐름을 가져다 줄까요? 언뜻 보기에는 2)가 수취하는 총액이 50만 엔이 더 많으므로 유리하게 생각됩니다.

1) 1년 후에 1200만 엔 전액을 수취하는 방법

1년 후의 1200만 엔을 현재가치로 할인하면

$$\frac{1200만\ 엔}{(1+10\%)} = 1090만\ 엔$$

2) 1년 후부터 5년간 매년 250만 엔 분할로 수취하는 방법

1년 후에 수취할 250만 엔의 현재가치 :

$$\frac{250만\ 엔}{(1+10\%)} = 227만\ 엔$$

2년 후에 수취할 250만 엔의 현재가치 :

$$\frac{250만\ 엔}{(1+10\%)^2} = 207만\ 엔$$

3년 후에 수취할 250만 엔의 현재가치 :

$$\frac{250만 엔}{(1 + 10\%)^3} = 188만 엔$$

4년 후에 수취할 250만 엔의 현재가치 :

$$\frac{250만 엔}{(1 + 10\%)^4} = 171만 엔$$

5년 후에 수취할 250만 엔의 현재가치 :

$$\frac{250만 엔}{(1 + 10\%)^5} = 155만 엔$$

합계 948만 엔

이처럼 2)의 매년 250만 엔 분할로 수취하는 편이 유리할 것 같았지만, 10%의 연이율을 설정할 수 있는 경제 환경의 경우 present value(현재가치)에 discounting(할인)을 하게 되면 결론은 반대가 됩니다. 1)이 142만 엔이나 더 유리하다는 것을 알 수 있습니다.

5 미국의 금융정책과 금리

MONETARY POLICY IN THE U.S.

정부가 수행하는 경제 정책은 주로 fiscal policy(재정 정책)와 monetary policy(금융정책)입니다. fiscal policy(재정 정책)는 tax income(세수입)과 policy investment(공공 투자) 등을 control(컨트롤)합니다. 여기서는 주로 monetary policy(금융정책)에 대해 살펴보겠습니다. 각국 정부의 monetary policy(금융 정책)는 주로 그 나라의 central bank(중앙은행)에 의해 control(컨트롤)됩니다. central bank(중앙은행)는 일본에서는 '일본 은행(BOJ : Bank of Japan)', 영국에서는 '영국 은행(잉글랜드 은행, BOE : Bank of England)', 유럽에서는 '유럽 중앙은행(ECB : European Central Bank)'이라 불립니다. 미국에서 중앙은행의 역할, 즉 monetary policy(금융정책)를 control(컨트롤)하고 있는 것은 '연방준비제도(FED : Federal Reserve System)'입니다. central bank(중앙은행)의 objective(목적)는 inflation(인플레이션) curve(억제)를 통한 금융시장의 stability(안정)입니다. globalization(세계화)으로 인해 border(국경)를 초월하여 development(발전)된 money market economy(금융 경제)는 각국의 business cycle(경기순환)을 고려하면서도 세계적인 monetary policy(금융정책)에 협조해야 합니다. 그러나 globalization(세계화)으로 인해 money market economy(금융 경제)가 광범위해

져서 monetary policy(금융정책)를 운영하기가 어려워졌습니다. 여기서는 미국의 FED(페드 ; 연방준비제도)를 중심으로 살펴보겠습니다. 우선 FED(페드)의 금융정책의 대원칙은 1) 물가 안정(price stability), 2) 통화 공급량(money supply)의 control(컨트롤)입니다. 그리고 이에 대한 구체적인 세 가지 수단은 다음과 같습니다.

공정환율 조작 (bank rate operation)

불경기에는 monetary easing(금융완화)을 하여 lower rates(금리를 내리다)합니다. 그 결과 자금 수요를 증가시켜 경기를 자극합니다. 호경기에는 monetary tightening(금융긴축)을 하여 raise rates(금리를 상승시키다)합니다. 이로 인해 자금 수요가 감소하며 물가를 curve(억제)하여 경기를 침체시킵니다. 현재 금리의 유도 목표에는 bank rate(공정환율)가 아닌 FF rate(federal funds rate : FF 금리)가 사용됩니다.

공개시장 조작 (open market operation)

금리 저하와 liquidity(유동성)의 공급(경기의 지지대)을 목적으로 FED가 금융기관으로부터 T-bonds, T-notes, T-bills(국채) 등을 매입해 cash(현금)를 공급합니다. 반대로 interest(금리)의 상승과 물가 억제를 목적으로 FED가 금융기관에 T-bonds, T-notes, T-bills(국채) 등을 매각해 시중의 현금을 absorb(흡수)합니다.

지급 준비 (reserve requirement)

민간 은행은 예금의 인출에 대응하기 위해 일정 액수의 현금(reserve : 준비금)을 FED에 무금리로 맡겨야 할 obligation(의무)이 있습니다. 이 준비금을 FF(federal funds ; 연방 자금)라고 부르며 'FF 금리[FF rate ; 은행 간 거래의 준비 금리. 일본에서는 무담보 콜 익일물(翌日物 : 대출일의 다음날에 결제됨 - 옮긴이) 금리에 해당]'는 그 준비금을 상승시키거나 하락시키는 것(준비금 상승 → 시중 자금량 감소 → 금리 상승, 준비율 저하 → 시장 자금량 증가 → 금리 저하)으로 adjust(조절)되고 있습니다.

미국의 매스미디어에서는 연방준비제도를 FED(페드)라고 부르는 경우가 많습니다. 일본에서 뉴스로 보도될 때는 FRB(에프알비)와 FOMC(에프오엠시)로 표현되는 경우도 있으며 이해하기 어려운 제도라는 이미지가 있습니다. 그러나 이것에는 미국의 연방제로서의 functional(기능적)한 의미도 포함되어 있습니다. FED(페드)는 다음의 세 기관에 의해 구성됩니다.

1) 연방준비제도 이사회(FRB, Federal Reserve Board)
   워싱턴 D.C.에 있는 최고 의사 결정 기관. 7명의 이사에 의해 의결됩니다.
2) 연방 공개시장 위원회(FOMC, Federal Open Market Committee)
   FF 금리의 오르내림을 구체적으로 결정하는 회합을 연간 8회 개최합니다. FRB의 이사가 소집됩니다.
3) 연방준비은행(Federal Reserve Bank)
   FOMC의 결정 사항을 실행하는 중앙은행입니다. 전국에 12개소가 있는 federal reserve bank(연방준비은행)로 구성되며 '뉴욕 은행(Federal Reserve Bank of New York)'이 그 leader(리더)의 role(역할)을 맡고 있습니다.

6 FF 금리와 공정환율, FED의 정책

MONETARY POLICY BY FED

일본에서는 시중 금리의 동향을 오랫동안 official discount rate ; bank rate(공정환율)라는 형태로 표현해왔습니다. 미국에도 bank rate(공정환율)가 있습니다. 이 bank rate(공정환율)와 FF 금리에는 어떠한 차이점이 있을까요?

   FF 금리란 금융 기관이 자금을 조달할 때의 시중 금리(일본의 무담보 콜 익일물 금리에 해당)로 bank rate(공정환율)와는 다릅니다. 반면에 bank rate(공정환율)란 FRB(연방준비제도 이사회)가 민간 은행에 자금을 대출해줄 때 적용하는 interest(금리)입니다. FF 금리보다 저금리로 설정되어 있던 종래의 bank rate(공정환율)는 폐지되었습니다. 그리고 2003년 6월 이후, bank rate(공정환율)는 '최후의 빌려주는 자'로서 민간 은행에 임시 supply of liquidity(유동성 공급)를 목적으로 한 lending(융자)에 적용되었습니다. 경영 내용이 healthy(건전한)한 은행에는 '프라이머리 크레디트(primary credit)'로서 FF 금리에 보통 0.25%에서 1%를 더한 금리를 적용하였습니다. 또한 2003년 6월 이후 미국의 정책 금리의 동향은 다음과 같습니다.

FOMC 개최일	FF 금리	공정환율	미국 달러 / 엔	비고
● 2003년				
6월 24일, 25일	1.00%	2.00%	117.95	금리 인하 (신공정환율로 이행)
8월 12일	1.00%	2.00%	118.70	거치
9월 16일	1.00%	2.00%	116.15	거치
10월 28일	1.00%	2.00%	108.28	거치
12월 9일	1.00%	2.00%	106.94	거치
● 2004년				
1월 27일, 28일	1.00%	2.00%	106.12	거치
3월 16일	1.00%	2.00%	108.89	거치
5월 4일	1.00%	2.00%	109.35	거치
6월 29일, 30일	1.25%	2.25%	108.86	금리 인상
8월 10일	1.50%	2.50%	111.35	금리 인상
9월 21일	1.75%	2.75%	109.65	금리 인상
11월 10일	2.00%	3.00%	107.15	금리 인상
12월 14일	2.25%	3.25%	105.55	금리 인상
● 2005년				
2월 1일, 2일	2.50%	3.50%	103.72	금리 인상
3월 22일	2.75%	3.75%	105.57	금리 인상
5월 3일	3.00%	4.00%	105.08	금리 인상
6월 29일, 30일	3.25%	4.25%	110.92	금리 인상
8월 9일	3.50%	4.50%	111.90	금리 인상
9월 20일	3.75%	4.75%	111.96	금리 인상
11월 1일	4.00%	5.00%	116.62	금리 인상
12월 13일	4.25%	5.25%	120.09	금리 인상
● 2006년				
1월 31일	4.50%	5.50%	117.31	금리 인상
3월 28일	4.75%	5.75%	117.90	금리 인상
5월 10일	5.00%	6.00%	110.50	금리 인상
6월 28일, 29일	5.25%	6.25%	115.18	금리 인상
8월 8일	5.25%	6.25%	115.31	거치
9월 20일	5.25%	6.25%	117.45	거치

10월 24일	5.25%	6.25%	119.09	거치
12월 12일	5.25%	6.25%	116.82	거치
● 2007년				
1월 31일	5.25%	6.25%	120.67	거치
3월 21일	5.25%	6.25%	117.55	거치
5월 9일	5.25%	6.25%	120.10	거치
6월 28일	5.25%	6.25%	123.21	거치
8월 7일	5.25%	6.25%	118.83	거치
8월 17일	5.25%	5.75%	114.38	공정환율 인하
9월 18일	4.75%	5.25%	116.07	금리 인하
10월 31일	4.50%	5.50%	115.43	금리 인하
12월 11일	4.25%	4.75%	110.64	금리 인하
● 2008년				
1월 22일	3.50%	4.00%	106.58	긴급 금리 인하
1월 30일	3.00%	3.50%	106.41	금리 인하
3월 17일	2.25%	2.50%	99.86	금리 인하
3월 18일	3.00%	3.25%	99.11	공정환율 인하
4월 30일	2.00%	2.25%	103.92	금리 인하
6월 25일	2.00%	2.25%	107.81	거치

금리와 할인 계산의 Key Words

■는 기본 단어 □는 해설이 첨부된 중요 단어

☐ **Compound interest**   복리

Interest earned of principal plus interest that was earned earlier.
▶ 원금과 그 이전에 획득한 금리를 추가한 금액에 대한 금리.

☐ **Compound value**   복리 가치

Value of a total investing it over one or more periods. Also it is called future value.
▶ 1년 혹은 그 이상의 기간에 총투자한 금액. 미래가치라고도 불린다.

☐ **Compounding**   복리 계산

Method of reinvesting each interest payment to earn more interest.
▶ 더 높은 이자를 획득하기 위해 각 기간마다 얻은 이자를 재투자하는 방법.

☐ **Contingent pension liability**   조건부 연금 채무

The firm is liable to the pension plan participants for up to 30percent of the net worth of the firm.
▶ 기업은 총자본의 30%까지 연금제도 참여자에 대한 책임을 진다.

☐ **Continuous compounding**   연속 복리 계산

Interest compounded continuously, every period, rather than at fixed intervals.
▶ 고정된 기간에 복리 계산을 하는 것이 아니라 기간마다 지속적으로 복리 계산하는 이자(예를 들어 10%의 연속 복리는 계산상 10.52%의 연 복리와 같은 이율로 취급한다).

☐ **Contribution margin**   공헌 이익

Amount that each additional product, such as a particular item, contributes to after-tax profit of the whole project ; (Sales price − Variable cost) × (1 − Tc), where Tc is the corporate tax rate.
▶ 전체 프로젝트의 세후 이익에 특정 추가 판매 상품이 공헌한 금액 ; (판매 금액 − 변동비) × (1 − Tc), Tc는 법인세율.

■ **Cost-push inflation**　　　코스트 푸시 인플레이션, 비용 인산 인플레이션

■ **Coupon rate**　　　쿠폰 레이트, 표면금리

□ **Discount**　　　할인

When a bond is selling below its face value, it is said to sell at a discount rate.
▶ 채권이 표면 금액보다 저가로 매도되었을 때 이것을 디스카운트 레이트(할인율)에 팔렸다고 한다.

□ **Discount rate**　　　디스카운트 레이트, 할인율

Rate used to calculate the net present value of the future cash flows.
▶ 미래 현금흐름의 순현재가치를 계산할 때 사용되는 할인율.

□ **Discounted payback period method**　　　할인 회수 기간 법

A financial decision rule in which the cash flows are discounted at an interest rate and the payback rule is applied on these discounted cash flows.
▶ 현금흐름을 이율로 할인하여 이 할인 현금흐름이 투자 회수법에 적합한지에 따라 행해지는 금융 판단법.

□ **Discounting**　　　할인 계산

Calculating the present value of a future cash flows. The process is the opposite of compounding calculation.
▶ 미래의 현금흐름을 현재가치로 계산하는 것. 복리 계산의 반대이다.

■ **EBIT, earning before interest and taxes**　　　이자, 세금 차감 전 순이익

□ **Effective annual interest rate**　　　연간 실효 이자율

The interest rate as if it were compounded once per one time period rather than several times per one period.
▶ 특정한 기간에 복리를 여러 번 하는 것이 아니라 한 기간당 한 번 복리로 환산한 이율.

□ **Equilibrium rate of interest**　　　균형이자율

The interest rate which clears the market. Also it is called market-clearing interest rate.
▶ 시장에서 청산하는 금리. 시장 청산 금리라고도 불린다.

□ **Equivalent loan**　　　등가 대출

The amount of the loan that makes leasing equivalent to buying.
▶ 리스하는 것과 구입하는 것이 등가가 되는 대출 금액.

□ **Expectations hypothesis (of interest rates)** 금리 기대 가설

Condition that forward interest rates are unbiased estimates of expected future interest rates in the future market.

▶ 선물 금리는 예측할 수 없는 장래 시장의 기대 선물 금리라는 이론.

☐ **Face value**   액면가

The value of a bond that appears on its face value. Also it is referred to as per value of principal.

▶ 액면에 기재되어 있는 채권의 가치. 원금 가치라고도 불린다.

☐ **Field warehouse financing**   창고 금융

An inventory loan in which a public warehouse firm acts as a control agent to supervise inventory for the lender.

▶ 대여자를 위해 창고 회사가 재고를 관리하는 창고 금융.

☐ **Financial intermediary**   금융 중개 기관

Institutions providing the market function of matching borrowers and lenders or traders.

▶ 대출자, 대여자, 트레이더를 시장에서 연결해주는 기능을 가진 기관.

☐ **Financial leverage**   재무 레버리지

A firm relies on debt or on loan. Financial leverage is commonly measured by the ratio of long term debt to long term debt plus equity.

▶ 기업이 부채나 대출에 의지하고 있는 정도. 재무 레버리지는 일반적으로 장기부채를 장기부채와 주주 자본을 더해 나눈 값(장기부채/장기부채 + 주주 자본)으로 측정한다.

☐ **Financial market**   금융시장

Markets dealing with cash flows over time, where the savings of lenders are allocated to the financing needs of borrowers in the market.

▶ 시장에서 대여자의 니즈에 맞춰 배분되는 대출자의 예금 등과 같은 현금흐름을 취급하는 시장.

■ **Financial policy**   금융정책

☐ **Financial requirement**   금융 요구

In the financial plan, financial arrangements that are necessary to meet the overall corporate objectives to access the financial market.

▶ 금융 계획상, 금융시장에서 자금을 조달할 때 기업의 목표 달성에 필요한 금융 방책.

☐ **Financial risk**   재무 위험

The additional risk that the firm's stockholders bear when a firm is financed

with debt or loan as well as equity.
▶ 기업이 부채나 대출, 주주 자본으로 자금을 조달받을 때 주주가 추가적으로 부담하는 위험.

■ **Financing bill, FB**　　　　　　　　정부단기증권
☐ **Forward-exchange rate**　　　　　선물 환율

A future exchange rate between two major currencies.
▶ 두 주요 통화의 미래의 교환 환율.

■ **General price level**　　　　　　　일반 물가수준
■ **Inflation due to import**　　　　　수입 인플레이션
■ **Inflationary(inflated) economy**　인플레이션(물가 상승) 경제
☐ **Interest coverage ratio**　　　　　이자 보상 배율

Earnings before interest and taxes(EBIT) divided by interest expense.
▶ 이자와 법인세 공제 전 이익(EBIT)을 이자 지급 비용으로 나눈 것(기업의 이자 지불 능력을 측정하기 위해 사용된다).

☐ **Interest on interest**　　　　　　　이자에 대한 이자

Interest earned on reinvestment of each interest payment on the principal originally invested.
▶ 원금에 대한 이자를 재투자하여 얻을 수 있는 이자.

☐ **Interest rate**　　　　　　　　　　이자

The cost of borrowing money.
▶ 자금의 대출을 위한 비용.

☐ **Interest rate on debt**　　　　　　부채 이율

The firm's cost of debt capital. Also it is called return on the debt.
▶ 기업의 부채 자본에 대한 비용.

☐ **Interest subsidy**　　　　　　　　이자 지원

A firm's deduction of the interest payments on its debt from its earnings before it calculates its total tax amount under current tax law.
▶ 현행법에서 과세 대상이 되는 이익에서 부채에 대한 이자 지급 금액을 공제한 것.

☐ **Interest-rate-parity theorem**　　이자율 평가 이론

The differential amount of interest rate between two countries will be equal to the difference between the forward-exchange rate and the spot-exchange rate.

▶ 두 나라 간의 이자의 차액은 선물환율과 현물환율의 차이와 같다.

■ **Money supply**   통화공급량

■ **NPV rule**   NPV법

□ **Real interest rate**   실질금리

Interest rate expressed in terms of real items ; that is, the nominal interest rate minus the expected inflation rate.

▶ 실질적으로 표현되는 금리. 즉 명목 금리에서 인플레이션을 차감한 것.

□ **Simple interest**   단순 이자율, 단리

Interest calculated by the original principal amount.

▶ 원래 원금으로 계산한 이자.

CHAPTER 8

채권이란?

1 부채와 채권

CREDIT AND BOND, DEBENTURE

돈을 유익하게 활용하는 방법으로는 stock(주식)에 invest(투자하다)하는 방법 외에도 타인에게 자금을 lend(대출하다)하는 방법이 있습니다. 더 나아가 '신용증서(credit : 채권)'를 활용해 manage(운용하다)하거나 bond(채권)에 투자하는 방법도 있습니다. bond(채권)에 관해 얘기할 때 자주 듣는 conceptual(개념적인) character(특징)는, interest(금리)가 상승하면 bond(채권) 가격이 하락하고 interest(금리)가 하락하면 bond(채권) 가격이 상승한다는 것입니다. 8장에서는 그 concept(개념)를 해설하면서 bond(채권)란 무엇인가에 대해 살펴보겠습니다.

  bond(채권)는 time of issuance(발행 시)에 이미 maturity(상환 기한, 만기)와 coupon(쿠폰, 이자)이 결정되어 있습니다. 따라서 matured date(상환일, 만기일)가 되면 principal(원금)에 대한 투자가 redemption(상환)됩니다. 일부를 제외하고, maturity(만기)를 채우지 않아도 시장에서 매각할 수 있습니다. bond(채권)의 risk(리스크)는 issuer(발행인)의 default(디폴트, 채무불이행)와 interest(금리)의 fluctuation(변동)입니다. default(디폴트, 채무불이행)의 risk(리스크)는 issuer(발행인) 기업의 rating(신용 평가)으로 evaluation(측정)할 수 있습니다. systematic risk(시장 전체의 위험)가 되는 interest(금리) 변동은, interest(금리) 상승으로 인해 bond(채권) 가격이 하락하고 반대로 interest(금리) 하락으로 인해 bond(채권) 가격이 상승하는 구조를 가지고 있습니다.

금리와 채권 가격

interest(금리)와 bond(채권) 가격(순수 할인채 : pure discount bond)의 관계에 대해 interest(금리) 10%, face value(액면가) 1000달러, coupon rate(쿠폰 금리) 10%인 2년 채를 수식으로 나타내면 다음과 같습니다.

$$\$1{,}000 = \frac{\$100}{1.10} + \frac{\$1{,}000 + \$100}{(1.10)^2}$$

여기서 interest(금리)가 annual rate of return(연이율) 13%가 되었다고 하면,

$$\$949.96 = \frac{\$100}{1.13} + \frac{\$1{,}000 + \$100}{(1.13)^2}$$

이 됩니다. 이상과 같이 interest(금리)가 3% 상승하면 bond(채권 : 기존에 발매된 채권)는 $949.96으로 매매됩니다. 따라서 bond(채권) 가격이 하락하는 것으로 이해할 수 있습니다.

반대로 interest(금리)가 annual rate of return(연이율) 7%가 되었다면,

$$\$1{,}054.24 = \frac{\$100}{1.07} + \frac{\$1{,}000 + \$100}{(1.07)^2}$$

이 됩니다. 이처럼 interest(금리)가 3% 하락하면 bond(채권)가 상승된 가격으로 거래됩니다.

또한 interest(금리)의 변동에 상관없이 yield to maturity(만기 수익률)에 대해 bond(채권)의 value(가치)를 나타냅니다. 한 번 더 다음의 식을 살펴봅시다.

$$\$1{,}054.24 = \frac{\$100}{1.07} + \frac{\$1{,}000 + \$100}{(1.07)^2}$$

이 방정식에 나타난 bond(채권)는 coupon(쿠폰, 이자) 10%, 7%의 yield to maturity(만기 수익률)를 올려 $1054.24로 priced(값이 매겨져 있는)된 bond(채권)라고 합니다.

bond(채권)에는 위의 예에서 살펴본 pure discount bond(순수 할인채)와 복수로 나눈 coupon(쿠폰)을 수취하는 level coupon bond(균등 할부채), 그리고 쿠폰을 수취하는 consol(콘솔채)의 3종류가 있습니다.

채권의 수익 기회

bond(채권)는 일종의 차용증서로서 일대일의 loan contract(대차 계약)를 토대로 한 것입니다. 자금 대출은 borrower(대출자)의 credit(신용)에 따라서 principal(금액)과 interest rate(이율), maturity(대출 기한)가 결정됩니다. borrower(대출자)의 입장에서 보면 자금의 lender(빌려주는 사람)가 누구든지 당초의 loan contract(대차 계약)를 지키기만 한다면 누구에게 변제해도 상관없는 상황이 됩니다. 법적으로도 신용 증서의 transfer(전매)는 인정되며, 이로 인해 자금의 lender(빌려주는 사람)가 차용증서를 매매하여 대출한 자금을 운용할 opportunity(기회)가 생깁니다. collection(징수)의 권리인 credit(채권)은 intangible(눈에 보이지 않는) 권리로, tangible(눈에 보이는) 형태를 가진 bond(채권)가 되어 시중에서 유통됩니다. 자금 대출 시점에는 당연히 변제 시점과 rate of return(이율)이 결정되어 있습니다. 예를 들어 향후 interest(금리)가 상승할 것이라고 예상하는 자금 운용자가 수중에 bond(채권)를 보유하고 있을 경우, 그대로 bond(채권)를 수중에 두는 것보다 상승한 interest(금리)로 새로운 대출을 하는 편이 운용 efficiency(효율)가 상승합니다. 따라서 현재 보유하고 있는 bond(채권)를 팔고 싶다는 motivation(동기)이 생깁니다. 또한 바로 liquidation(현금화)하고 싶어 하는 bond(채권) holder(보유자)는 그 bond(채권)를 팔 것입니다. 반면에 interest(금리)가 하락할 것이라고 예상하는 운용자는 현 시점에서 이율이 고정되어 있는 bond(채권)를 구입해 자금을 운용하겠다는 motivation(동기)이 생깁니다. 또한 자금 수요자의 입장에서는 interest(금리) 상승이 예측되는 경우라면 저금리일 때 가능한 한 빨리 자금을 준비하고 싶다는 motivation(동기)이 생깁니다. 반면 저금리를 예상하는 자금 수요자는 자금 borrow(차입)를 가능한 한 늦추려고 합니다.

2 일본 국내의 채권의 종류

VARIETY OF JAPANESE BOND

bond(채권)에는 여러 종류가 있습니다. 개인투자가에게는 국가가 발행하는 '국채(government bonds, national bonds)'가 친숙할 것입니다. 그 외에는 지방자치체가 발행하는 '지방채(municipal bonds)', 기업이 발행하는 '사채(corporate bonds, debenture)', 사채를 주식으로 전환할 수 있는 권리가 부여된 'CB(convertible bonds ; 전환사채)', 외국의 자치체가 외국 통화나 해외시장에서 발행하는 '외국 채권(Yankee bonds ; 양키 본드)' 등이 있습니다. bond(채권)는 증권회사를 통해 구입할 수 있습니다.

채권 발행자에 의한 분류

bond(채권)를 구입할 때에는 누가 issuer(발행자)인지를 파악하는 것도 important factor(포인트)입니다. bond(채권)는 security(담보 ; pledge)가 없는 loan(론)이므로 issuer(발행자)의 default(디폴트, 채무불이행) risk(리스크)에 보다 더 sensitive(민감한)해져야 합니다. 구입한 bond(채권)가 약속한 maturity date(만기일)에

redemption(상환)될지의 여부나 interest payment(이자 지급)가 확실히 행해지고 있는지에 대해서는 '발행자의 신뢰도(신용 평가 ; rating)'로 판단할 수 있습니다.

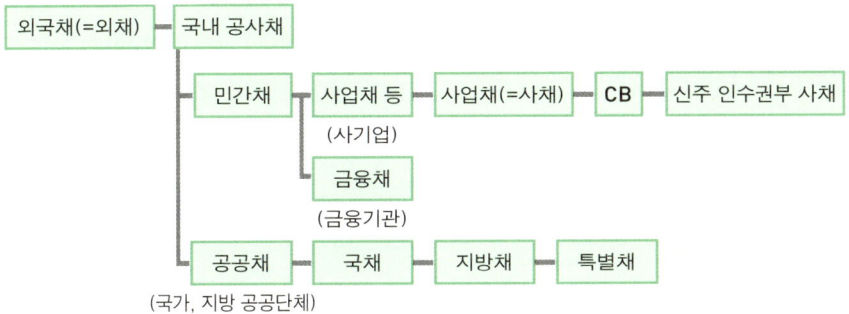

공적 기관, 즉 국가와 지방자치체, 정부기관이 발행하는 bond(채권)를 '공사채(public and corporation bonds)', 민간 주식회사가 발행하는 채권은 '사채(corporate bonds, debenture)'라고 합니다. 일본에서의 비거주자에 의한 엔화 표시 발행 채권을 '사무라이채(Yen-denominated foreign bonds, Samurai bonds)', 미국 달러 혹은 다른 외화 표시 채권의 경우는 '쇼군채(Shogun bonds)'라고 부릅니다. 외국의 발행처가 엔화 표시의 외국 채권을 일본 시장에서 issue(발행)한 경우에는 '사무라이채(Yen-denominated foreign bonds, Samurai bonds)'라고 부르며, 미국 외의 발행처가 미국 시장에서 미국 달러로 bond(채권)를 issue(발행)한 경우에는 '외국 채권(Yankee bonds ; 양키 본드)'이라고 부릅니다.

발행 형식에 의한 분류

bond(채권)의 발행 형식은 크게 3가지, 1) coupon(이자, 쿠폰)이 붙어 있는지, 2) face value(액면가)로 발행되어 시장에서 가격이 결정되는 '액면 발행채(제로 쿠폰 본드 ; zero-coupon bonds)'인지, 3) 주식으로 변환할 수 있는 convertible bonds(전환사채)인지로 나눌 수 있습니다. issuer(발행 기업)의 자금 수요 상태에 따라 bond(채권)의 발행 형식도 달라집니다. 예를 들어 issuer(발행 기업)의

achievement(실적) 성장 둔화와 함께 부득이 자금을 procurement(조달)해야 하는 경우, issuer(발행 기업)는 힘을 다해서 cash-out(캐시 아웃, 현금 지불)을 줄이기 위해 zero-coupon bonds(제로 쿠폰 본드)를 발행하기도 합니다. 또한 issuer(발행 기업)가 한창 성장 중일 때 조달 자금이 신규 investment in plant and equipment(설비투자) 등에 집중되어 대폭적인 achievement(실적) 향상을 예측할 수 없는 경우 등은 자금 조달을 convertible bonds(전환사채)로 하기도 합니다. 그러나 어느 경우든지 기업의 고도 strategic management(경영전략)상의 capital management(자본 정책)이므로 한 번에 어떤 경우인지를 구분하는 것은 불가능합니다.

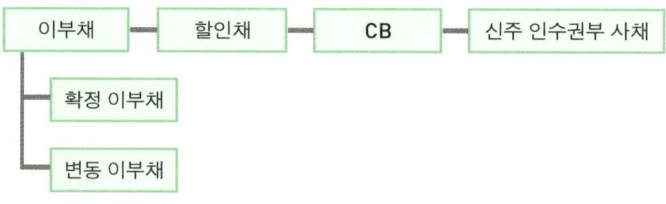

담보 종류에 의한 분류

bond(채권) 투자의 important fact(포인트)는 coupon payment(이자 지불)와 redemption(상환)이 확실히 행해지는지를 검토하는 것입니다. 기업이나 발행처의 credibility(신뢰도)를 토대로 한 '신용 평가(rating)'는 bond(채권) 가격의 evaluation(평가)에 가장 큰 영향을 주는 요소 중 하나입니다. bond(채권)는 보통 maturity date(만기일)에는 face value(액면가)가 상환됩니다. 그러나 상품에 따라서는 guaranty(보증)나 security(담보)가 부여되어 있는 bond(채권)도 있습니다. low credit rating(낮은 신용 등급)을 security(담보) 여력으로 꾸려나가고 있는 bond(채권)인 경우가 많습니다. 특히 채권 발행 회사가 보유하고 있는 토지나 기계 등의 security(담보)가 붙어 있는 bond(채권)를 mortgage bonds(담보부 사채)라고 합니다.

통화에 의한 분류

bond(채권) 중에 Shogun bonds(쇼군채) 등과 같이 납부 대금의 지급, 이자, 상환금의 수취가 foreign currency(외화)로 행해지는 경우 해외 currency(통화)를 일본 엔으로 conversion(환산)하여 수취할 수 있습니다. 이때는 환 리스크가 발생합니다. 이러한 bond(채권)를 foreign currency denominated bonds(외환 표시 채권)라고 합니다. 반대로 외국 발행처에서 발행한 엔화 표시 bond(채권)는 Yen denominated bonds(엔화 표시 채권)라고 합니다.

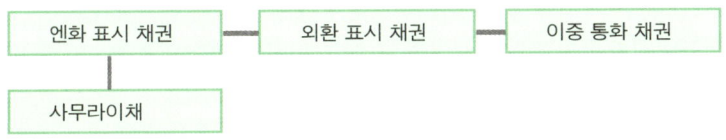

마켓에 의한 분류

newly-issued bonds(신규 발행 사채, 새로 발행된 채권) 혹은 outstanding bonds(기발행 사채, 이미 발행되어 있는 채권)에 의한 분류입니다. 새로 issue(발행)되어 matured date(만기일)가 정해져 있는 bond(채권)를 '신규 발행 사채(newly-issued bonds)'라고 하며 purchase price(구입 가격)는 처음부터 고정되어 있습니다. 반면에 issue(발행)된 후 circulation market(유통시장)에서 매매되고 있는 것을 '기발행 사채(outstanding bonds)'라고 하며 가격은 그 당시의 interest(금리)에 따라 fluctuate(변동)됩니다.

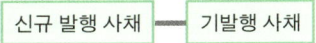

채권의 face value(액면가)

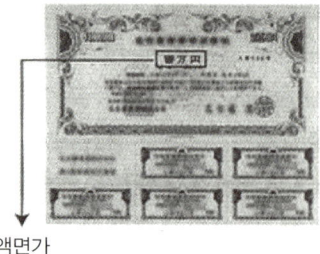

액면가

bond(채권)의 권면에는 1만 엔, 10만 엔, 100만 엔이라는 금액이 기재되어 있습니다. 이 금액을 face value(액면가)라고 하며 matured date(만기일)가 되면 bond(채권)의 issuer(발행자)에 의해 face value(액면가)가 redemption(상환)됩니다.

일본 국내에 유통되고 있는 채권과 face value(액면가)의 종류

- 국채 5만 엔(단기 국채, 정부 단기 증권은 1000만 엔)
- 개인 대상 국채 1만 엔
- 지방채 1만 엔
- 매출 금융채 1만 엔
- 정부 보증채 10만 엔

시중에서 transaction(거래)되는 bond(채권) 가격은 실제 가격을 나타냅니다[일본에서는 face value(액면가)를 100엔으로 설정합니다]. bond(채권) 가격은 매일 fluctuate(변동하다)됩니다. 예를 들어 시중 가격이 face value(액면가)와 같은 100엔일 때 par(파, 평가)라고 합니다. 가격이 100엔을 웃돌면 over par(오버 파), 100엔 미만이면 under par(언더 파)라고 합니다. 또한 유럽에서는 액면을 100%로 설정해 그것에 대한 percentage(%, 퍼센트)로 나타내는 것이 일반적입니다. face value(액면가)에 대한 bond(채권) 가격은 시중의 금리 동향에 따라서 fluctuate(변동하다)됩니다. 시중에서 interest(금리)가 상승하면 현재 유통되고 있는 fixed rate(고정 이율)

bond(채권)에 대한 매력이 떨어집니다. 그 결과 bond(채권)의 매도 압력이 강해져 가격은 하락합니다.

예를 들어 '액면가 100엔, 채권 가격 99엔'인 경우 99엔을 지불하면 액면가가 100엔인 bond(채권)를 purchase(구입하다)할 수 있음을 의미합니다. 실제로 99만 엔을 지불하면 액면가 100만 엔의 bond(채권)를 구입할 수 있습니다. matured date(만기일)에는 액면가가 redemption(상환)되므로 이자 외에 1만 엔(100만 엔 - 99만 엔)의 profit(수익)을 얻을 수 있습니다.

3. 미국에서 유통되는 채권의 종류
VARIETY OF BOND IN THE U.S.

　미국에서 issuing(발행), outstanding(유통)되고 있는 bond(채권)도 일본과 마찬가지로 bond(채권) issuer(발행자)에 따라 분류할 수 있습니다. 공공채로는 '미국 재무부(United States Department of the Treasury)'가 발행하는 미국채를 들 수 있습니다. 미국채는 상환 연한에 따라 Treasury bills(T-bills : 1년 이내의 단기 채권), Treasury notes(T-notes : 10년 이내의 장기 채권), Treasury bonds(T-bonds : 10년 이상의 장기 채권)로 나뉩니다. 미국 30년채는 long bonds라고 부릅니다.

　미국에서는 일본 국채를 '제이지비(JGBs : Japanese Government Bonds)', 영국 국채는 '길츠(Gilts)', 독일 국채는 '분즈(Bunds)'라고 부릅니다. 그 외 미국에서 발행되는 bond(채권)로는 공공채인 '지방채(municipal bonds)' 등이 있습니다. 민간채로는 일반 기업에 의한 '사채(corporate bonds, debenture)', '금융채(bank debenture)' 등이 있습니다.

　또한 bond(채권)의 종류로는 '이부채(coupon bonds)', '할인채(pure discount bonds : 순수 할인채, zero-coupon bonds : 제로 쿠폰 본드)', '전환사채(convertible bonds)', '주택 저당 담보부 채권(mortgage-backed securities : MBS)' 등이 있습니다.

4 채권의 만기 수익률과 신용 평가

YIELD TO MATURITY AND RATING

　bond(채권)에 의한 운용의 important factor(포인트)는 '만기 수익률(yield to maturity)'이라 할 수 있습니다. yield to maturity(만기 수익률) 계산에서는 bond(채권)가 약속한 interest(이자)에 face value(액면가)와 purchase price(구입 가격)의 차액을 더한 것이 profit(수익)이 됩니다. 이 profit(수익)을 1년당 금액으로 환산해 '구입 가격(principal, denomination ; 원금)'으로 나눈 것을 bond(채권)의 yield to maturity(만기 수익률)라고 합니다. bond(채권)는 약속된 interest rate(금리)가 아닌 yield to maturity(만기 수익률)를 검토하여 투자를 판단하는 것이 중요합니다.

채권의 coupon(쿠폰, 이표)

→ 이표(쿠폰)

bond(채권)의 interest rate(금리)를 '표면금리(coupon rate : 쿠폰 레이트)'라고 합니다. 이것은 bond(채권) investment(투자) 결과에 대한 rate of return(이율)과는 다르며, face value(액면가)에 대해 처음부터 정해져 있는 interest rate(금리)입니다. 예를 들어 face value(액면가)가 100만 엔인 채권의 이율이 2%인 경우 연 2만 엔의 interest(이자)를 수취할 수 있습니다. bond(채권)의 권면에는 이표(coupon : 쿠폰)가 붙어 있어 이표에 기재된 금액을 채권 투자에 대한 interest(이자)로서 수취할 수 있습니다.

bond(채권)의 payment of interest(이자 지불) 날은 그 bond(채권)의 종류에 따라 다릅니다. 보통 payment of interest(이자 지불)는 연 2회입니다. 1회에 1/2 상당액이 지불됩니다. payment of interest(이자 지불)가 행해지는 bond(채권)를 coupon bonds(이표채)라고 합니다. payment of interest(이자 지불)는 bond(채권)의 권면에 붙어 있는 coupon(이표)과 교환됩니다. coupon(이표)이 붙어 있지 않은 bond(채권)를 discount bonds(할인채)라고 합니다. payment of interest(이자 지불)가 없는 대신 issuing price(발행 가격)를 face value(액면가)보다 싸게 discounted(할인하여) 발행해 redemption(상환) 금액과의 차액을 이자에 대신합니다. bond(채권)의 yield to maturity(만기 수익률)란 coupon bonds(이표채)나 discount bonds(할인채)에 상관없이 maturity(만기) 혹은 매각일까지 실현된 손익을 투자액으로 나눠 %로 나타낸 것입니다.

발행자 입장에서 본 채권의 장점

bond(채권)를 issuer(발행 기업)의 입장에서 본 경우에 대해 생각해봅시다. 예를 들어 corporate bonds, debenture(사채)와 loan(은행 차입)을 단순히 비교했을 경우, 채권 발행의 merit(장점)을 몇 가지 발견할 수 있습니다. 은행에서 borrowing(차입)하는 경우, lender(빌려주는 사람)인 은행은 가급적 높은 이율에 단기로 대부하고 싶다는 motivation(동기)이 있습니다. 따라서 기업의 입장에서는 cost of capital(자본 비용)이 상승할 위험이 있습니다. short-term(단기)에다 영업 활동의

financing(자금 조달) 등의 이유로 자금이 필요하다면 은행에서 borrowing(차입)해도 아무런 문제가 없습니다. 그러나 그 funds(자금)를 회사의 growth(성장)를 실현시키기 위한 project(프로젝트)에 투자하고 싶은 경우, 기업은 가급적 저금리에 long-term(장기)인 자금을 필요로 합니다. 그 기업이 credit(신용)이 있고 시장에서 좋은 reputation(평가)을 받는다면, 시장의 investor(투자가)는 deposit(은행 예금)이나 bond(채권) 등과 비교해 이율이 유리하다는 합리적 판단하에 그 기업이 발행하는 corporate bonds, debenture(사채)를 구입합니다. 반면에 기업은 low cost(저비용)로 long-term(장기)인 자금을 procure(조달하다)할 수 있습니다. 여기서 반드시 주의해야 할 점은, 은행에서 한 borrowing(차입)은 은행과 차입 기업의 일대일 대차 contract(계약)인 데 비해, bond issuance(채권 발행)는 발행 후 채권의 circulation(시장 유통)을 전제로 합니다. 따라서 issuer(발행 기업)에 대한 시장의 strict(엄격하다)한 rating(신용 평가)이 필요하게 됩니다.

신용 평가란?

일본에서는 금융청이 신용 평가 기관을 지정합니다. 지정된 신용 평가 기관은 5곳입니다.

- 무디스 인베스터스 서비스(Moody's investors service)
- 스탠더드 & 푸어스(S&P)
- 피치 래팅(Fitch ratings)
- 신용 평가 투자정보센터(R&I)
- 일본 신용 평가 연구소(JCR)

장기 신용 평가의 예입니다. 기관에 따라서 표현이 다릅니다.

무디스의 경우

Aaa	최고위
Aa	차점
A	투자 적격
Baa	중간 정도의 위험
Ba	투기적 요소 있음

타사의 경우

AAA	최고위
AA	차점
A	투자 적격
BBB	중간 정도의 위험
BB	투기적 요소 있음

5. 듀레이션과 볼록성(컨벡서티)

DURATION AND CONVEXITY

금리 수준의 변화에 의한 채권 가격의 변동 리스크

'듀레이션(duration)'이란 금리 수준의 변화에 대해 채권 가격이 얼마나 fluctuate(변화하다)하는지를 나타내는 시간적 지수입니다[금리 수준은 채권 가격을 조정합니다. interest(금리)가 상승하면 채권 가격을 '현재가치(present value)'로 할인하기 위해 bond(채권) 가격은 하락하고, 반대로 interest(금리)가 하락하면 bond(채권) 가격이 상승합니다]. 구체적으로 duration(듀레이션)이란 채권 보유로 얻을 수 있는 coupon(쿠폰)이나 redemption(상환) 금액의 기간 weighted average(가중평균)입니다.

duration(듀레이션)을 계산함으로써 다른 채권들의 coupon(쿠폰)이나 maturity date(상환 기일)를 comparison(비교)할 수 있습니다. duration risk(듀레이션 리스크, 기간 위험)라고 표현되는 경우가 많으며 bond(채권)의 maturity(만기)까지 남은 기간이 길더라도 지속적으로 coupon(쿠폰) 지불을 받아 투자 이율을 상승시키려는 의미로도 사용됩니다. duration(듀레이션)은 채권 운용 실무에서는 '평균 회수 기간(연수)'으로 사용됩니다.

한편, convexity(볼록성, 컨벡서티)란 채권 가격을 이율로 differentiate(미분하다)해 그래프로 나타낸 duration(듀레이션)을 다시 differentiate(미분하다)한 것입니다. differential calculus(미분)는 곡선의 기울기를 직선에 가깝게 표현한 것입니다. 따라서 differential calculus(미분)를 한 번 한 결과인 duration(듀레이션)과 비교해 convexity(볼록성, 컨벡서티)는 differential calculus(미분)를 두 번 한 결과이므로 이로부터 정확성이 더욱 증가한 indicator(지수)임을 알 수 있습니다. 여기서는 이 두 가지 채권 특유의 가격 동향 mechanism(메커니즘)의 특징에 대해 살펴보겠습니다.

듀레이션 '평균 회수 기간(연수)'

듀레이션은 영어로 duration이며 의미는 '기간', '지속(성)'입니다. duration(듀레이션)이 길다는 것은 maturity(만기)까지의 기간이 길기 때문에 interest(금리)가 조금 변하면 bond(채권) 가격이 크게 변동함을 의미합니다. duration(듀레이션)이 짧다는 것은 maturity(만기)까지의 기간이 짧기 때문에 interest(금리)가 변화해도 bond(채권) 가격이 비교적 변동하지 않음을 의미합니다. duration(듀레이션)의 단위는 연수로 표시됩니다. 예를 들어 어떤 bond(채권)의 duration(듀레이션)이 2년이라면 그 bond(채권)의 평균적인 회수 기간은 2년이 됩니다. 또한 duration(듀레이션)에는 bond investment(채권 투자)를 할 때 생기는 금리 변화에 대한 extent of response(감응도)를 나타내는 성질도 있습니다. 이것은 modified duration(수정 듀레이션)이라고 불리며,

$$\frac{\text{duration}(듀레이션)}{1 + 최종 이율}$$

으로 구할 수 있습니다. 예를 들어 modified duration(수정 듀레이션)이 2년인 bond(채권)의 경우, interest(금리)가 1% 상승하면 2년 × 1%로 그 채권의 가격은 2% 하락합니다. 반대로 interest(금리)가 1% 하락하면 채권 가격은 2% 상승합니다. duration(듀레이션)이란 금리 변화에 대한 채권 가격의 '가격 감응도'라는 의미

를 가집니다. 또한 bond(채권) 구입 투자 자본에 대한 이자가 높은 bond(채권)일수록 투자 자본에 대해 보다 높은 cash flow(현금흐름)를 초래하므로 duration(듀레이션)이 짧다고 표현합니다. 이러한 경우 투자 자본에 대한 회수 기간이 짧다고 생각할 수 있습니다.

금리 수준의 변화와 수정 듀레이션(modified duration)

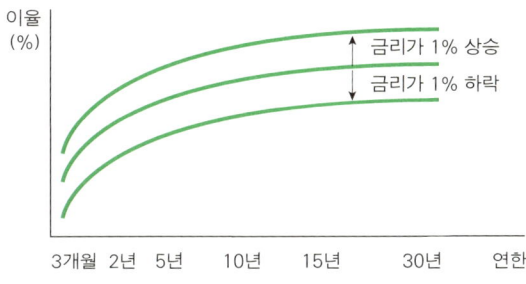

- 수정 듀레이션 2년이란…
- 금리가 1% 상승했을 때, 채권 가격은 약 2% 마이너스(이율은 플러스)가 된다.
- 금리가 1% 하락했을 때, 채권 가격은 약 2% 플러스(이율은 마이너스)가 된다.

● **듀레이션 산출 방법**

듀레이션 산출식

$$\Sigma \left\{ 경과\ 연수(n) \times \frac{현금흐름의\ 현재가치\ [현금흐름 \div (1+최종\ 이율)^n]}{현금흐름의\ 현재가치\ 합계} \right\}$$

$\Sigma = 총합$

위의 공식을 사용해 실제 duration(듀레이션)을 계산해봅시다.

액면가 100엔, 남은 기간 5년, 이율 5%(쿠폰 연1회), 최종 이율 7%인 경우 다음과 같습니다.

경과 연수 (n년)	cash flow (현금흐름 : 엔)	present value (현재가치 : 엔)	현재가치 합계에 대한 구성 비율(B%)	n년 × B%
1	5	4.67289719	5.09	0.05090323
2	5	4.36719364	4.76	0.09514624
3	5	4.08148938	4.45	0.13338258
4	5	3.81447606	4.16	0.16620882
5	105	74.86354885	81.55	4.07755288
합계	125	91.79960513	100.00	4.52319376

위의 표를 보면 duration(듀레이션)은 4.52319376년이 됨을 알 수 있습니다.

볼록성 (컨벡서티) Convexity

　interest(금리)의 상승률과 채권 가격의 correlation(상관관계)을 직선으로 표현한 duration(듀레이션)만으로는 금리 수준의 변화에 따른 채권 가격의 fluctuation(변화)을 완전히 설명할 수는 없습니다. 왜냐하면 금리 수준의 변화가 단기간에 커지면 duration(듀레이션)만으로는 설명할 수 없도록 가격 동향이 왜곡되기 때문입니다. 따라서 duration(듀레이션)에 더하여 한 번 더 duration(듀레이션)을 이율로 differentiate(미분하다)한 convexity(볼록성, 컨벡서티)라는 indicator(지수)가 사용됩니다.

　convexity(볼록성, 컨벡서티)란 영어로 convex(볼록함, 철면 ; 凸面)를 나타냅니다. convexity(볼록성, 컨벡서티)에는 '양의 컨벡서티(positive convexity)'와 '음의 컨벡서티(negative convexity)'가 있습니다. positive convexity(양의 컨벡서티)는 option(옵션)을 내포하지 않는 국채 등의 bond(채권)가 지닌 특징입니다. interest(금리)가 하락했을 때 채권 가격이 상승하는 비율이 같은 단위의 interest(금리)가 상승했을 때 채권 가격이 하락하는 비율보다 높습니다. 다음 장의 도표 〈금리 수준의 변화와 컨벡서티〉에서 실선은 금리 변화에 따른 실제 채권 가격의 변화인 convexity(볼록성, 컨벡서티)를 나타냅니다. 그리고 점선의 기울기는 금리 변화에 따른 채권 가격의 변화율인 duration(듀레이션)을 나타냅니다. convexity(볼록성, 컨벡서티)가 양의 수인 경우, 금리 저하 시 채권 가격은 점선의 기울기 이상으로 상승하지만 금리 상승 시에는 점선 기울기처럼 채권 가격이 하락하지는 않습니다. bond(채권)(특히 국채 등) 투자가의 입장에서는 유리한 상황을 만들어낼 수 있습니다.

반면에 주택 저당 담보부 채권(MBS : mortgage-backed securities : 주택 론을 담보로 발행된 증권) 등의 option(옵션)을 내포하고 있는 bond(채권)는 negative convexity(음의 컨벡서티)라는 성질을 가집니다. negative convexity(음의 컨벡서티)는 positive convexity(양의 컨벡서티)와는 반대로 interest(금리)가 하락했을 때 채권 가격이 상승하는 비율이 같은 단위의 interest(금리)가 상승했을 때 채권 가격이 하락하는 비율보다 낮습니다. 금리가 저하할 때는 duration(듀레이션)인 채권 가격의 변화율(점선의 기울기)만큼 채권 가격이 상승하지 않습니다. 또한 금리가 상승할 때는 이 기울기 이상으로 가격이 하락합니다.

금리 수준의 변화와 convexity(볼록성, 컨벡서티)

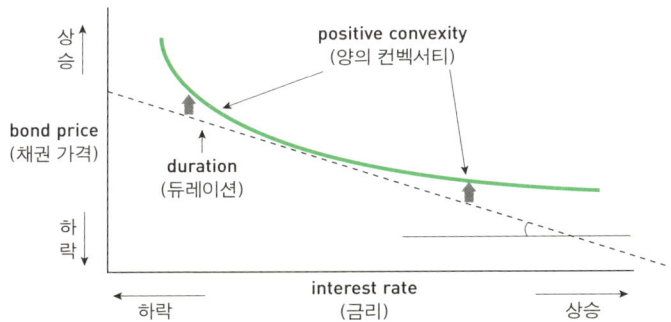

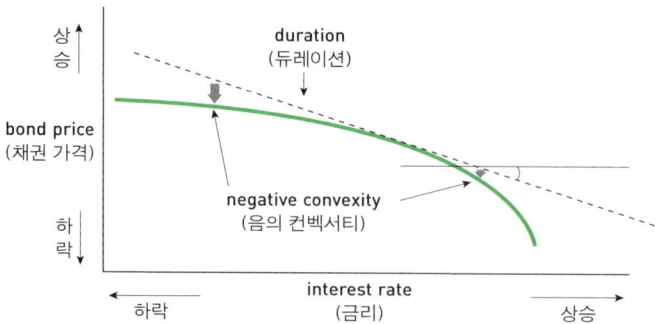

convexity(볼록성, 컨벡서티)는 option(옵션)을 포함하지 않는 bond(채권)라면 maturity(만기)까지 채권 보유에 따른 cash flow(현금흐름)가 확정되어 있습니다. 따라서 이것은 논리상 계산이 가능합니다. 그러나 option(옵션)을 내포하고 있는 bond(채권)는 미래 옵션 행사에 따른 cash flow(현금흐름) 변화를 예측해야 합니다 (옵션 행사의 확률을 포함시킬 필요가 있기 때문입니다). 따라서 아무리 투자 계량 모델의 정밀도를 향상시켰다 할지라도 항상 완벽하지는 않습니다.

채권에 관한 Key Words

■는 기본 단어   □는 해설이 첨부된 중요 단어

☐ **Annuity** 연금

A level stream of equal cash payments that last for a specified period of time. An example of an annuity is the coupon portion of a bond with level annual payments.
▶ 특정 기간에 일정하게 지급된다. 연금의 한 예로는 연간 지급 쿠폰을 들 수 있다.

☐ **Annuity factor** 연금 복리 지수

Mathematical figure used to calculate the present value of the stream of level payments for a fixed period of time.
▶ 특정 기간에 지급되는 금액의 현재가치를 계산하기 위한 지수.

☐ **Annuity in advance** 선불 연금

An annuity with an immediate initial payment, each payable at the beginning of the period.
▶ 특정 기간에 초기 지급을 동반하는 연금.

☐ **Annuity in arrears** 후불 연금

An annuity with a first payment for one full period at the end of the period.
▶ 최초의 지급이 설정 기간의 마지막에 행해지는 연금.

☐ **Appropriate discount rate** 적정 할인율

The discount rate used in valuation of a firm that properly reflects risk.
▶ 리스크를 감안한 기업의 평가를 토대로 하는 할인율.

☐ **Availability float** 이용 가능 표류

The time required to clear a check through the banking system.
▶ 은행 간에 결제되는 시간으로 인해 발생하는 표류.

☐ **Banker's acceptance** 은행 인수 어음

Time draft drawn by a bank to pay a given sum of money at a future date.

▶ 은행이 미래에 지급을 약속한 시한부 환어음.

■ **Bond yield**   채권수익률

■ **Bondholder**   채권 보유자

■ **Certificate of deposit**   양도성 예금증서

☐ **Characteristic line**   증권 특성선

The line related to the expected return on a security to different returns on the market.

▶ 주식시장에서 다른 기대 수익률을 연결한 선.

■ **Collateralized bond obligation, CBO**   회사채 담보부 증권

■ **Collateralized debt obligation, CDO**   자산 담보부 증권

☐ **Collection float**   회수 표류

An increase in book cash with no immediate change in bank cash generated by checks deposited by the firm that have not yet cleared.

▶ 기업이 발행한 어음이 아직 결제되지 않아 은행 계좌의 현금은 급한 변동 없이 장부 상의 현금만 증가하는 것.

☐ **Collection policy**   회수 정책

Method followed by a firm in attempting to collect accounts receivable.

▶ 기업에서 받을 어음의 회수를 시도해보는 방법.

☐ **Consol**   콘솔

A bond that calls a promise to pay a coupon forever.

▶ 쿠폰 지급을 영구히 보증한 채권.

☐ **Contingent claim**   조건부 청구권

Claim whose value is directly dependent on the value of its underlying assets.

▶ 담보의 자산 가치가 직접적으로 초래하는 청구권(주식이나 부채는 기업에 대한 조건부 청구권이다).

☐ **Correlation**   상관관계

An indication of the degree of association between two quantities. It is defined as the covariance divided by the standard deviations of two variables.

▶ 두 변수의 연관성의 정도를 나타내는 지수. 공분산을 두 변수의 표준편차로 나눈다.

☐ **Coupon**   쿠폰, 이표

The printed ticket interest on a debt instrument.

▶ 부채 증권에 붙어 있는 인쇄된 권면.

■ **Coupon bond**   이표채

☐ **Credit analysis**   신용분석

The process of determining credit rating, whether a credit applicant meets the firm's standards and what amount of credit the applicant should receive.

▶ 신용 신청자가 기준에 적합한지, 어느 정도의 신용을 공여해야 하는지에 대해 신용도를 측정하는 과정.

☐ **Credit instrument**   신용증권

Method by which a firm offers credit, such as an invoice, a promissory note, or a conditional sales contract.

▶ 청구서나 어음, 조건부 매매계약 등 기업이 신용을 부여하는 수단.

☐ **Credit period**   신용 기간

Time allowed a credit purchaser to make remittance of the full payment for credit purchases.

▶ 신용으로 구입한 상품에 대해 구매자가 금액을 지불하기까지 부여된 시간적 유예.

☐ **Creditor**   채권자

Person, firm or institution that holds the debt issued by firm or individual.

▶ 기업이나 개인이 대부한 부채를 유지하는 기업 혹은 개인.

■ **Debt rating**   채권 등급 평가

☐ **Debt ratio**   부채비율

Total debt divided by total assets.

▶ 부채 총량을 자본 총량으로 나눈 것.

☐ **Debt service**   부채 지급증

Interest payments plus repayments of principal to creditors.

▶ 채권자에 대한 이자 지급과 원금 변제.

☐ **Deep-discounted bond**   고할인채

A bond issued without coupon and selling at a price far below par value. It is also called a pure discount or original-issue-discount bond.

▶ 쿠폰 없이 발행된 채권으로 액면가보다 큰 폭으로 밑도는 가격에 매도된다. 순수 할인 채권 혹은 할인 발행 채권으로 불린다.

☐ **Denomination**   디노미네이션

Face value of a bond.
▶ 채권의 액면가.

■ **Depository receipt** 예탁증권

□ **Disbursement float** 지급 표류

A decrease in a book cash but no immediate change in actual bank cash, generated by checks written by the firm.
▶ 기업이 수표를 발행해서 실제 은행 예금에 갑작스런 변화는 없지만 장부상 현금이 감소하는 것.

□ **Float** 플로트, 표류

The difference between bank cash and book cash.
▶ 은행 예금과 장부상의 현금의 차.

■ **Gilts (British and Irish government securities)**
영국과 아일랜드의 정부 보유 현금(증권)

■ **Government bond futures** 국채 선물

■ **Government bond issuance** 국채 발행

□ **Growing perpetuity** 성장형 영구연금

A constant stream of cash flows expected to rise indefinitely.
▶ 무기한으로 상승할 것이라고 기대되는 현금흐름의 일정한 흐름.

■ **High-yield bond; Junk bond** 고수익 채권, 정크 본드

□ **Homemade leverage** 자가 레버리지

Idea that as long as individuals borrow and lend on the same terms, they can duplicate the effects of corporate leverage on their own as an investment strategy.
▶ 개인이 기업과 같은 기간 자금을 빌린(대출한) 경우, 투자 전략으로서 기업 레버리지와 같은 효과를 재현할 수 있다.

□ **Income bond** 수익사채

A bond that the payment of income is contingent on sufficient earnings.
▶ 기업의 충분한 수익(불확실한 요소)에 쿠폰 지급을 의존하고 있는 채권.

□ **Investment grade bond** 투자 등급 채권

Debt securities that is rated "BBB" and above by Standard & Poor's or "Baa" and above by Moody's.

▶ 스탠다드 & 푸어스에서는 BBB 이상, 무디스에서는 Baa 이상의 채권.

☐ **Junk bond**   정크 본드

A speculative grade bond, rated "Ba" or lower by Moody's, or "BB" or lower by Standard & Poor's, or an unrated bond. Also it is called a high-yield or low-grade bond.

▶ 무디스에서는 Ba 이하, 스탠다드 & 푸어스에서는 BB 이하의 투기 등급, 혹은 신용 등급을 매길 수 없는 채권. 고수익 채권 또는 저등급 채권이라고도 불린다.

■ **Junk-rated debt**   정크채

☐ **Level-coupon bond**   확정 이자부 채권

Bond with coupon payments that are the same amount throughout the life of the bond.

▶ 채권의 만기일까지 일정 금액의 쿠폰을 수반한 채권.

☐ **Limited-liability instrument**   유한책임 증권

A financial security, such as a call option, in which all the holder can lose the initial amount put into it.

▶ 콜옵션과 같이 보유자가 초기 투자만 잃을 가능성이 있는 증권.

☐ **Lockbox**   록박스

Cash management system, post office box set up to intercept accounts receivable payments. Lockboxes are the most widely used device to speed up collection of cash.

▶ 받을 어음을 모으기 위해 사서함을 사용하는 현금 관리 시스템. 록박스는 현금을 빨리 회수하기 위해 가장 널리 사용되고 있는 방법이다.

■ **Low-grade bond; Junk bond**   저등급 채권, 정크 본드

☐ **Mail float**   우편 표류

The collection and disbursement process where checks are trapped in the postal system.

▶ 우편 시스템으로 인해 어음이 표류해버린 어음 회수와 지급 수속.

■ **National debt**   국가 부채

☐ **Net float**   순표류

Sum of disbursement float and collection float.

▶ 지급과 수취 표류의 합계.

☐ **Nonmarketed claim**   비시장성 청구권

Claims that cannot be bought and sold in the financial markets, such as those of the government and litigants in lawsuits.

▶ 시장 금융에서는 매매할 수 없는 정부의 세금과 소송인과 연관이 있는 청구권.

☐ **Note** 노트(15년 만기 이내의 부담보 채권)

Unsecured debt, with maturity of less than 15 years.

▶ 15년 이하의 만기로 담보의 뒷받침이 없는 채권.

☐ **Original-issue-discount bond** 할인 발행 채권

A bond issued with a discount from par value in the market. Also it is called a deep-discount or pure-discount bond.

▶ 시장에서 액면가에서 할인하여 발행된 채권.

☐ **Perpetuity** 영구연금

A stream of cash flows without end. A British consol is an example.

▶ 만기일이 없는 일정액의 현금흐름의 유입. 예로는 브리티시 콘솔채가 있다.

■ **Positive float** 정(正)의 표류

■ **Premium** 프리미엄(액면가 이상의 할증금)

☐ **Promissory note** 약속어음

Written promise to pay.

▶ 지급을 약속한 어음.

☐ **Pure discount bond** 순수 할인채권

Bonds that pay no coupons and pay back face value at maturity.

▶ 만기일에 액면가만을 환급하는 쿠폰이 붙어 있지 않은 채권.

■ **Rating agency** 신용 평가 기구

☐ **Receivables turnover ratio** 매출 채권 회전률

Total operating revenues which are divided by average receivables. Used to measure how effectively a firm is managing its accounts receivable.

▶ 영업수익을 받을 어음의 평균 금액으로 나눈 것. 기업이 얼마나 효율적으로 받을 어음을 관리하고 있는지 나타내는 데 사용된다.

☐ **Sinking fund** 감채기금

An account managed by the bond trustee to repay the bonds.

▶ 채무 발행자가 상환을 위해 관리하는 계좌.

■ Sovereign credit rating	국가 신용 등급
■ Sovereign debt	국가 부채
■ Speculative-grade bond	투자 부적격채
■ Straight bond, SB	보통채
■ Structured bond	구조설계 채권
☐ Subordinate debt	후순위채

Debt whose holders have a claim on the firm's assets after senior debt holders' claims have been satisfied.

▶ 상위 등급에 있는 채권자의 요구를 충족시킨 후에 채권자가 기업의 자산에 대해 클레임을 제기하는 부채.

■ Subordinated bond	후순위 채권
■ Tax-exempt bond	면세 채권
☐ Yield to maturity	만기 수익률

The discount rate equal to the present value of interest payment and redemption value with the present value of the bond.

▶ 이자 지급 금액의 현재가치와 채권의 상환 가격의 합계가 채권의 현재가치와 동등해지는 할인율.

| ☐ Zero-coupon bond | 제로 쿠폰 본드 |

Bonds with no coupons.

▶ 쿠폰 지급이 없는 채권.

CHAPTER 9

외환이란?

1 외환의 구조

FOREIGN EXCHANGE

'외환(foreign exchange)'에는 stock(주식)시장과 같은 market(시장)이 없습니다. yen(엔)을 US dollar(미국 달러)로 exchange(교환)할 때는 inter bank(인터 뱅크, 은행 사이에 이루어지는 거래)에서 미국 달러를 엔으로 exchange(교환)하고 싶은 사람과 matching(매칭)이 이루어집니다. 그리고 그 balance(균형)에 의해 currency(통화) 가치가 상승하거나 하락합니다. currency(통화)의 exchange(교환)는 본래 import(수입)나 export(수출) 등에 의한 무역 settlement(결제)의 수단이며 이들 trade(무역)의 balance(균형)에 의해 결정된다고 생각했습니다. 실제로 미국 달러가 key currency(기축통화)인 현재, 많은 trade(무역)가 미국 달러로 이루어집니다. 예를 들어 일본 기업이 export(수출)를 하면 할수록 cost of production(생산 비용)을 지급하기 위해 export(수출)한 상품의 대금으로 수령한 미국 달러를 팔아 엔을 매수해야 합니다. 이 경우 엔의 demand(수요)는 미국 달러를 웃돌기 때문에 엔에 대한 strong yen(엔고)의 압력을 받습니다. 그러나 실제 foreign exchange(외환)에서는 money market economy(금융 경제), speculation(투기)의 침투에 의해 무역 settlement(결제)의 몇 배나 되는 transaction(거래)이 이루어지는 것이 실태입니다. rate of exchange(환율)의 결정 요인에는 '경기 동향(economic condition)', '금융정책(financial policy)', '금리 차(interest spread)'가 있으며, 이들에 대한 foreign exchange market(외환시장) 참가자들의 평판에 따라 fluctuate(변동하다)됩니다. 예를 들어 엔과 미국 달러의 관계에서 '금리 차(interest spread)'에 주목하는 투자가가 많은 것이 사실입니다. 금리가 싼 일본에서 엔을 빌려 금리가 높은 미국에서 달러로 운용한 경우, 환율에 fluctuation(변동)이 없으면 자신이 투자한 principal(원금)을 가지고 있지 않아도 interest spread(금리 차)의 액수만큼 profit(수익)을 올릴 수 있습니다. 이것을 carry trade(캐리 트레이드)라고 합니다. 이러한 생각을 하는 사람이 많을수록 엔을 팔아 미국 달러로 exchange(교환)하는 demand(수요)가 증가해 weak yen(엔저)이 됩니다. 이 반대의 경우도 있습니다. interest spread(금리 차)의 축소 경향이 나타나면 투자가에 의한 carry trade(캐리 트레이드)의 wind back(해소, 되감기)이 단번에 일어나는데 이것은 강한 strong yen(엔고)이 되는 원인입니다. 이 밖에 rate of exchange(환율) fluctuation(변동)의 요인으로 들 수 있는 것은 구매력 평가(PPP : purchasing power parity)에 의한 supply and demand(수급)입니다. 이것은 뒷장에서 설명할 Big Mac theory(빅맥이론)와 purchasing power parity(구매력 평가) 부분에서 살펴봅시다.

환율의 price structure(가격 구조)의 예

> 달러와 엔의 exchange rate(환율)가 $1 = 120.05엔일 때
> - 평균 시세 (TT middle rate) 120.05
>   고객을 대상으로 한 외국환 업무에 적용되는 당일 수수(授受)의 기준환율. 오전 10시(9 : 55)의 spot rate(직물 환율)를 기준으로 각 은행별로 5전 단위로 결정된다. 송금 수단의 하나인 '전신환(telegraphic transfer)'의 머리글자를 따서 TT = Telegraphic Transfer라고 불린다.
> - 수출 시 시세(TTB) 119.05
>   은행이 고객에게서 외화를 구입할 때의 시세(고객 측에서는 외화를 팔 때의 시세). TTB(Telegraphic Transfer Buying rate)는 이 경우, 은행 수수료로 평균 시세에서 1엔을 제한 환율.

- 수입 시 시세 (TTS) 121.05

  은행이 고객에게 외화를 팔 때의 시세(고객 측에서는 외화를 구입할 때의 시세). TTS(Telegraphic Transfer Selling rate)는 이 경우, 은행 수수료로 평균 시세에 1엔을 더한 환율.

2 기축통화의 의미
KEY CURRENCY

key currency(기축통화)란 현재 미국 달러를 가리킵니다. 제2차세계대전이 일어나기 전에는 영국의 '파운드(스털링 파운드 : Sterling Pound)'가 key currency(기축통화)로서 기능했습니다. key currency(기축통화)라는 것은 누군가가 따로 regulation(결정)하는 것이 아니며, 세계에서 미국 달러를 사용해 settle(결제하다)하는 게 편리성이 높다는 니즈가 많음을 의미합니다. 무역 settlement(결제)에는 예를 들어 제품의 export(수출), 원재료의 import(수입)라는 일련의 환 settlement(결제)에 대한 필요성이 생깁니다. resource rich country(자원이 풍부한 나라)로 industrial country(공업국)가 아닌 경우, natural resource(자원)를 export(수출)하여 얻는 미국 달러로 제품을 구매해야 합니다. 이러한 경우, export(수출)할 때도 import(수입)할 때도 자국뿐만 아니라 상대국에서도 settlement(결제)하기 용이한, 세계에서 유통되고 있는 currency(통화)가 필요합니다. 이것이 key currency(기축통화)가 가진 본래의 의미이며, 그 조건으로는 1) key currency(기축통화)의 환율 수준이 높고 stable(안정)되어 있으며, 2) key currency(기축통화)를 발행하는 국가가 세계의 trade(무역)와 production(생산)에서 차지하는 비율이 높고, 3) key currency(기축통화)를 발행하는 국가에 세계가

access(액세스)할 수 있는 financial market(금융시장)이 정비되어 있어야 한다는 세 가지 조건이 갖춰져 있어야 합니다. 지금까지는 미국이 이 조건을 지속적이고 완벽하게 충족시켜왔습니다. 그러나 Euro(유로)가 새롭게 나타나면서 trade(무역) 거래에 Euro(유로)를 settlement(결제)통화로 지정하는 국가와 기업도 있습니다. 여기서 중요한 것은 key currency(기축통화)의 큰 역할로 1)의 요소를 들 수 있습니다. 미국은 항상 '좋은 상태의 국내 경기(good condition of domestic economy)'를 유지하면서 interest(금리)가 높은 수준이 되도록 유도하여 inflation(인플레이션)을 막습니다. 또한 세계의 trade(무역)와 자본 거래를 활발히 하면서 미국 달러에 대한 demand(수요)를 높여 과도한 미국 달러저를 방지해야 한다는 destiny(숙명)가 있습니다.

3. 달러 가치와 일본 기업의 실적

DOLLAR RATE AND ACHIEVEMENT OF JAPANESE CORPORATION

환율, 특히 대Euro(유로), 대달러 exchange rate(환율)에 관한 뉴스를 날마다 접합니다. 얼마나 엔고인지 혹은 엔저인지에 따라서 일본의 주요 기업이 achievement(실적)를 estimate(감안)하는 것도 사실입니다. 이들 exchange rate(환율)가 일본 경제에 주는 impact(영향)는 immense(어마어마한)합니다. 일본을 대표하는 multinational corporation(다국적 기업)의 엔고에 대한 achievement(실적) 영향력은 다음의 표와 같습니다. 미국 달러, 유로와 엔 환율이 겨우 1엔 fluctuation(변동)함에 따라 achievement(실적)가 크게 fluctuate(변동하다)하는 결과를 볼 수 있습니다.

달러 · 유로 가치와 일본 기업의 실적

	2008년 3월기의 상정 환율(엔) (미국 달러 / 유로)	1엔의 환 변동에 의한 영업 이익 영향액(억 엔) (미국 달러 / 유로)
● 자동차 산업		
도요타 자동차	105 / 155 (2008년 1월-3월기)	350 / 50
혼다	105 / 155 (2008년 1월-3월기)	200 / 30 (파운드 포함)

닛산 자동차	117 / 148 (2008년 3월기)	140 / 거의 영향 없음
스즈키	115 / 154 (2008년 3월기)	75 (모든 미국 달러 환산의 경우)
●하이테크		
소니	105 / 155 (2008년 1월 - 3월기)	60 / 65
캐논	107 / 157 (2008년 12월기)	99 / 56

(로이터 배포, 2008년 3월 8일 기사 발췌)

위의 표에서 상정 환율이라는 것은 기업이 achievement(실적)의 전망을 estimate(산정하다)할 때 사용한 환율을 말합니다. 1엔의 fluctuation(변동)이 영향을 주는 금액은 엔이 미국 달러와 Euro(유로)에 대해 각각 1엔씩 fluctuate(변동하다)했을 때 받는 operation profit(영업이익)에 대한 영향입니다. 미국으로 export(수출)하거나 미국 현지 production(생산)이 많아 수출 settlement(결제)가 주로 미국 달러로 이루어지는 automobile industry(자동차 산업)에는 미국 달러의 영향이 크다는 것을 알 수 있습니다. 실제로 export(수출) 기업은 예측되는 export(수출) 금액에 대해 futures contract(선물 예약)를 하고 있습니다. 따라서 기업이 발표하는 상정 환율대로 환율을 예약했다면 이론적으로는 achievement(실적) fluctuation(변동)이 일어나지 않습니다. 이처럼 미국 달러의 가치가 높으면 일정량의 export(수출)를 하고 있는 기업은 미국 달러의 가치 상승에 따른 benefit(이득)을 얻게 됩니다. 그 결과 export(수출) 주도형 경제하에서는 엔저에 따른 이득이 커집니다. 반면에 엔고가 되어도 수입 원재료의 저비용화 등과 같은 장점도 생기며 industrial structure(산업구조)에 의해 '교역조건(수출품 수량 한 단위의 대가로 입수할 수 있는 수입품의 수량. 수출 price index(물가지수)를 수입 price index(물가지수)로 나눈 수치)'의 fluctuation(변동)도 있으므로 엔저가 좋다고 확정 지을 수는 없습니다. 또한 엔고가 되었다고 할지라도 그때의 자원 가격이 비싸면 일본의 교역조건은 개선되지 않는 경우도 있습니다. 기억해두어야 할 점은, 미국 달러의 가치가 세계 경제에서 얼마나 중요한 역할을 하는가라는 것입니다. 그리고 그것이 key currency(기축통화)로서 통화가 수행해야 할 가장 중요한 role(역할)이라는 것입니다.

달러 인덱스란?

지금까지 엔의 대달러, 대유로 환율을 일대일의 exchange rate(환율)에 중점을 두어 설명했습니다. 실제 세계 경제에서는 많은 나라의 currency(통화)가 유통되고 있으며 각각 미국 달러와의 상대 거래가 행해지고 있습니다. 이들의 diversified(다면적)한 세계 currency(통화)와의 관계를 나타낸 수치에 '달러 인덱스(dollar index)'라고 불리는 지수가 있습니다. dollar index(달러 인덱스)는 주요 6 통화 페어(유로 - 미국 달러, 미국 달러 - 엔, 파운드 - 미국 달러, 미국 달러 - 캐나다 달러, 미국 달러 - 스웨덴 크로네, 미국 달러 - 스위스 프랑)를 weighted average(가중평균)한 수치로 그 값은 다음과 같습니다.

유로 · 미국 달러 환율	57.6%		미국 달러 · 캐나다 달러 환율	9.1%
미국 달러 · 엔 환율	13.6%		미국 달러 · 스웨덴 크로네 환율	4.2%
파운드 · 미국 달러 환율	11.9%		미국 달러 · 스위스 프랑 환율	3.6%

유럽의 통화 통합으로 인해 유로와 미국 달러의 환율 비중이 대단히 높다는 것을 알 수 있습니다.

다음 그래프에서 보듯이, 미국 달러 인덱스는 최근 10년간 가장 높았던 2001년부터 2008년까지 지속적으로 큰 폭으로 하락했습니다. 세계의 주요 통화에 대한 종합 환율에서 미국 달러는 weaken(약해지다)하고 있습니다. 이와 비교해 미국 달러와 엔의 환율 chart(차트)에서 대엔 환율은 몹시 다른 형태를 띠고 있습니다. 이것은 엔 이외의 세계 주요 통화와 비교해 미국 달러의 하락 속도가 빨라지고 있다는 것을 의미합니다.

미국 달러 인덱스 (2008년 3월 10일 현재)

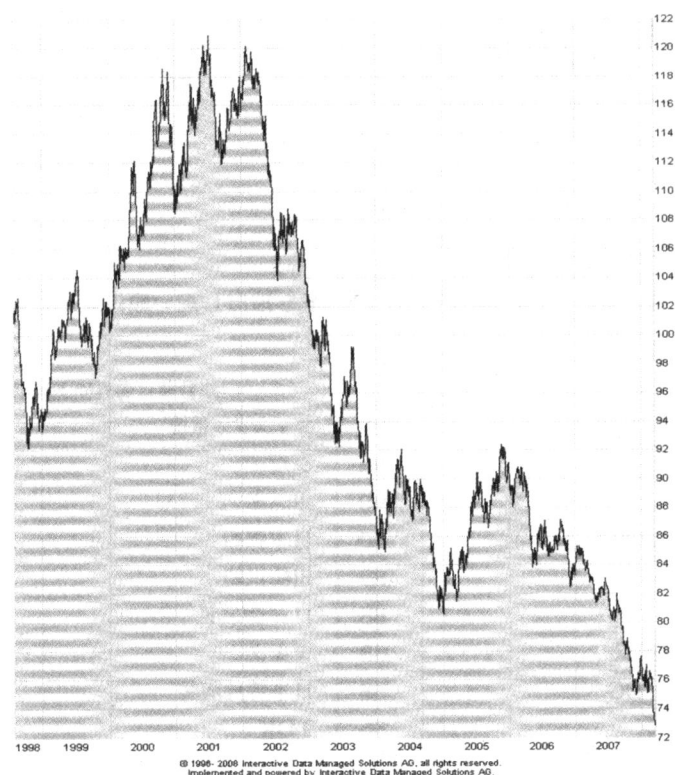

(Interactive Data Managed Solutions AG 제공)

미국 달러 · 엔의 10년간 환율

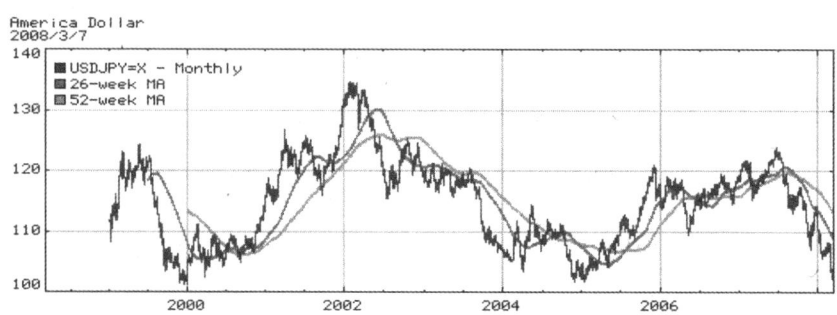

(Yahoo Japan 파이낸스 제공)

엔고로 인해 악영향을 받는 주요 기업

도쿄 증권거래소 상장 기업 중에 해외 매출 비율을 추출해 높은 순으로 배열하면 다음의 표와 같습니다.

(수치는 해외 매상 비율)

미야코시 상사	100%	포스타 전기	86%
유니덴	96%	시마노	85%
후나이 전기	90%	혼다	85%
제일 중앙 기선	90%	일본 우선(郵船)	85%
마부치 모터	89%	가와사키 기선	84%
상선 미쓰이	88%	롤랜드(ROLAND)	84%
야마하 발동기	88%	마키타	83%
롤랜드 DG	88%	일본 특수 도업	81%
알파인	86%	TDK	80%

(일본 증권신문사 조사)

'엔고' 진행에 따른 업종별 영향도

(1달러당 10엔 상승 시 2009년도 영업이익 증감률)

엔고로 혜택 받는 업종, 영향이 적은 업종			엔고로 악영향을 받는 업종		
1	석유 · 석탄	△5.2%	1	철강	▼7.8%
2	항공 운송	△2.4%	2	수송용 기기	▼4.9%
3	비철	△0.4%	3	전기	▼4.2%
4	식품	△0.0%	4	정밀	▼3.6%
5	정보 통신	▼0.0%	5	섬유	▼3.5%
6	소매	▼0.1%	6	화학	▼2.5%
7	서비스	▼0.1%	7	기계	▼1.7%
8	의약품	▼0.2%	8	요업 · 토석	▼1.6%
9	육상 운송	▼0.3%	9	도매	▼1.5%
10	부동산	▼0.4%	10	해운	▼0.3%

(2008년 다이와소켄(大和總研) 조사)

4. 달러 가치를 측정하는 빅맥 이론과 구매력 평가

BIG MAC THEORY AND PPP

PPP(구매력 평가, 구매력 균형 : purchasing power parity)란 국가 간의 exchange rate(환율)를 결정하는 큰 factor(요인) 중 하나입니다. 같은 물건이라면 어느 나라에서나 가격이 같다는 것을 전제로 하여 그때의 실제 exchange rate(환율)를 추측하는 지수가 됩니다. 기본적으로 '제품의 가격(적정가격 : proper price)'은 세계에서 하나밖에 없을 것입니다. 그러나 subsidy(보조금)나 tax system(세제) 등에 의해 물건의 본래 가격을 비교하는 것이 불가능하기도 합니다. 여기서 생각한 것이 영국의 『The Economist(이코노미스트)』지가 발표하는 '빅맥 이론(Big Mac Theory)'입니다. 이 이론은 McDonald's(맥도날드)가 세계적으로 같은 품질의 hamburger(햄버거)를 같은 가격에 제공한다는 것을 전제로 합니다. 그리고 이것은 세계 각지에서 판매되고 있는 '빅맥(Big Mac)' 가격을 토대로 본래의 exchange rate(환율)를 파악하기 위해서 사용됩니다. 예를 들어 실제 exchange rate(환율)가 1달러 = 150엔일 때 미국에서 1달러인 빅맥이 일본에서는 200엔으로 판매되는 경우, 미국의 빅맥이 비교적 싸다는 것을 알 수 있습니다. 본래 물건의 가격은 하나뿐이므로 이 경우 적정한 exchange rate(환율)는 빅맥 이론으로 보면 1달러 = 150엔이 아닌 1달러 = 200엔이 됩니다. Big Mac Theory(빅맥 이론)에 따르면 현재의 1달러 = 150엔의 환율은 1달러 = 200엔으로 수렴되어야 합니다. 그러나 실제 상황에서는 빅맥에 대한 demand(수요), cost of materials(원재료비), personnel cost(인건비), logistic cost(물류비) 등이 그 나라의 시장에 따라 변합니다. 따라서 이것은 굉장히 터무니없는 이론이라는 의견들도 있지만, 오히려 단순화되어 있기 때문에 요점을 포착하고 있는 경우도 많습니다. 이 이론은 특히 경제 규모가 같거나 비슷한 국가들을 비교할 때 설득력 있는 숫자로 간주됩니다.

환율에 관한 Key Words

■는 기본 단어   □는 해설이 첨부된 중요 단어

■ **Capital goods**   자본재

□ **Cross rate**   크로스 레이트

The exchange rate between two foreign currencies, neither of which is the U.S. dollar.

▶ 두 외국 통화(둘 다 미국 달러는 아니다) 간의 환율.

□ **Eurobond**   유로본드

An international bond sold primarily in foreign countries other than the country in whose currency the issue is denominated.

▶ 주로 발행국의 통화가 아닌 나라에서 판매되는 국제 채권.

□ **Eurocurrency**   유로 통화

Money deposited in a financial center outside of the country whose currency is originally involved.

▶ 발행 통화의 국외 금융 센터에서 유통되는 돈.

□ **Eurodollar**   유로 달러

A dollar deposited in a bank outside the United States as a mother country of the U.S. dollar.

▶ 미국 달러 발행국인 미국 이외의 은행에 예금된 달러.

□ **Eurodollar CD**   유로 달러 CD

Deposit of dollars with foreign banks.

▶ 외국 은행에 있는 달러 예금.

□ **European Currency Unit, ECU**   유럽 통화 단위

An index of foreign exchange consisting of about 10 European currencies, devised in 1979.

▶ 1979년에 발족된 유럽 10개국 통화로 구성된 환율 지수.

□ **Foreign bond**   외국채, 외채

An international bond issued by foreign borrowers in another nation's market and traditionally denominated in that nation's currency.
▶ 외국 시장에서 외국 통화로 외국 대출자에 의해 발행된 외국 채권.

☐ **Foreign exchange market** 외국환 시장

Market in which arrangements are made for futures exchange or transaction of major currencies; used to hedge the risk of swings in foreign exchange rates.
▶ 외국 환율의 큰 변동 위험을 피하기 위해 주요 통화의 거래나 그 선물 거래를 준비하는 시장.

☐ **Inflation-escalator clause** 인플레이션 연동 조항

A clause in a financial contract providing for increases or decreases in inflation based on fluctuations in the cost of living and production costs.
▶ 생활 비용 혹은 생산 비용의 변동을 토대로 인플레이션에서 가격 결정의 증감을 인정하는 금융 조항.

☐ **Law of one price, LOP** 일물일가의 법칙

A commodity will cost the same regardless of what currency is used to purchase the item.
▶ 상품은 그것을 구입하는 데 사용되는 화폐에 관계없이 같은 가격이 된다.

☐ **Money market** 단기 금융시장

Financial markets for debt securities that pay off in the short term.
▶ 단기에서 만기가 되는 채권을 위한 금융 시장.

■ **Monopoly price** 독점가격

■ **Nominal economic growth rate** 명목 경제성장률

☐ **Nominal interest rate** 명목 이자율

Interest rate unadjusted for inflation.
▶ 인플레이션을 고려하지 않은 금리.

■ **Overseas bond** 해외채

☐ **Pecking order in long-term financing** 장기 자금 조달 전략에 대한 페킹 오더

Hierarchy of long-term financing strategies that using generated cash is at the top and issuing new equity is at the bottom.
▶ 장기 금융 전략의 서열로 최상위는 현금흐름의 투자이며 최하위는 신주를 발행하는 것.

■ **Price differentials between domestic and overseas markets** 내외 가격차

☐ **Purchasing power parity, PPP**   구매력 평가

The exchange rate adjusts to keep purchasing power constant among international currencies.

▶ 일정 구매력을 가진 상태에서 국제적인 통화가치를 조정하는 환율.

☐ **Quick assets**   당좌자산

Current assets minus inventories.

▶ 유동자산에서 재고를 차감한 것.

☐ **Quick ratio**   당좌비율

Quick assets(current assets minus inventories) that are divided by total current liabilities.

▶ 당좌자산을 총유동부채로 나눈 것.

☐ **Relative purchasing power parity, RPPP**   상대적 구매력 평가

The rate of change in the price level of commodities in one country relative to the price level in another determines the rate of the exchange rate between the two countries' currencies.

▶ 어떤 나라의 물가수준 변화율에 대한 다른 어떤 나라의 물가수준 변화율이 두 나라 간의 환율의 변화율을 결정한다.

■ **Retail(consumer) price**   소매(소비자)가격

■ **Samurai bond**   사무라이채(엔화 표시 외국채)

■ **Secretary of the Treasury**   재무 장관

☐ **Spot-exchange rate**   현물 환율

Exchange rate between two currencies.

▶ 두 나라 간의 환율.

☐ **Spot trade**   현물환 거래

An agreement on the exchange rate for settlement in two business days.

▶ 2일 이내에 실행되는 환율의 계약 거래.

■ **Spot trading**   현물거래

☐ **Spot-interest rate**   현물 이자율

Interest rate fixed today on a loan.

▶ 대출에 대해 그 날 정해진 이율.

☐ **Spread underwriting**   스프레드 인수

Difference between the underwriter's buying price and its offering price.
▶ 인수 주식의 매입 가격과 매도 가격의 차이(인수인 즉 언더라이터의 보수가 된다).

■ **Yen-denominated bond** 　　　　　　엔 표시 채권

■ **Yuan-denominated bond** 　　　　　중국 인민 위안 표시 채권

CHAPTER 10

기업 가치란?

1 기업 가치란?
CORPORATE VALUE

기업 value(가치)를 evaluate(측정하다)하기 위해서는 여러 가지 방법이 사용되는데 그중 어느 방법이 accurate(정확한)한지에 대해서는 의견이 나뉩니다. 가장 단순한 기업 value(가치)에 대한 evaluation(평가)은 market cap(시가총액)입니다. market cap(시가총액)이란 기업의 number of issued stock(발행 주식 수)에 대해 1주당 시장에서의 market price(시가)를 곱한 금액입니다. 시장에서 evaluation(평가)받은 값이 stock price(주가)이므로 이것은 가장 알기 쉬운 indicator(지수)라고 할 수 있습니다. MBA를 공부할 때, 기업의 시장 value(가치)는 'market cap(시가총액)에 그 기업이 involving(내포하고 있는)한 liabilities with interest(유이자 부채)를 추가한 것' 혹은 '그 기업이 미래에 사업으로 창출할 것이라 예상되는 cash flow(현금흐름)의 present value(현재가치)와 이미 가지고 있는 asset(자산)의 합계'라고 설명하는 경우가 많습니다. 이 개념은 M&A에서 실제로 상대 기업을 due diligence(기업 실사, 듀딜리전스)할 때 가장 단순한 방법으로 사용되기도 합니다. due diligence(기업 실사, 듀딜리전스)란 영어의 due(정당한)와 diligence(근면, 성실, 노력)를 합친 단어입니다. 직역하면 '정당한 노력', 의역하면 '실사'의 의미가 됩니다. 예전에는 기업의 book value(장부상 가치)에 초점을 맞춰 due diligence(기업 실사, 듀딜리전스)를 하였습니다. 그러나 최근에는 그 기업이 가진 brand(브랜드)나 기업 image(이미지), reputation(평판) 등 눈에 보이지 않는 자산인 '무형 자산(intangible asset)'을 evaluation(평가)하는 사례도 증가하고 있습니다. 일본 기업을 보면 제조업이 industrial structure(산업구조)에 큰 impact(영향)를 미치고 있습니다. 따라서 이미 보유하고 있는 기업의 asset(자산)뿐만 아니라 그 기업의 장래성을 업계 구조 혹은 환경 분석을 통해 strategically(전략적으로) evaluate(평가하다)하는 system(시스템)이 요구되고 있습니다. 이러한 의미에서 따져보면 market price(시가) 평가는 'shareholder's value(주주 자본)와 premium(프리미엄)'으로 구성되어 있다는 assumption(전제)을 가장 신뢰할 수 있습니다. debt(부채)의 leverage effect(레버리지 효과) 혹은 가까운 미래의 업계 동향을 통해 premium(프리미엄)을 정확히 evaluate(평가하다)할 수 있다면 'market cap(시가총액) + liabilities with interest(유이자 부채) = corporate value(기업 가치)'라는 단순한 지수도 이해할 수 있을 것입니다. [주식 시장에서 실제의 stock price(주가) 추이는 주식의 demand and supply(수급 관계) 등의 요인에도 영향을 줍니다. 따라서 premium(프리미엄), goodwill(영업권) 등이 시장에 의해서 정확하게 evaluation(측정)되고 있는지는 영원한 subject(테마)가 될 것입니다.] 반면에 corporate value(기업 가치)를 구성하는 market cap(시가총액)을 측정하는 방법으로는 기업이 창출하는 부가가치에 초점을 맞춰 corporate value(기업 가치)를 나타내는 지수인 EVA[경제적 부가가치 : Economic Value Added : 미국 스턴 스튜어트(Stern Stewart) 사의 등록상표]가 사용됩니다. EVA(경제적 부가가치)에서는 market cap(시가총액) = '기업의 value of operations[사업 가치 : 사업으로 창출되는 cash flow(현금흐름)의 총합의 present value(현재가치)]' + 'asset of corporation(기업이 보유한 자산)' − 'liabilities with interest(유이자 부채)'라는 개념이 기초가 됩니다. 즉, 기업이 창출하는 사업적 부가가치에서 그 기업이 활동하는 데 필요한 cost of capital(자본비용)을 차감한 값이 됩니다.

EVA 수식

> EVA(경제적 부가가치)
> = (투자 자본 사업 이익률 − 자본 비용률) × 투자 자본액
> = NOPAT(세후 순영업이익) − 총자본 비용액

기업 가치

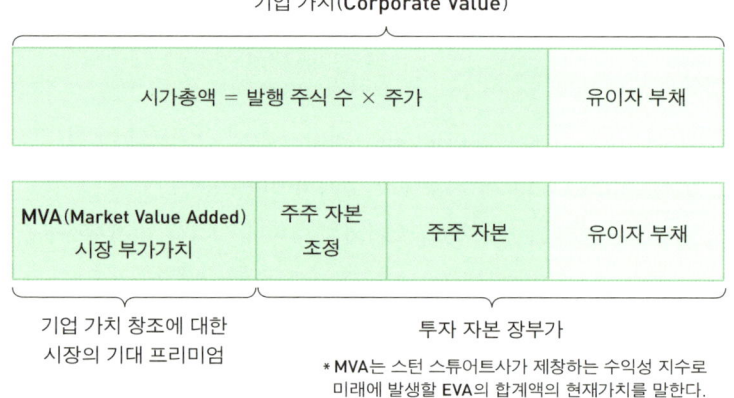

corporate value(기업 가치)를 크게 3가지 approach(접근법)로 나누어 자세히 살펴볼 수 있습니다.

1) 지금까지의 achievement(실적)에 따른 asset accumulation(자본축적)을 토대로 하는 cost approach[비용 접근법 : current assets-liabilities approach (청산 가치법), adjusted book value approach(수정 장부가액 순자산법) 등].
  ⇒ 현재의 회사 평가를 객관적으로 판단할 때 자주 사용됩니다. 이 방법으로 미래의 수익성을 evaluate(평가하다)하기는 어렵습니다.

2) 미래의 수익성과 cash flow(현금흐름)를 토대로 하는 income approach[소득 접근법 : DCF, discount cash flow(현금흐름 할인법)].

⇒ 현장에서 가장 자주 사용되는 방법입니다. 이 방법은 '사업의 미래 growth rate(성장률)를 안정적으로 감안해야 한다'가 전제가 됩니다. 따라서 변화의 속도가 빠른 업계에서는 정확한 growth rate(성장률)를 반영해야 합니다.

3) 유사 기업의 stock price(주가)를 기초로 하는 market approach[자산 시장 접근 방법 : 유사 업종 비준법, multiple 법(상대 가치법) 등].

⇒ 예를 들어 비공개 기업으로 어느 정도의 규모를 가진 기업(관례에서는 종업원 100명 이상)이 신규 주식 공개를 할 때 new issue(신주 발행)가격에 reference(참고)하기 위해 이미 listed(공개되어 있는)된 기업의 stock price(주가)를 참고 값으로 사용하는 경우도 있습니다.

corporate value(기업 가치)는 여러 evaluation(평가)방법을 blend(블렌드, 조합)하여 산정하는 것이 일반적입니다. 그러나 income structure(수익 구조)가 안정되어 industrial structure(산업구조)의 upstream(상위)에 근접한 소재 산업에 속하는 기업의 가치 산정에는 DCF(현금흐름 할인법)가 유효한 경우도 있습니다. 소매 업계와 같이 경쟁이 치열한 downstream(하위) 기업 등 업계 동향을 파악하기 어려운 경우에는 DCF(현금흐름 할인법)뿐만 아니라 market approach(자산 시장 접근 방법) 등을 활용하는 경우도 있습니다.

listing company(공개 기업)의 경우 과거 상당 기간에 걸쳐 주가 정보가 공개됩니다. 따라서 기업 전체의 가치를 계산할 때는 stock price(주가)의 추이를 파악하는 것도 기업 분석에 도움이 됩니다. 기업의 업무 효율성을 수치적으로 분석할 때 사용되는 여러 종류의 지수를 확인하면서 기업이 창출하는 사업 가치란 무엇인지, 최적의 capital structure(자본구성)는 어떤 것인지에 대해 살펴봅시다.

ROA · ROE · PER · PBR · DOE란?

2 EFFICIENCY INDEX

ROA(총자산 순이익률) Return on Assets

　ROA(return on assets : 총자산 순이익률)는 아마도 일본에서 경영 효율 지수의 가장 중요한 계산법으로 취급되어왔습니다. ROA는 ROE(자기자본 이익률)와 달리 주주 자본뿐만 아니라 회사가 가진 모든 자산에 대한 수익을 나타냅니다. ROA가 기업 분석에서 가장 중요한 지수로 사용되어온 배경에는, 일본 기업이 고도성장 시대의 성장 전략으로서 안정적이고 저금리로 procure(조달) 가능한 은행에서 빌린 debt(차입금)를 capital(자본)의 핵심으로 삼은 것과 관계가 있습니다. 또한 메이저 은행 등의 '수동적인 주주(passive shareholder)'로 대표되는 안정주주에 의해 dividend(배당) 등의 cost of capital(자본비용)을 의식할 필요 없이 capital management(자본 정책)를 진행해온 것과도 관계가 있습니다.

$$\text{ROA} = \frac{\text{당기 순이익}}{\text{총자산}} \times 100 = \frac{\text{이익}}{\text{매출액}} \times \frac{\text{매출액}}{\text{총자산}} \times 100(\%)$$
$$= \text{당기 이익률} \times \text{총자산 회전율} \times 100(\%)$$

이것은 예를 들어 비즈니스의 기본인 얼마만큼 asset(자산)을 사용해 얼마만큼 profit(이익)을 올릴 수 있을까를 나타내는 가장 단순한 효율 지수라고 할 수 있습니다. 이 지수는 제일선의 sales representative(영업 사원)가 가장 마음에 두는 거래상의 profit rate(이익률)에 가깝습니다. 왜냐하면 매출액과 총자산(총자산 회전율)은 대개 큰 숫자인 경우가 많으며 그다지 큰 변동이 없지만, profit rate(이익률)는 각 영업 사원이 업무를 열심히 수행한다거나 그 기업의 브랜드 능력 또는 저렴한 상품의 생산(조달) 능력에 따라 크게 변하기 때문입니다. 실제로 ROA는 수익성과 asset(자산)의 efficiency(효율성)를 곱한 지수입니다.

ROE(자기자본 이익률) Return on Equity

회사를 금융적으로 evaluate(평가하다)하기 위해서는 이 지수를 사용하여 분석하는 것이 가장 중요합니다. 왜냐하면 회사의 운영이 주식회사인 이상 주주로부터 모은 capital(자본)을 얼마나 효율적으로 manage(운용하다)했는지를 나타내는 값이기 때문입니다. ROE(자기자본 이익률)란 return on equity의 머리글자로 주주에게서 나온 출자금에 대한 return(리턴, 수익)을 나타내는 지수입니다. ROE는 경영자가 회사 운영을 효율적으로 수행했는지를 보여주는 것으로 주주에게 보내는 성적표와 같다고 할 수 있습니다. 하지만 여기에는 경영자가 경영을 좋게 보이게 하려고 조작할 수 있는 여지가 있습니다.

$$ROE = \frac{당기 순이익}{주주 자본} \times 100 = \frac{이익}{매출액} \times \frac{매출액}{총자산} \times \frac{총자산}{주주 자본} \times 100(\%)$$
$$= ROA \times 재무 레버리지 = 수익성 \times 효율성 \times 부채의 유효 활용도 (\%)$$

ROE는 ROA에 재무 leverage(레버리지)를 곱한 지수입니다. 분해하여 적으면 긴 식이 되지만, 이 식으로부터 당기 순이익이 증가하거나 주주 자본이 감소하면 ROE는 improve(개선, 증가)된다는 것을 알 수 있습니다. 일본 기업 중에서 ROE

가 10%를 넘는 기업은 그다지 많지 않습니다. 일본을 대표하는 multinational corporation(다국적기업)의 management objectives(경영 목표)는 세계의 excellent company(우량 기업) 수준인 ROE 15%입니다. 이 수치만을 목표로 한다면 달성할 수 있는 방법이 있습니다. 바로 자본 항목의 debt(차입금) 비율을 증가시키는 것입니다. 이렇게 하면 이론상 주주 자본 비율이 감소하며, 같은 양의 자금을 사용해 투자할 때보다 적은 주주 자본으로 이익을 상승시킴으로써 높은 ROE를 실현시킬 수 있습니다. 예를 들어 한창 재건 중이지만 자본이 매우 적은 회사가 우연히 큰 이익을 창출했다면 ROE는 커집니다. ROE를 주요 지수로 삼아 기업을 evaluate(평가하다)할 때는 ROE가 높고 자기자본 비율도 높은 건전한 기업을 선별하는 것이 중요합니다. 실제로 자사의 신용 등급을 떨어뜨리지 않는 것을 대전제로 하여 배당 등으로 인해 자본비용이 높은 equity capital(주주 자본)을 사용함으로써 dividend(배당)보다 저금리로 loan(차입)을 차입합니다. 그리고 이를 효율적으로 invest(투자)해나가는 것이 구체적인 방법으로서 선호되고 있습니다.

이익이 일정할 때 차입을 증가시키면 ROE는 상승한다

ROE의 상승과 기업의 성장성

debt(차입금)를 보다 많이 사용해 결과적으로 ROE가 상승하는 국면에서는 rating company(신용 평가 회사)에 의한 신용 하락 risk(리스크)를 반드시 염두에 두어야 합니다. 신용도가 하락하면 저금리 사채 발행에 의한 자금 procurement(조달)가 어려워져서 cost of capital(자본비용)이 상승하기 때문입니다. 여기서 key factor(키포인트)는 그 회사가 growing(성장하고 있는)하고 있는지 또는 matured(성숙하고 있는)하고 있는지에 관한 것입니다. growing company(성장 기업)라면 debt(차입금)든지 new issue(증자)든지 상관없이 timing(타이밍) 좋게 우량 투자 안건에 투자하여 cash(현금)로 수입을 증가시키겠다는 자세가 실적으로 되돌아옵니다. matured company(성숙 기업)라면 보다 안정된 corporate value(기업 가치)를 유지하기 위해서 return the company's profits to shareholders(주주에 대한 환원)를 높이는 것이 포인트라고 할 수 있습니다. 여기서 환원이라는 단어를 들으면 cash(현금)로 축적된 이익이 외부에 outflow(유출)되는 것을 연상하겠지만 high dividend(고배당)만이 환원 정책이라고는 할 수 없습니다. share buyback(자사주 취득)을 하여 회사가 투자 안건에 필요로 하지 않는 cash(현금)를 자본 시장에 반환함으로써 기업이 자본을 보유하는 데 따른 비용[투자의 opportunity cost(기회비용)를 포함하는 cost of capital(자본비용)]을 줄입니다. 결과적으로 이것으로 인해 높은 corporate value(기업 가치)를 유지할 수 있게 됩니다.

여기까지는 ROE(return on equity)가 가진 자본 정책적인 면을 강조했습니다. 그러나 경영자는 ROE의 다른 요인인 net profit(당기이익)을 증가시키는 것 또한 소홀히 해서는 안 됩니다. net profit(당기이익)을 증가시킨다는 것은 기업이 획득할 cash flow(현금흐름)를 증가시키는 것이기도 합니다. 특히 일본을 대표하는 제조업의 경우, growing(성장)의 value chain(가치 사슬)을 점유하는 investment in plant and equipment(설비투자)의 비율이 대단히 높은데 cash flow(현금흐름)가 성장의 resource(원천)라고 할 수 있습니다. 기업이 얻는 cash flow(현금흐름)는 net profit(최종 세후 이익)과 investment in plant and equipment(설비투자)에 의한 depreciation(감가상각비)을 더한 것이라고 단순하게 생각해봅시다. net profit(당기이익)의 증가를 기본으로 하면서 최종 이익에 depreciation(감가상각비)을 더한 cash flow(현금흐름)를 높은 레벨에서 유지하는 것이야말로 기업의 sustainability(지속적 성장)의 기본이 됩니다. 즉, cash(현금)를 떠맡은 그 시점에서 세무 내용의 건전화에 힘쓰기보다는 growing industry(성장 분야)에 경영 자원인 '사람, 자원, 돈'을 적극적으로 투자하여 profit rate(이익률)를 높여야 함은 물론 매출도 증가시켜야 합니다. 또한 investment in plant and equipment(설비투자)도 많이 해서 주주 환원을 게을리하지 않겠다는 attitude(자세)가 바로 corporate value(기업 가치)를 상승시키는 기업 경영의 ideal(이상)이라고 할 수 있습니다. 경영자는 실무의 strategy(전략) 수행과 자본시장과의 communication(커뮤니케이션)을 게을리해서는 안 됩니다.

PER(주가 수익 비율 ; Price Earning Ratio) · EPS(주당 순이익 ; Earning per Share)

$$PER = \frac{\text{현재 주가}}{EPS(\text{주당 순이익})} (\text{배})$$

PER(주가 수익 비율)은 그 회사의 주식이 EPS(earning per share ; 주당 순이익)의 몇 배까지 구매되고 있는지를 나타내는 값입니다. PER(price earning ratio ; 주가 수익 비율)은 경영자가 얼마나 strategy for growth(성장 전략)를 잘 기능시키고 있는지, 그리고 시장의 투자가와 communicate(상호 의사소통)가 되고 있는지를 나타내는 지수입니다. 업계에 따라 기준이 되는 PER이 있는데 이에 대해서는 이론이 명확하게 확립되어 있지 않습니다. 결국 시장의 투자가가 그 산업 전체의 prosperity(성장성을 동반하는 업계 환경)를 어떻게 보고 있는지, 그리고 그 산업에 속한 기업의 evaluation(평가)을 개별적으로 취급하여 이 평가가 업계 수준의 PER보다 relatively high(비교적 높은)한지 혹은 relatively low(비교적 낮은)한지 등에 관한 관점이라고 할 수 있습니다. 업계에 대한 PER이 시시각각으로 변동하는 것은 아니므로 stock price(주가)를 예상할 때는 EPS(earning per share ; 주당 순이익)의 증감을 봅니다. PER이 20배인 기업에서 EPS가 10엔 상승한다는 것은 stock price(주가)가 200엔 상승하는 요인이 됩니다. 완벽하다고는 할 수 없지만 EPS는 단기적인 수익성의 경향을 쉽게 파악할 수 있으므로 stock price(주가)를 예상할 때 자주 사용됩니다.

PBR(주가 순자산 비율)Price Book Value Ratio · BPS(주당 순자산 가치)Book Value per Share

$$PER = \frac{\text{현재 주가}}{BPS\text{(주당 순자산 가치)}} \text{ (배)}$$

PBR(주가 순자산 비율)은 시장이 evaluation(평가)한 회사의 가격(시가총액)이 회계상 '해산 가치(book value : 주주 자본)'의 몇 배인지를 나타내는 지수입니다. 주가(시가)를 BPS(주당 순자산 가치 ; 주주 자본)로 나누어 산출합니다.

PBR은 분자가 stock price(주가)라는 변동되기 쉬운 수치입니다. 그러나 분모가 변동이 적은 book value(해산가치, 순자산)이므로 장기적인 지수로 사용됩니다. stock price(주가)가 매도되고 있는 국면에서는 이론적으로 PBR 수준 1배가 stock price(주가)의 하한선이라고 여겨지므로 bottom price(바닥시세, 최저가)를 추정할 때 효과가 있습니다. PBR에서 stock price(주가)가 1배보다 작다는 것은 매도되고 있는 기업에 대해서 '시장이 성장성을 비관하고 있다' 등의 의미를 가집니다. 또한 회사의 book value(해산가치, 순자산)를 밑도는 수준의 stock price(주가)라면 상장되어 있는 의미가 전혀 없다고 할 수 있습니다. 반대로 PBR이 높은 기업은 부채 leverage(레버리지)를 활용하여 적은 자본으로 높은 이익을 올릴 수 있다는 것을 알 수 있습니다. 단, 여기서 주의해야 할 포인트는 BPS(주당 순자산 가치)의 절대치가 낮은 한창 재건 중인 기업은 상대적으로 PBR이 높게 evaluation(평가)되는 경우도 있다는 것입니다.

DOE(주주 자본 배당률) Dividend on Equity Ratio

$$DOE = \frac{\text{배당 총금액}}{\text{주주 자본}} \times 100 = \text{배당 성향} \times ROE \times 100 \, (\%)$$

$$= \frac{\text{배당 총금액}}{\text{최종 이익}} \times \frac{\text{최종 이익}}{\text{주주 자본}} \times 100 \, (\%)$$

DOE(dividend on equity ratio : 주주 자본 배당률)란 shareholder's equity(주주 자본)에 대해 dividend(배당)가 얼마나 지급되는지를 나타내는 지수입니다. 이 지수를 분해해보면 net income(최종 이익) 중에 dividend(배당)가 얼마나 지급되는지를 나타내는 payout ratio(배당 성향)에 shareholder's equity(주주 자본)에 대해 net income(최종 이익)을 얼마나 올릴 수 있을지를 곱한 값임을 알 수 있습니다. 이것은 dividend(배당) 금액을 분자로, shareholder's equity(주주 자본)를 분모로 하므로 단기적인 실적 동향에 좌우되기보다는 장기적인 경영을 목표로 합니다. 기업은 실적이 좋지 않을 때는 dividend(배당)를 할 수 없습니다. 또한 dividend(배당)를 얼마나 하고 있는지를 나타낼 때는 net income(최종 이익)에서 어느 정도의 비율이 dividend(배당)로 할당되고 있는지를 나타내는 payout ratio(배당 성향)가 사용됩니다. 이 net income(최종 이익)을 얼마나 효율적으로 올리고 있는지를 파악할 수 있는 ROE(return on equity)를 곱해 evaluate(평가하다)합니다. 따라서 DOE는 주주에게 환원하려고 하는 적극성과 환원할 수 있는 이익 체질, 그리고 주주의 자본을 효율적으로 사용해 이익을 창출하는 efficiency(효율성)를 나타낼 수 있는 궁극의 지수라 불립니다. 2007년 3월, 일본 도쿄 증권거래소 1부 상장 기업의 평균 DOE는 약 3%였던 것에 비해 유럽과 미국의 대기업 평균은 약 6%였습니다. 기업은 잉여금 등의 cash(현금)를 보다 유효하게 사용하여 ROE의 향상을 도모하고 net income(최종 이익)을 증가시키는 동시에 payout ratio(배당 성향)를 상승시킴으로써 투자가로부터 더 높은 credibility(신뢰)를 얻어야 합니다.

IRR·NPV·ROI·EBIT·EBITDA·EVA란?

3

PROFITABILITY INDEX

IRR(내부수익률) Internal Rate of Return

회사를 경영하면서 동적인 자금의 흐름, 즉 cash flow(현금흐름)에 주목하는 것이 중요합니다. 정보의 전달 속도가 증가하면서 기업 경영에도 더욱 aggressive(공격적)함과 speed(스피드)가 요구되고 있습니다. 투자 안건을 생각할 때도 기간 중에 얻을 수 있는 cash(현금)는 물론 그 cash(현금)를 언제 수령할 수 있을지, 그리고 수령할 때까지의 금리분도 더해 present value(현재가치)로 고쳐서 수익을 계산합니다. 이것이 IRR(internal rate of return : 내부수익률)의 개념입니다. IRR(내부수익률)이란 투자한 금액에 대해 어느 정도의 분배금이 돌아왔는지, 분배금을 present value(현재가치)로 고쳐서 복리 계산하여 그 결과를 연이율로 표시합니다.

IRR(내부수익률)은 투자 기간 중의 자금 출입에 주목해 계산하므로 금전 가중평균 방법이라 부르기도 합니다. 기업이 안정성이 가장 높은 cash(현금)를 보유하는 것보다는, 보다 안정적이고 효율적으로 운용할 수 있는 IRR을 지닌 투자 안건을 보유하는 편이 더 많은 cash flow(현금흐름)를 창출하기 때문에 경영의 세계에서 높이 evaluation(평가)됩니다.

| 투자 원금 부분의 가격을
투자 개시 시점의 가치로
바꾼 금액 | 투자 기간 중의 분배금을
투자 개시 시점의 가치로
바꾼 합계 금액 |

$$\text{최초 투자 금액} = \frac{\text{IRR 측정 시의 투자 자산의 가치}}{(1+R)^{tn}} + \sum_{j=1}^{n-1} \frac{j \text{ 시점의 분배금}}{(1+R)^{tj}}$$

tn : IRR 측정 시의 0시점부터의 경과 연수
tj : 0시점부터의 경과 연수
R : IRR

IRR 계산의 구체적인 예를 살펴봅시다. 다음과 같이 투자 안건 A와 B가 있다고 합시다. 예를 들어 A는 200만 엔을 설비투자했을 때 얻을 수 있는 현금을 나타냅니다.

	현재	1년째	2년째	3년째	4년째
투자 안건 A (설비투자)	−200만 엔	40만 엔	40만 엔	40만 엔	104만 엔
투자 안건 B (채권)	−200만 엔	6만 엔	6만 엔	6만 엔	206만 엔

A에서는 매년 40만 엔의 cash(현금)를 회수할 수 있으며 4년째 현금 회수 시점이 되었을 때 설비를 64만 엔에 매각한다고 합시다. B는 200만 엔을 3%의 coupon(쿠폰)이 붙은 bond(채권)에 invest(투자하다)했을 때 획득할 수 있는 cash(현금)를 나타냅니다. B에서는 4년째 금리를 얻은 시점에서 principal(원금)을 회수합니다.

위의 표를 보면 투자 안건 A와 투자 안건 B가 획득할 수 있는 cash(현금) 총액은 224만 엔으로 동등합니다. 그러나 돈에는 시간적인 value(가치)가 있으므로 일찍이 수중에 들어온 cash(현금)를 다른 곳에 새로 투자할 수도 있습니다. 따라서 투자 안건 A, B로 획득할 수 있는 return(리턴, 수익)에 대해서 금리를 고려해(현재가치를 생각하며) 살펴봅시다.

투자 안건 A(설비투자)의 경우

$$현금\ 총액(현재가치) = \frac{40}{1+0.03} + \frac{40}{(1+0.03)^2} + \frac{40}{(1+0.03)^3} + \frac{104}{(1+0.03)^4}$$
$$= 205.6만\ 엔$$

투자 안건 B(채권)의 경우

$$현금\ 총액(현재가치) = \frac{6}{1+0.03} + \frac{6}{(1+0.03)^2} + \frac{6}{(1+0.03)^3} + \frac{206}{(1+0.03)^4}$$
$$= 200만\ 엔$$

금리를 고려한 present value(현재가치)로 나누어 return(리턴, 수익)을 계산하면 투자 안건 A가 5.6만 엔의 이익을 더 얻는다는 것을 알 수 있습니다. 이들 투자 안건 A, B 각각의 최종 이율을 IRR(내부수익률)이라고 합니다.

투자 안건 A(설비투자)의 경우

$$-200 + \frac{40}{(1+r)} + \frac{40}{(1+r)^2} + \frac{40}{(1+r)^3} + \frac{104}{(1+r)^4} = 0$$
$r = 3.98\%$

투자 안건 B(채권)의 경우

$$-200 + \frac{6}{(1+r)} + \frac{6}{(1+r)^2} + \frac{6}{(1+r)^3} + \frac{206}{(1+r)^4} = 0$$
$r = 3.00\%$

이 결과로부터 IRR(내부수익률)은 투자 안건 A가 0.98% 높다는 것을 알 수 있습니다.

IRR의 장점과 단점

IRR은 투자 이율의 관점에서 토론할 수 있다는 merit(장점)가 있습니다. 그러나 다음과 같은 demerit(단점)도 있습니다.

1) IRR은 답을 산출할 수 없는 경우가 있다. 기간 중에 return(리턴, 수익)에 마이너스가 나오는 경우 답을 산출할 수 없다(수익성이 불안정한 프로젝트 평가에는 맞지 않는다).
2) IRR을 산출할 때 기간을 명시하는 규칙이 없다.
3) IRR에는 rate of return(이율)의 관점밖에 없으므로 투자 규모나 회수 리스크가 포함되지 않는다.
4) 기간 도중에 할인율(WACC)이 변하는 경우, IRR 값의 evaluation(평가)이 불가능하다[막대한 debt(부채)를 사용해 M&A를 하여 매수 후에 사업을 매각하는 등 capital structure(자본구성)가 크게 변화하는 경우].

일반적으로 NPV(순현재가치)와 IRR(내부수익률) 중 어느 쪽을 봐야 할지 구분하는 요소로는 다음과 같은 것들이 있습니다.

1) 단일 프로젝트를 evaluation(평가)하는 경우 NPV(순현재가치)를 중시하여 판단한다(이 방법이 더 간단하기 때문).
2) 한정된 자금을 여러 사업에 분배하려고 하는 경우 IRR(내부수익률)을 중시해 판단한다.

IRR(내부수익률) 계산은 대단히 복잡하므로 아무런 도구 없이 계산하기에는 무리가 있습니다. 그러나 컴퓨터의 표 계산 소프트웨어(엑셀)를 사용하면 IRR 계산이 매우 간단해집니다. 앞 장의 투자 안건 A를 예로 들자면, -200, 40, 40, 40, 104라는 5개의 숫자를 선택해 IRR 함수를 사용하면 바로 IRR을 구할 수 있습니다.

NPV(순현재가치) Net Present Value

NPV(순현재가치 : 어떤 사업에서 얻을 수 있는 현금흐름의 현재가치)

$$= \frac{투자\ 1년\ 후의\ 현금흐름(CF_1)}{투자\ 1년\ 후의\ 할인율(1+r)} + \frac{CF_2}{(1+r)^2} + \frac{CF_3}{(1+r)^3} + \cdots\cdots \left[\sum_{n=0}^{n} \frac{CF_n}{(1+r)^n}\right]$$

$$-\ (어떤\ 사업에\ 필요한\ 투자액의\ 현재가치)$$

CFn : n년 후의 현금흐름
r : 자본비용
(위의 식에서 할인율 r은 조달할 자본비용으로 금리와
배당 등을 더한 자금 조달에 드는 비용의 연율(年率)입니다.)

단일 사업에 대한 투자 판단을 할 때 사용되는 기준으로서 보통 NPV(net present value : 순현재가치)가 사용됩니다. NPV란 어떤 사업으로부터 얻을 수 있는 미래의 cash flow(현금흐름)를 cost of capital(자본비용)로 discounted(할인한)한 present value(현재가치)에서 투자 금액의 present value(현재가치)를 뺀 금액으로 나타냅니다. IRR은 %로 표시하지만 NPV는 투자 금액이 완결되어 있으므로 플러스, 마이너스 값을 구할 수 있습니다.

NPV를 활용하는 것은 전통적인 투자 판단 방법, 예를 들어 ROI(return on investment : 투자수익률)와 비교해 모든 안건을 cash flow(현금흐름)라는 공통의 축으로 evaluation(평가)할 수 있다는 점과, cost of capital(자본비용)을 사용해 시간 개념, 위험 개념을 도입하고 있다는 점에서 merit(장점)가 있습니다.

기업의 사명은 shareholder's capital(주주 자본)을 사용해 이익을 상승시키는 것입니다. 따라서 shareholder's capital(주주 자본)에도 배당 지급 등의 cost of capital(자본비용)이 소요됩니다. 따라서 NPV의 목적은 이 cost of capital(자본비용)을 상회하는 사업 투자를 하고 있는지를 파악하는 것입니다.

NPV가 플러스라면 그 사업은 '투자가가 요구하는 수익(expected rate of return)'을 상회하고 있으며 사업에 의해 value(가치)가 창출됨을 의미합니다. cost of capital(자본비용)을 웃도는 cash flow(현금흐름)를 증가시키는 것이야말로 corporate value(기업 가치)를 높이는 것이 됩니다.

ROI(투자수익률) Return on Investment

$$\text{ROI}(투자수익률) = \frac{최종\ 이익}{투자\ 금액} \times 100\ (\%)$$

투자 금액에 대한 return(리턴, 수익)을 나타내는 기본 지수입니다. 분모가 되는 투자 금액은 개별 프로젝트를 evaluation(평가)할 때 취급하는 cash(현금) 또는 투자가 금융 상품에 투자할 때의 자금 중 어느 쪽을 사용해도 상관없습니다. 이것은 자금 효율을 나타내는 가장 단순한 지수입니다. IRR 혹은 NPV와 비교하여 그 투자 자본과 return(리턴, 수익)의 시간적 가치가 가미되어 있지 않다는 것이 특징입니다. return(리턴, 수익) 금액이 그다지 크지 않은 경우나 자본비용이 같은 프로젝트를 단순 비교할 때 사용됩니다.

EBIT(세전 이익) Earnings before Interest and Taxes

EBIT란 income before tax(세전 이익)에 interest expense(지급 이자)를 가산한 것으로 debt(차입) 등 타인 자본을 포함한 capital(자본)에 대해 어느 정도의 (세전) 부가가치를 창출할지를 나타내는 이익의 absolute amount(절대 금액)입니다.

이 경우는 EBIT = income before tax(세전 이익) + inteest expense(지급 이자)라고 적혀 있는 경우가 많습니다. EBIT = income before tax(세전 이익) + interest expense(지급 이자) − interest revenue(수취 이자), 또는 EBIT = 경상이익 + interest expense(지급 이자) − interest revenue(수취 이자), 또는 EBIT = 영업이익이라고 표현되는 경우도 있습니다.

EBITDA(세전 이자 지급 전 이익) Earnings before Interest, Taxes, Depreciation, and Amortization

EBITDA란 income before tax(세전 이익)에 interest expense(지급 이자)와

depreciation(감가상각비)을 가산한 것입니다. borrowing(타인 자본)을 포함한 capital(자본)에 대해 cash flow(현금흐름)를 얼마나 창출했는지를 나타냅니다. 국가별 금리 세율에 관한 회계 기준의 차이로 인해 발생한 표면상 기업의 이익 격차를 최소한으로 줄이기 위한 지수로 사용되는 경우가 많습니다. 또한 FCF(free cash flow)에 가까운 개념이므로 FCF 대신 간편하게 사용되는 경우도 있습니다.

EBITDA = 세전 이익 + 지급 이자 + 감가상각비, 또는 EBITDA = 영업이익 + 감가상각비, 또는 EBITDA = 경상이익 + 지급 이자 + 감가상각비라고 표현되는 경우도 있습니다.

EVA(경제적 부가가치) Economic Value Added

사업 활동으로부터 얻은 이익(세후 영업이익)에서 투자 자본에 든 자본비용의 상당액을 차감한 경제 가치를 말합니다. 'EVA'는 컨설팅 회사인 미국 스턴 앤 스튜어트사의 등록상표입니다. 투자한 자본에 대해 일정 기간(단기간)에 수익을 얼마나 창출할 수 있을지를 사후적으로 계측하는 기업금융의 지수입니다.

기업이 창출한 이익(세후 영업이익)에서 cost of capital(자본비용)을 차감한 수익률을 산출하여 그 기업이 창출한 EVA(economic value added : 경제적 부가가치)를 파악할 수 있습니다. 이 수치가 높을수록 cost of capital(자본비용)을 초과한 부가가치를 창출합니다. 그 결과 주주는 높은 경제적 가치를 부여받습니다.

EVA = 세후 영업이익 − 투자 자본 × 가중평균 자본비용(WACC)

WACC(가중평균 자본비용) Weighted Average Cost of Capital

corporate value(기업 가치) 계산에 사용되는 할인율과 EVA(economic value

added ; 경제적 부가가치) 계산에 사용되는 cost of capital(자본비용)의 계산에는 보통 가중평균 자본비용이라 불리는 WACC(가중평균 자본비용)를 사용합니다.

WACC는 주주 자본비용과 부채 자본비용을 가중평균해서 구합니다. 이것은 자기자본과 타인자본 비용을 가중평균함으로써 기업이 사용하는 자금비용을 나타냅니다.

$$WACC = rE \times \frac{E}{(D+E)} + rD \times (1-T) \times \frac{D}{(D+E)}$$

rE : 주주 자본비용
rD : 부채 비용
D : 유이자 부채의 액수(시가)
E : 주주 자본의 액수(시가)
T : 실효세율

WACC의 부채 비용에는 금리에 대해 돌려받은 세금의 일부를 계산에 넣습니다. 이런 계산법으로부터 배당 이율과 차입 자본의 금리가 같다면 실효세율분만큼 차입 자본 쪽이 유리한 자금 조달 방법이 된다는 사실을 알 수 있습니다.

4 MM이론이란?

MM THEORY

모딜리아니와 밀러(F. Modigliani and M. H. Miller)의 정리는 그 발안자가 노벨상 수상자라는 단순한 이유 때문에 난해하다는 평을 받는 경우가 많습니다. 그러나 이 이론은 대단히 명료하며 회사 경영을 수행하는 데 있어 반드시 필요한 회사의 capital structure(자본구성)에 대한 정리입니다. 과연 빚이 없는 회사가 좋은 회사일까요? 한마디로 말해서 MM이론에서는 그렇지 않습니다. 즉, 회사가 창출하는 cash(현금)가 그 회사가 빌린 debt(부채)에서 창출된 것인지 혹은 출자자가 투자한 capital(자본)에서 창출된 것인지는 상관없습니다. 또한 회사의 value(가치)는 자본 조달 방법에 의해 영향을 받지 않습니다. 본래 debt(부채)는 반드시 변제해야 하는 자금이며, 출자된 자금은 변제하지 않아도 좋은 자금입니다. 버블 붕괴 후 약 10년 동안 일본 기업은 liabilities with interest(유이자 부채)를 변제하려는 의식이 강했습니다. 그러나 MM이론에서는 기업의 value(가치)는 capital structure(자본구성)에 영향을 주지 않는다고 설명합니다. 여기에는 조건이 있는데, 1) debt(부채)에 대해 지급해야 할 이자가 손금(損金) 취급을 받음으로써 얻을 수 있는 법인세의 절세 효과를 무시할 것, 2) 시장에서의 채권 발행이나 신주 할당에 소요되는 cost(비용)를 무시할 것, 3) 어느 법인에서나 무제한으로 정률(定率)로 융자를 받을 수 있을 것(신용에 대한 비용이 없는 상태일 것) 등을 들 수 있습니다. 실제로 시장에서는 debt(부채)를 일원적으로 demerit(단점)로 볼 수 없습니다. 차입할 때 수반되는 지불 이자의 절세 효과나 경영진에 대한 corporate governance(기업 지배 구조) 의식의 고양이라는 효과가 있습니다. 오히려 적절한 capital management(자본 정책) 하에서는 최적의 debt(차입)와 capital structure(자본구성) 요소를 생각해야 합니다.

최적 자본 구성(optimal capital structure)

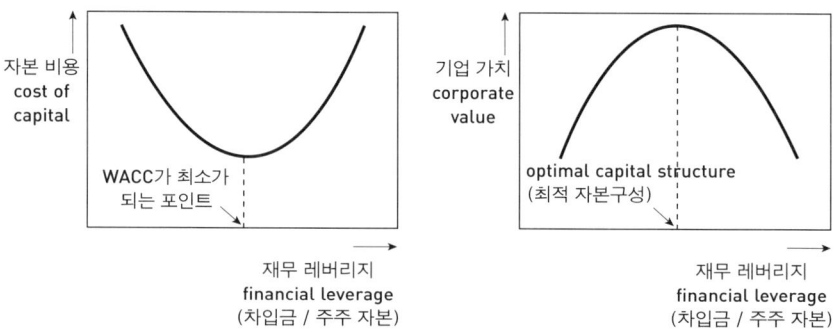

최적의 capital management(자본 정책)란 위의 그림에서 optimal capital structure(최적 자본구성)라고 되어 있는 부분입니다. 기업은 이론상 그 credit risk(신용 위험)가 표면화되기 직전까지 절세 효과가 있는 차입으로 자금 조달을 하여 financial leverage(재무 레버리지)를 효율적으로 활용하는 편이 절세 효과분만큼 corporate value(기업 가치)가 높아진다고 합니다. 이것은 주주, 채권 보유자 사이에서 agency problem(대리인 문제)으로도 상기되는 대단히 중요한 문제입니다. 실제로는 금리 동향이나 업계 동향의 변화에 대해 기업 경영의 안정성을 유지하기 위해 shareholder's capital(주주 자본)이 견고하게 보전되고 있는 상황도 여기저기서 볼 수 있습니다. 또한 버블 붕괴 후의 일본처럼 기업의 investment in plant and equipment(설비투자) 감소와 demand decreasing(수요 감퇴)이 동시에 발생하는 경우, 그 차입 자본에 의한 financial leverage(재무 레버리지) 효과보다는 안정적인 cash(현금) 부족의 risk(리스크)가 높아져, shareholder's capital(주주 자본)을 상대적으로 두텁게 하고 어떻게 해서든지 차입을 줄이려 하는 경영 행동도 충분히 이해할 수 있습니다. 그러나 어디까지나 corporate value(기업 가치)의 증대와 shareholder(주주)에 대한 return(리턴, 수익)을 생각할 경우, 어떤 경영 환경에 처해 있든지 기업은 항상 보유하고 있는 shareholder's value(주주 자본)에 걸맞은 growth strategy(성장 전략)와 financial leverage(재무 레버리지)의 유효 활용이라는 capital strategy(자본 전략)의 쌍방을 빠뜨릴 수는 없습니다.

기업 가치와 경영의 효율화에 관한 Key Words

■는 기본 단어 □는 해설이 첨부된 중요 단어

□ **Absolute priority rule, APR**   절대 우선 기준

Establishes priority of claims under liquidation.

▶ 기업 파산 시 청산을 행할 때의 우선순위(자산 청산 시 관리비가 최우선이고 주주 가치는 가장 마지막 순위이다).

□ **Accelerated cost recovery system, ACRS**   가속 원가 회수법

A system used to depreciate assets for tax purposes, introduced in 1981, modified in 1984. The current system, enacted by the 1986, is similar to the ACRS established in 1981.

▶ 세를 목적으로 자산을 감가상각하는 방법. 1981년에 도입되어 1984년에 수정되었다. 1986년에 비준된 현재 조항은 1981년의 ACRS와 비슷하며 자산의 등급에 따른 상각률과 기간이 설정되어 있다는 특징이 있다.

□ **Accounting insolvency**   회계적 채무 불능

Total accounting liabilities exceed total accounting assets on the book. A firm or project with negative net worth is said to be insolvent.

▶ 장부상의 자산을 부채가 초과하여 순자산액이 마이너스인 회사 혹은 안건이 지급불능(채무 초과)된 것.

□ **Average accounting return, AAR**   평균 회계 이익률

The average projected earnings after taxes and depreciation divided by the average book value of the investment.

▶ 투자 안건의 평균 장부가액으로 나눈 세와 감가상각 후의 평균 추정 수익.

□ **Average collection period**   평균 회수 기간

The average time required to collect an account receivable.

▶ 외상 매출금의 평균 회수 기간.

□ **Average cost of capital**   평균 자본비용

A firm's required total payout to the bondholders and the stockholders expressed as a percentage of capital contributed to the firm.

▶ 채권 보유자와 주주에 대해, 필요한 이익 배당의 총계를 기업에 대해 조달된 자금의 백분율로 나타낸 것.

☐ **Basic IRR rule**   기본적 내부수익률 규칙

Accept the project if IRR is greater than the market discount rate ; reject the project if IRR is less than the market discount rate.

▶ 내부수익률(IRR)이 시장의 할인율보다 클 때 프로젝트를 채택하고 작을 때는 거부하는 규칙.

☐ **Book cash**   장부상 현금

A firm's cash balance on the book as reported in its financial statements.

▶ 손익계산서에 기재된 회사의 현금 잔액.

☐ **Book value**   장부가액

The firm's total assets minus the total liabilities on the book.

▶ 총자산에서 총부채를 차감한 금액.

☐ **Book value per share**   주당 장부가액

A divided per-share accounting equity value of a firm. Total accounting equity divided by the number of outstanding shares.

▶ 1주당 주주 자본. 총자본을 발행 주식 수로 나눈 금액.

☐ **Break-even analysis**   손익분기점 분석

A financial analysis of the level of sales at which a project would make zero profit, net difference.

▶ 프로젝트의 손익을 0으로 하는(적자가 되지 않는) 매출 규모의 금융 분석.

☐ **Business failure**   기업 도산, 경영 실패

The substantial risk that the firm's stockholders bear if the firm is financed with equity.

▶ 기업이 주주 자본으로 비용을 대는 경우 주주가 입을지도 모르는 중대한 위험.

☐ **Capital structure**   자본구성

The financial framework of the mixed various debt and equity capital maintained by a firm.

▶ 기업이 보유한 여러 가지 채무와 주주 자본을 조합한 구성.

☐ **Capital surplus**   자본잉여금

Amounts of equity capital in excess of the par value.

▶ 액면 금액을 초과한 주주 자본.

■ **Capital transaction** 자본거래

□ **Cash discount** 현금 할인

A discount given for a payment by cash.
▶ 현금 지급에 의한 할인.

□ **Cash flow** 현금흐름

Not the same as taxable income. Cash generated by a firm and paid to creditors and shareholders. It can be classified as 1) cash flow from operations, 2) cash flow from changes in fixed assets, and 3) cash flow from changes in net working capital.
▶ 세전 이익과는 다르다. 채권자와 주주에 지급하기 위한 현금. 1) 영업 현금흐름, 2)고정자산 현금흐름, 3)순운전자본 현금흐름으로 나눌 수 있다.

□ **Cash flow after interest and taxes** 이자 지급과 세후 현금흐름

Amount of net income plus depreciation.
▶ 총수익에 감가상각을 가산한 금액.

□ **Cash flow time line** 현금흐름 시간 선

The line projected the operating activities and cash flows for a firm over a particular period.
▶ 특정 기간 동안 행하는 기업의 영업 활동과 현금흐름의 단기 계획.

□ **Change in net working capital** 순운전자본 변동

Difference between net working capital from one fiscal period to another.
분기별 순운전자본의 차이.

■ **Common equity; book value** 보통 주주 자본

□ **Composition** 자금 구성

Arrangement to restructure firm's debt, under which payment is reduced.
▶ 지불을 줄이면서 기업 부채를 구조조정하는 것.

□ **Conglomerate acquisition** 다각화 합병

Acquisition in which the acquired firm and the acquiring firm are not related in the industry, unlike a horizontal or a vertical acquisition.
▶ 수평적 합병이나 수직통합적인 합병과는 달리 매수하는 기업이 매수 대상이 되는 기업과 같은 업종이 아닌 경우의 매수를 말한다.

□ **Consolidation** 통합

A method of merger in which an entirely new firm is created.
▶ 완전히 새로운 기업이 만들어지는 합병 방법.

☐ **Current liabilities**   유동부채

Obligations which are expected to require cash payment within one year or the operating period.
▶ 1년 혹은 결산 기간 내에 현금 지급의 요구가 예상되는 의무.

☐ **Current ratio**   유동비율

Total current assets which is divided by total current liabilities to measure short-term solvency of a firm.
▶ 기업의 단기적인 지불 능력을 측정하기 위해 유동자산을 유동채로 나눈 비율.

☐ **Dedicated capital**   시가총액

Number of shares issued multiplied by the per value of each share.
▶ 발행 주식 수에 1주당 시가를 곱한 금액.

■ **Earning per share**   1주당 순이익

☐ **Firm's net value after debt**   기업의 순가치

Total firm value minus value of debt.
▶ 기업 가치에서 부채를 차감한 가치.

☐ **Fixed asset**   고정자산

In accounting, long-lived property owned by a firm that is used by firm in the production of its income.
▶ 회계에서 수입을 얻기 위해 사용된 사용 기간이 긴 자산.

■ **Fixed capital**   고정자본

■ **Funded debt; long-term debt**   장기부채

☐ **Incremental IRR**   증분 내부수익률

IRR on the incremental investment from choosing a large project rather than a smaller project.
▶ 소규모 투자 프로젝트보다 대규모 프로젝트를 선택했을 때 얻을 수 있는 투자 증가분의 내부수익률(투자 규모가 다른 두 가지 프로젝트를 선택할 때, 판단 기준으로 IRR만을 사용하는 것은 아니다. NPV와 증분 IRR이 기준으로 사용된다).

☐ **Internal rate of return; IRR**   내부수익률

A discount rate that net present value of an investment of project is zero.

▶ 투자 프로젝트에 대한 NPV가 0이 되는 할인율.

☐ Inventory turnover ratio   재고 자산 회전율

Ratio of annual sales to average inventory that measures how quickly inventory is sold.

▶ 얼마 동안의 기간에 재고품이 판매되는지를 측정한 연간 매출에 대한 평균 재고 금액의 비율.

☐ Multiples   승수

price/earnings ratios.

▶ PER의 별칭.

☐ Net cash balance   순 현금 잔액

Beginning cash balance plus cash receipts minus cash disbursement on the book.

▶ 초기 현금 잔액에 현금 수입을 더한 후에 지급을 뺀 금액.

☐ Net investment   신투자

Total investment minus depreciation.

▶ 총투자 금액에서 감가상각을 차감한 것.

☐ Net operating loss; NOL   순 영업 손실

Losses that firms take advantage of to reduce taxes.

▶ 세금 공제를 받는 기업의 손실.

☐ Net present value; NPV   순현재가치

Present value of future cash returns or cash flows and discounted at the appropriate market interest rate, minus the present value of the cost of the investment.

▶ 미래의 현금 수익 혹은 현금흐름을 적정 시장 금리로 나눈 현재가치에서 투자 비용의 현재가치를 차감한 것.

☐ Net present value rule   순현재가치 규칙

Investment is worth making if it has a positive NPV.

▶ 투자의 순현재가치가 양의 수라면 투자 프로젝트는 채용되어야 한다는 규칙.

☐ Net working capital   순운전자본

Current assets minus current liabilities.

▶ 유동자산에서 유동부채를 차감한 값.

☐ **Off-balance-sheet financing**   부외 금융

Financing which is not shown as a liability on a company's balance sheet.
▶ 기업의 대차대조표의 부채에 나타나지 않는 금융.

☐ **Payout ratio**   배당성향

Proportion of net income paid out in cash dividends to shareholders.
▶ 주주에 대한 배당으로 지출되는 금액의 수익에 대한 비율.

■ **Price earning ratio, PER**   주가수익비율

■ **Price-keeping operation, PKO**   주가 유지 조작

☐ **Profitability index**   수익성 지수

A financial method used to evaluate projects. It is the ratio of the present value of the future expected cash flows and initial investment divided by the amount of the initial investment.
▶ 프로젝트를 평가하기 위한 금융 방법. 미래 현금흐름의 현재가치와 초기 투자의 합계를 초기 투자 금액으로 나눈 비율.

■ **Reserve (floating/circulating) capital**   유동자본

☐ **Retained earning**   사내유보

Earnings not paid out as dividends.
▶ 배당으로 지급되지 않은 이익 잉여금.

☐ **Retention ratio**   사내유보율

Retained earnings divided by net income.
▶ 사내유보금을 순이익으로 나눈 값.

☐ **Return on assets, ROA**   총자산 수익률

Income divided by average total assets.
▶ 순이익을 평균 총자산으로 나눈 것.

☐ **Return on equity, ROE**   자기자본 이익률

Net income after interest and taxes that is divided by average common stockholders' equity.
▶ 이자 지불과 세후 순이익을 평균 보통 주주 자본으로 나눈 값.

■ **Revolve capital**   자본을 회전시키다

☐ **Short-term debt**   단기차입금

An obligation that has a maturity of one year or less from the date it was issued.

▶ 1년 이내의 변제 기한을 가진 부채.

☐ **Static theory of capital structure**　　정적 자본 구조 이론

Firm's capital structure is determined by a trade-off of the value of tax shields against the costs of bankruptcy.

▶ 기업의 자본구성은 부채가 가진 세금 공제 이익과 재무적 곤란 비용(파산 비용)의 상반 관계에 의해 결정된다는 이론.

☐ **Stockholder's equity**　　주주 자본(자기자본)

The residual claims that stockholders have against a firm's assets, subtracting total liabilities from total assets and net worth.

▶ 총자산과 순자산에서 부채를 차감한 것으로 주주가 기업에 청구할 수 있는 잔여 가치.

■ **Suffer from a lack of funds**　　자본 부족에 시달리다

☐ **Total cash flow of the firm**　　기업의 총 현금흐름

Total cash inflow minus total cash outflow.

▶ 총 현금 수입에서 총 현금 지출을 차감한 것.

☐ **Variable cost**　　변동비

A cost that varies directly with volume and becomes zero when production is zero.

▶ 제품의 생산이 0일 때 0이 되는 생산량에 직접 결부되어 변동하는 비용.

CHAPTER 11

리스크란?

리스크와 주가 변동성

1 RISK AND VOLATILITY

risk(리스크)는 '위험'을 의미합니다. 이 risk(리스크)는 금융 세계에서 '위험'이라는 의미로 사용되기는 하지만 그것을 조심해야 한다는 뜻으로 사용하지는 않습니다. 다시 말해 risk(리스크)는 어떻게 하면 risk(리스크)를 정면으로 돌파해 chance(기회, 수익 기회 ; opportunity)로 바꿀 수 있을지에 관한 개념입니다. risk hedge(위험 헤지)라는 용어도 단순히 위험을 hedging(회피)하기보다는 예측할 수 없는 상황에 처했을지라도 그 손실을 최소한으로 억제시켜 다른 opportunity(수익 기회)로 삼는다는 의미가 강합니다. 여기서 risk hedge(위험 헤지)의 기본은 '분산(diversification)'입니다. diversification(분산)이라고 해도 맹목적으로 투자처를 여기저기 흩뜨려 놓는 것이 아닙니다. 어디까지나 statistics(통계)와 probability(확률)라는 방법을 사용해 risk(리스크)를 정면 돌파합니다. 실제로 MBA의 finance(금융) 수업에서 깨달은 점은 risk(리스크)가 두려워서 hedging(회피)하는 것이 아니라는 것입니다. risk(리스크)는 negative(부정적인)한 문제가 표면화되기 전에 깨달아서 혹시 문제가 되더라도 그것이 꼼짝 못하도록 '조치를 취한다'는 긍정적인 뉘앙스를 가진 존재입니다. 실제로 주식시장이 예상보다 높은 upside risk(상방 리스크)든지 예상치가 낮아 손실을 보는 downside risk(하방 리스크)든지 상관없이 투자 position(포지션)을 취하고 있다면 이것은 risk(리스크)가 됩니다. 그러나 여기서 사용하는 risk(리스크)는 보다 positive(긍정적인)한 의미로, volatility(주가 변동성)라는 단어로 바꿔 사용할 수도 있습니다. 즉, 시장이 움직이면 움직일수록 opportunity(수익 기회)와 그 절대액은 증가합니다. 이 움직이는 범위를 volatility(주가 변동성)라고 표현합니다. volatility(주가 변동성)가 높으면 opportunity(수익 기회)도 많아지는지에 대해서는 option(옵션) 부분에서 자세히 설명하겠습니다. volatility(주가 변동성)가 크다 = 시장의 변동 범위가 크다는 상황으로 그 변동 범위를 측정하기 위해서는 일반적으로 standard deviation(표준편차)을 사용합니다. 이 standard deviation(표준편차)을 기준으로 하여 블랙 숄즈 방정식(콜 가격 결정 평가식 : Black-Sholes call pricing equation)을 사용해 option(옵션)이라 불리는 derivatives(파생 금융 상품)의 평가액을 결정합니다. volatility(주가 변동성)에는 옵션 가격(프리미엄 : premium)으로부터 역산되는 '내재 변동성(implied volatility : IV)'과 과거의 가격 동향으로부터 산출되는 '역사적 변동성(historical volatility)'이 있습니다. futures contract(선물)나 option(옵션), swap(스와프) 등의 derivatives(파생 금융 상품)는 volatility(주가 변동성)가 증가하면 가치가 상승하는 성질이 있습니다. principal(원자산)을 market price(시장 실세가격)보다 유리하게 매매할 수 있는 가능성이 높아져 derivatives(파생 금융 상품)를 취급하는 금융업자에 따라서는 수익 기회가 증가합니다.

블랙 숄즈의 방정식이란?

블랙 숄즈의 방정식(Black-Sholes call pricing equation)은 European option(유러피언 옵션)의 가격을 계산하기 위해 사용됩니다. 현재 가격이 S인 증권을 matured date(만기) T시에 권리 행사 가격 X로 매각하는 옵션의 premium(프리미엄)을 구하는 공식입니다.

전제 조건(assumption)

주가의 return(리턴, 수익)의 logarithm(로그, 대수)를 취한 것을 정규분포한다.

블랙 숄즈의 편미분방정식

$$f_t(S,t) + rSf_s(S,t) + \frac{1}{2}\sigma^2 S^2 f_{ss}(S,t) = rf(S,t)$$

$$\text{경계 조건} : f(S_T, T) = \begin{cases} S_T - X & (S_T \geq X) \\ 0 & (S_T < X) \end{cases}$$

S : 현재의 주가

S_T : 시점 T의 주가

$f(S,t)$: 콜옵션의 가치

σ : 주가 변동성

r : 무위험 이자율

X : 옵션의 행사 가격

해답(solution)

$$f_{call} = SN(d_1) - Xe^{-r(T-t)} N(d_2) \quad \cdots\cdots \text{콜옵션의 프리미엄}$$

$$f_{put} = -SN(-d_1) + Xe^{-r(T-t)} N(-d_2) \quad \cdots\cdots \text{풋옵션의 프리미엄}$$

$$d_1 = \frac{\log \dfrac{S}{X} + \left(r + \dfrac{\sigma^2}{2}\right)(T-t)}{\sigma\sqrt{T-t}}$$

$$d_2 = d_1 - \sigma\sqrt{T-t}$$

S : principal(원자산)의 present value(현재가치)

X : 권리 행사 가격

r : risk free rate(무위험 이자율)

$T-t$: 만기까지의 기간

σ : 원자산의 volatility(변동성)

$N(d)$: standard deviation(표준정규분포)의 누적밀도함수

실제 유러피언 옵션(콜) 계산의 예

예를 들어 현재의 닛케이 평균이 1만 5000엔, 옵션의 권리 행사 가격이 1만 4500엔, 옵션 만기가 3개월 후, 변동률이 25%, 국채 이율 등의 risk free rate(무위험 이자율)가 4%일 때, European call option(유러피언 콜옵션)의 premium(가치)은 다음과 같이 계산합니다.

S : present value of Nikkei 225 = 1만 5000엔

(닛케이 평균이 1만 5000엔)

X : option(옵션)의 권리 행사 금액 = 1만 4500엔

T : option(옵션)의 matured date = 3개월 후

($T-t$를 3개월간/92일간으로 합니다. $T-t = \frac{92}{365} = 0.2521$)

σ : volatility(변동률) = 25%

r : risk free rate(무위험 이자율) = 4%

$$d_1 = \frac{\log \frac{S}{X} + \left(r + \frac{\sigma^2}{2}\right)(T-t)}{\sigma \sqrt{T-t}} = \frac{\log \frac{15{,}000}{14{,}500} + \left(0.04 + \frac{0.25^2}{2}\right) \times 0.2521}{0.25 \times \sqrt{0.2521}}$$

$$= 0.4152$$

$d_2 = d_1 - \sigma\sqrt{T-t} = 0.4152 - 0.25 \times \sqrt{0.2521} = 0.2897$

$N(d_1) = N(0.4152) \rightarrow$ 표준정규분포의 누적밀도함수 = 0.661

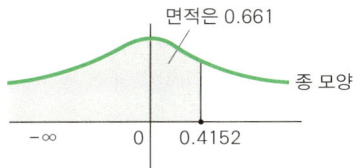

$N(d_2) = N(0.2897) = 0.614$

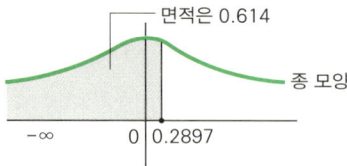

$f_{call} = 15{,}000 \times 0.661 - 14{,}500 \times e^{-0.04 \times 0.2521} \times 0.614 = 1{,}101.33(엔)$

이로써 유러피언 콜옵션의 premium(프리미엄)은 1101엔이 됩니다.

2 분산투자
DIVERSIFIED INVESTMENT

diversified investment(분산투자)의 기본적인 개념은 '하나가 기대하는 대로 이루어지지 않더라도 양호한 결과를 가져다 줄 다른 투자 대상이 있다'로 설명할 수 있습니다. 하나의 financial products(금융 상품)에 전부 투자하는 것이 아니라 stock(주식), bond(채권), foreign exchange(외화), deposit(자국 통화), gold(금), commodities(상품) 등에 diversified investment(분산투자)하는 것이 유리하다고 합니다. 그러려면 최대한의 이율을 획득할 수 있도록 투자처를 엄격하게 선정해야 합니다. 투자처를 선정할 때는 보다 많은 분산투자를 하는 편이 stable income(안정적인 수익)을 얻을 수 있다는 이론을 따르고 있습니다. 이것은 risk(리스크)가 향후 반드시 발생할 accident(사고)라는 인식을 염두에 둔 투자 행동입니다. 많은 투자처에 보다 적은 단위의 투자를 하면 만약 accident(사고)가 있다 할지라도 안건 하나당 발생하는 손실은 작을 것입니다. 예를 들어 업계 전체의 도산율이 연 3%일 때, 투자처 100개사 중 3개사는 go bankrupt(도산하여) 투자 금액을 회수할 수 없다고 합시다. 이 경우 3%라는 도산 확률은 100개사 중 3개사에 불과하지만, 만약 투자처가 10개사뿐이라면 그 3%가 1개사의 도산이라는 상황에 처하는 경우, 실제로 도산 확률은 10%가 되어 무려 3배 이상의 피해가 발생합니다. 이것은 insurance industry(보험 업계)의 사고방식과도 통하는 부분이 있습니다. 즉, 보험 상품은 accident(사고)가 일정한 확률로 반드시 일어난다는 것을 assumption(전제)하여 보다 많은 사람에게 판매되고 있습니다. 보다 많은 사람에게 보험을 판매함으로써(보다 많은 투자처에 분산투자함으로써) 그 보험 청구액이 보험 상품 전체에서 차지하는(도산하는 투자처가 발생할) 비율을 안정적으로 minimize(극소화하다)하려고 합니다.

● **투자처의 분산이 많을수록 유리한 예**

1) 투자 자금이 1억 엔, 투자처 100개사 도산 확률 3%, 평균 수익 10%

    투자 금액　　　　100만 엔 × 100개사　＝　1억 엔

    3개사 회수 불능　▲100만 엔 × 3개사　＝▲300만 엔

    리턴　　　　　　97개사 × 110만 엔　＝　1억 670만 엔

    수익　　　　　　370만 엔

2) 투자 금액 1억 엔, 투자처 10개사 도산 확률 3%, 평균 수익 10%

    투자 금액　　　　1000만 엔 × 10개사　＝　1억 엔

    3개사 회수 불능　▲1000만 엔 × 1개사　＝▲1000만 엔

    리턴　　　　　　9개사 × 1100만 엔　＝　9900엔

    손실　　　　　　▲100만 엔

분산에는 투자 대상의 분산과 시간의 분산이 있습니다. 상장의 동향을 예측할 수 있는 사람은 없을 것입니다. 만약 예측할 수 있다면 그 사람은 신이 아니면 '인사이더(내부자, using inside information)'입니다. '인사이더(내부자, using inside information)'로 인해 발생되는 문제점을 피하기 위해서라도 투자 대상의 분산에 따른 macro economics(거시 경제), fundamentals(펀더멘털즈, 기본 요인) 시장의 불규칙성과 그에 따른 왜곡적인 해석을 막아야 합니다. 주식에 투자할 때는 여러 업계에서 한 회사씩 대표 상품을 선택하는 것도 좋은 방법이라 할 수 있습니다. 날마

다 가격이 상승하거나 하락하는 업종이 다릅니다. 특정 업종의 실적과 주가가 일방적으로 상승하는 경우도 있으나, 이 책에서는 어디까지나 상품 가격이 상승하면 매도하고 하락하면 매입하는 것으로 하겠습니다. 이렇게 하면 모든 상품의 가격이 동시에 하락하지 않는 이상 그때마다 주식 시세 변동에 따른 차액을 버는 사람들이 존재할 것입니다. 이러한 사람들로 인해 cash flow(현금흐름)가 증가합니다. 또한 상품의 분산 외에도 시간의 분산이라는 개념이 있습니다. 이것은 투자처를 주식으로만 한정시키지 않고 bond(채권)로 운용할 때나 foreign exchange(외화)로 운용할 때 자주 사용됩니다. 매매 타이밍을 분산시킴으로써 상장이 한 방향으로 향할 때 일어나기 쉬운 편향된 position(포지션)을 피하는 것에 그 목적이 있습니다. '달러 평균법(dollar cost averaging constant dollar plan)'은 이러한 시간적 분산투자 효과를 노린 것입니다.

단, 현대의 globalization(세계화)되어 있는 경제에서는 '세계 동시 주가 상승' 등의 공통된 현상이 세계 각지에서 일어납니다. 이런 경우 아무리 투자처의 stock(주식)이나 bond(채권)를 국제적으로 통용해도 그다지 의미가 없습니다. 만약 '세계 동시 주가 하락(systematic risk : 체계적 위험)'의 상황이 된다면 투자 주체는 물론 투자처가 분산되어 있는 fund(투자신탁)조차도 큰 규모로 운용하는 데 지장이 생깁니다. 그중에는 이러한 경기 변동 리스크나 금리 상승 리스크를 가진 채권 포함형 investment trust(투자신탁)도 있습니다. 그러나 return(리턴, 수익)이 하락하는 것도 사실입니다. 시간적인 분산투자의 개념은 '투자를 할지 혹은 그만둘지'라는 시간축에 의한 기본적인 개념(현금으로 놔둘까 아니면 다른 것으로 할까)을 생각한 후에야 유효해집니다.

증권화

3 SECURITIZATION

분산의 장점을 한 가지 더 들자면, 수익 분배의 소액화를 통해 투자에 대한 안정성을 높이는 방법이 있다는 것입니다. 이것이 바로 '증권화(securitization)'입니다. 예를 들어 지금까지 토지나 부동산은 owner(오너)가 risk(리스크)를 부담하며 그 investment(투자)와 income(수익)에 대해 100% 책임을 졌습니다. real estate(부동산) 수입과 rent(집세) 수입에서 owner(오너)는 10채의 tenant(세입자) 중 한 채가 rent(집세)를 delinquency(체납)해버리면 그 체납분의 risk(리스크)를 100% 져야 합니다. 현실에서 tenant(세입자)의 체납률 10%는 대단히 높은 숫자이므로 현실을 반영하여 1%라고 하겠습니다. tenant(세입자)를 많이 모을수록 현실 체납률은 1%에 가까우며 체납률의 리스크는 감소합니다. 이 과정에서 tenant(세입자)를 많이 모으기 위해서는 real estate(부동산) 등의 투자 대상도 증가시켜야 하므로 운용 자금이 많이 듭니다. 여기서 한정된 자산으로 운용처는 물론 출자원도 많은 상태를 만들기 위해 생각한 것이 바로 securitization(증권화) 비즈니스입니다. 이처럼 보다 많은 자금을 안전하게 운용해 수익 기회를 보다 많은 투자가에게 가져다 주자는 생각은 risk(리스크)를 줄인다는 개념에 따른 것입니다.

4 서브프라임 론과 리스크 분산, 증권화

RISK OF ABS

이처럼 소액의 안정적인 구조를 가진 운용 방법도 일단 신용이 무너져버리면 시스템은 간단히 파괴된다는 것을 알 수 있었습니다. 예를 들어 '서브프라임 론(sub-prime loan)'은 '자산 담보 증권(ABS : asset backed security)'으로서 securitization(증권화)·분할되어 복수의 금융 상품에 구성 요소 중 하나로 포함되어 있습니다. 신용 등급이 낮은 사람들을 대상으로 주택 자금을 빌려주는 주택 collateral(담보) 대출을 sub-prime loan(서브프라임 론)이라고 합니다. 이것은 높은 이율의 변제 이자로 뒷받침되어 고이율을 기대할 수 있는 '모기지 담보 증권(MBS : mortgage backed security)'이었습니다. 높은 risk(리스크)를 내포한 sub-prime loan(서브프라임 론)을 분할해 다른 안전한 증권과 조합해 금융 상품을 구성함으로써 risk(리스크)를 management(제어)할 수 있을 것이라고 생각했습니다. 또한 차용인 입장에서 생각하면 지속적으로 상승하던 미국의 주택 가격은 (실제로 팔지 않아도) 대출 회사를 통해 자산 가치의 상승분만큼 liquidation(현금화)할 수도 있었습니다. housing market(주택 시장)의 급격한 침체로 collateral(담보)은 원금을 밑돌았으며 주택 가치 상승으로 인한 수입도 감소하였습니다. 또한 원래의 수입 수준으로는 도저히 살 수 없었던 주택의 대출 변제가 당장 불가능한 상태가 되었습니다. 그 결과 아무리 분산화되었다고 할지라도 '디폴트(default ; 채무불이행)'가 한 방향으로 일어났기 때문에 분산화의 의미가 사라진 상태가 되었습니다. 세계 동시 주가 하락과 마찬가지로 차용인의 동시 채무불이행이 한꺼번에 일어난 것이 큰 문제가 되었습니다. 물론 공론으로는 housing market(주택 시장)의 장래에 대한 오판과 대출 회사가 수익을 올릴 욕심에 대출 지불 능력이 의심되는 사람에게까지 대출했다는 심층적인 문제가 있습니다.

5. 증권화하는 측의 장점
ADVANTAGE OF SECURITIZATION

자산 담보 증권의 발행은 만기 1년 이상의 ABS(asset backed securities)와 이보다 단기인 ABCP(asset backed commercial paper)가 있습니다. 발행하는 입장에서는 둘 다 자금 조달에 효과적인 수단입니다. 자산 담보 증권의 '발행자(originator)'는 principal(원자산)에 대한 채권 보유자 혹은 그 대출금을 빌려주는 사람입니다. 채무자는 obligor라고 불리며 그 채권의 채무자이자 주택 대출의 차용인입니다. 담보 증권 발행자는 SPC(특수 목적 회사 : special purpose company)를 통해 증권을 발행하며 servicer라 불리는 채권 회수인을 통해 채권을 회수합니다. 이에 대해 자산 담보 증권의 구매자는 investor라 불리며 '기관투자가(institutional investor)'와 '개인투자가(retail investor)'가 포함됩니다. 이처럼 자산 담보 증권은 그 담보 가치의 안정, 담보 가치가 창출하는 안정된 cash flow(현금흐름)나 securitization(증권화)에 의한 분산투자라는 잘 고안된 구조입니다. risk hedge(위험 헤지)라는 관점에서 보면 다음과 같은 장점이 있습니다.

1) '양호한 신용 평가(good credit rating)'의 취득
   공모 시에는 S&P와 무디스로부터 높은 신용 평가를 취득.

2) '낮은 신용 리스크(lower credit risk)'의 유지

'지급보증(credit facility)'을 받는다, 현금 담보를 맡는다(cash collateral) 등의 대응책이 있다.

3) '유동성 리스크(liquidity risk)'의 체감(遞減)

시장의 혼란기에도 충분한 유동성 공급이 행해지는 유동성 보증 범위를 획득한다.

4) '원채권자의 자산으로부터의 격리(bankruptcy remote)'

원채권자의 도산에 의한 압류 회피.

이 단계를 거침으로써 증권 발행자에게는 다음과 같은 merit(장점)가 부여됩니다.

1) Cost efficient financing(효율적인 자금 조달)
2) Diversified financing base(다양화된 자금 조달 소스)
3) Preservation of existing credit limits with the bank(은행 차입 범위의 유지)

이상으로 securitization(증권화)의 장점에 대해 살펴보았습니다. 그러나 그 전제로 가장 중요한 점은, securitization(증권화)함으로써 발행 기업은 그 자산을 balance sheet(대차대조표)에서 '장부에 계상하지 않는 것(장부 외 : off balance)'입니다. 이에 따른 자산 압축 효과는 ROA의 개선, ROE의 개선으로 이어집니다. 예를 들어 어떤 기업이 외상 매출금으로 100억 엔의 자산을 보유하고 있다고 합시다. 아무것도 하지 않는다면 이 기업이 이 외상 매출금에 상당하는 asset(자산)을 debt(부채) 혹은 capital(자본)에서 조달하게 됩니다. 그러나 여기서 100억 엔의 외상 매출금을 securitization(증권화)해 판매함으로써 이 기업은 100억 엔의 외상 매출금을 오프 밸런스해 자산 계정에서 공제하는 것이 가능해집니다. 이에 따른 재무 상황으로는 asset(자산)이 감소하고 이와 균형을 이루는 재무 효율이 향상됩니다.

리스크와 변동률의 Key Words

■는 기본 단어　□는 해설이 첨부된 중요 단어

☐ **Accounts receivable turnover**　　　매출 채권 회전율

Sales divided by average accounts receivable.

▶ 매출을 연평균 외상 매출금으로 나눈 것(자본의 효율을 나타낸다).

☐ **Aggregation**　　　애그리게이션, 집계 프로세스

Process in referring to the sum total of the whole corporate financial planning whereby the smaller investment proposals of each of the firm's operational units are added up and in effect treated as a big picture.

▶ 기업 전체의 재무 계획을 조사하는 과정. 기업 내 각 사업 부문의 작은 투자 제안을 모아서 실질적으로 전체상으로 취급한다.

☐ **Appraisal right**　　　주식 매수 청구권

Statutory rights of shareholders of an acquired firm that allow them to demand that their shares be purchased at a fair value by the acquiring firm.

▶ 기업합병 시 자신이 보유한 주식이 매수하는 측에 적정한 가격에 팔리도록 요청할 수 있는 주주의 법정 권리.

☐ **Asset beta**　　　자산 베타

The sensitivity of a firms asset, stock price or property value to that of the overall economy.

▶ 주식이나 재산 등의 기업 자산 가치가 경제의 전체 상황에 대해 변동하는 민감도.

☐ **Auto correlation**　　　자기 상관

The correlation of a variable figure with itself over successive time intervals.

▶ 지속적인 기간에 걸친 상관관계.

☐ **Balloon payment**　　　만기 일시 상환

A larger final payment, as when a loan is repaid in installments.

▶ 분할 지급 시 큰 금액으로 이뤄지는 최종 지급.

☐ **Best-efforts underwriting**　　　모집 주선(募集周旋)

A best arrangement, offering in which an underwriter agrees to distribute as much of the offering as possible and to return any unsold shares to the issuer.
▶ 언더라이터가 가능한 한 많은 주식을 매각하는 것. 주식을 매각하고 남은 분량을 발행처에 매각하는 것에 동의하여 최선의 노력을 하는 것.

☐ **Capital budgeting**　　　　　　　자본 예산

Planning, projecting and managing expenditures for long-lived assets.
▶ 장기 자산을 위한 지출을 계획하고 예상하여 관리하는 것.

■ **Carrying value; book value**　　　보유가액, 장부가액

☐ **Cash budget**　　　　　　　　　현금 예산

Forecasted cash receipts and disbursements expected by a firm.
▶ 기업 내의 현금 수입과 지출의 예산.

☐ **Coinsurance effect**　　　　　　공동보험 효과

Risk hedge that the merger of two firms decreases the probability of default on either's debt.
▶ 두 회사의 합병으로 채무불이행의 가능성을 감소시킬 수 있는 위험 헤지.

☐ **Collateral**　　　　　　　　　　담보

Assets that are pledged as security for payment of its debt.
▶ 채무 지급을 위해 보전되어 있는 자산.

☐ **Concentration banking**　　　　집중 은행

The use of geographically collection centers to speed up the collection of accounts receivable.
▶ 받을 어음을 빨리 회수하기 위해 지역 집중형의 회수 센터를 이용하는 것.

☐ **Covariance**　　　　　　　　　공분산

A statistical term of the degree to which random variables move together.
▶ 두 개의 변수가 같이 움직이는 정도를 나타내는 통계적 용어.

☐ **Cumulative abnormal return, CAR**　누적 비정상 수익률

Sum of differences between the expected rate of return on a stock and the actual return that comes from the release of news to the market.
▶ 기대 수익률과 시장에 발표하는 정보로 얻을 수 있는 실제 수익의 차이의 합계.

☐ **Cumulative probability**　　　　누적 확률

The probability which is from the standardized normal distribution will be

below a particular value.
▶ 표준편차에서 확률이 특정 수치를 밑돌 확률.

☐ **Days in receivables**   회수 일수

Average collection term.
▶ 받을 어음을 회수하는 데 걸리는 평균 일수.

☐ **Days sales outstanding**   회수 기간

Average collection term.
▶ 매출의 (현금으로의) 평균 회수 기간.

■ **Debt deflation**   부채 디플레이션

■ **Debt portfolio**   부채 포트폴리오

☐ **Decision tree**   의사 결정 나무

A graphical framework of alternative sequential decisions and the possible outcomes of those decisions.
▶ 여러 가지 판단과 그 판단으로부터 나올 수 있는 결과의 시각적 틀.

■ **Depression; economic panic**   불황, 경제공황

■ **Deputy Vice-Minister for Financial Affairs**   (일본의) 재무관

☐ **Direct lease**   직접 리스

A lease under which a lessor buys equipment from a manufacturer and leases it to a lessee.
▶ 리스하는 기업이 제조업체로부터 설비를 직접 구입해 리스 사용인에게 리스하는 형태.

☐ **Distribution**   유통

A type of dividend which is paid by a firm to its owners from sources except current or accumulated retained earings.
▶ 기업에 의해 지급되는 배당의 일종으로 유동자산 혹은 축적 잉여금 이외에서 지출로 조달하는 것.

☐ **Diversifiable risk**   분산 가능 위험

A risk that specifically comes from a single asset or a small group of assets.
▶ 단일 자본 혹은 소수의 자본 그룹에 의한 특정 위험.

☐ **Equity beta**   자본 베타

The measure for asset beta adjusted for leverage.
▶ 레버리지 효과를 조정한 자산 베타 지표.

☐ **Expiration date**　　　　　　　　　만기일

Maturity date of an option.
▶ 옵션 만기일.

■ **Finance committee**　　　　　　　상원 재정 위원회

☐ **Financial Accounting Standards Board, FASB**　미국의 재무 회계 기준 위원회

The governing body in accounting.
▶ 회계 제도의 감독 기관.

■ **Financial adviser**　　　　　　　　투자 자문역

■ **Financial guarantee**　　　　　　　재정 보증

☐ **Financial lease**　　　　　　　　　금융 리스

A long-term irrevocable lease, generally requiring lessee to pay all maintenance fees.
▶ 보통 모든 관리 비용을 임차인이 부담하는, 취소가 불가능한 장기 리스 계약.

■ **Financial management**　　　　　　재무관리

■ **Financial report**　　　　　　　　　보고서

■ **Financial statement**　　　　　　　재무제표

■ **Financier; financial commissioner**　금융업자

☐ **Futures contract**　　　　　　　　선물거래

Obliges traders to deal an asset or an item at an agreed-upon price on a specified future date.
▶ 미래 특정일의 가격으로 매매를 수행할 의무를 트레이드에게 부과하다.

■ **Futures market**　　　　　　　　　선물 시장

☐ **Inside information**　　　　　　　　내부 정보

Nonpublic knowledge or information about a corporation possessed by people in special positions inside a firm.
▶ 기업 내부의 특별한 지위에 있는 사람에 의한 기업의 비공개 정보 또는 비공개 지식.

■ **Insider stock trading**　　　　　　　내부자거래

☐ **Internal financing**　　　　　　　　내부 금융

Internally generated cash flow. Net income plus depreciation minus dividends.
▶ 기업 내에서 산출된 현금흐름. 순이익에 감가상각을 더한 것에서 배당을 차감한 값.

■ **International commodity**　　　　국제 상품

☐ **Inventory loan**　　　　재고자산 담보대출

It is also called inventory finance. A secured short-term loan to purchase inventory.

▶ 재고금융이라고도 불린다. 재고 구입에 따른 담보부 단기 대출.

☐ **Lease**　　　　리스

A financial contractual arrangement to grant the use of specific fixed assets for a specified time in exchange for payment, usually in the form of rent.

▶ 특정한 기간, 특정한 고정자산의 사용을 일반적으로 임차료와의 교환으로 인정하는 계약.

■ **Liberalization of the capital market**　　　　자본의 자유화

■ **Margin buying**　　　　신용 매수

■ **Margin trade**　　　　증거금 거래

■ **Margin trading**　　　　증거금 거래

☐ **Market portfolio**　　　　시장 포트폴리오

A value-weighted index of all securities.

▶ 모든 증권의 가격을 가중평균한 지표.

☐ **Market price**　　　　시장가격

The current amount that a security is trading in a market.

▶ 시장에서 주식이 매입되는 현재 가격.

☐ **Minimum variance portfolio**　　　　최소 분산 포트폴리오

Portfolio of risky assets with the lowest possible variance.

▶ 분산이 최저인 위험 자산 포트폴리오(기대 수익이 가장 높고 포트폴리오 수익의 표준편차가 가장 작은 점).

■ **Minister of Finance**　　　　재무부 장관

■ **Ministry of Finance (Japan); Department of the Treasury**　　재무성, 재무부

■ **Modified (monopolistic) capitalism**　　　　수정자본주의

☐ **Multiple rates of return**　　　　복합 수익률

More than one rate of return from the same project that make NPV(net present value) of the project equal to zero.

▶ 순현재가치를 0으로 하는 동일한 투자 안건에서 나온 두 개 이상의 투자수익률.

| **Mutual fund** | 뮤추얼 펀드 |

| **Netting out** | (이익 등을) 명확화하다 |

To clear as profit.

▶ 이익을 확실히 하는 것.

| **Noncash item** | 비현금 항목 |

Expense that does not directly affect cash flows, such as depreciation and deferred taxes.

▶ 감가상각과 이연법인세 등의 현금흐름에 직접 관계하지 않는 비용.

| **Normal annuity form** | 보통 연금 급부 방식 |

The manner that retirement benefits are paid out.

▶ 퇴직금을 지불하는 방법.

| **Open account** | 오픈 계정 |

A credit account that the formal instrument of credit is the invoice.

▶ 공식적인 청구권 행사가 청구서인 신용 계좌.

| **Operating lease** | 운용 리스 |

One type of lease that the period of contract is less than the life of the equipment and the lessor pays all maintenance and servicing costs.

▶ 임대인이 보수 정비 비용을 전액 부담하여 그 상품의 수명보다 짧은 기간 리스하는 계약.

| **Payback period rule** | 회수 기간 법 |

An investment decision that all investment projects that have payback periods equal to or less than a particular cutoff period are accepted, and all of those that pay off in more than the particular cutoff period are rejected.

▶ 회수 기간이 컷오프 기간보다 짧은 모든 투자 프로젝트는 채용하고 회수 기간이 긴 프로젝트는 채용하지 않는다는 투자 판단.

| **Payments pattern** | 지급 패턴 |

The lagged collection pattern of receivables.

▶ 받을 어음의 장부상 회수 패턴.

| **Performance share** | 성과 주식 |

Shares of stock given to managers based on performance as measured by earnings per share.

▶ 1주당 이익 등의 실적에 따라 관리직에 할당하는 주식.

☐ **Plug** 플러그 변환

A mathematical variable that handles financial slack in the financial strategies.

▶ 금융 전략에서 모순성을 조정하는 수학적 변수.

☐ **Post** 포스트

Particular place on the floor of an exchange where transaction in stocks listed on the exchange occur.

▶ 공개 기업의 주식이 거래되는 거래소의 특정 장소.

■ **Private sector** 민간 부문
■ **Productivity gap inflation** 생산성 격차 인플레이션
■ **Real estate investment trust, REIT** 부동산 투자신탁
■ **Regional Financial Bureau** 재무부
■ **Retail investor** 개인투자가
☐ **Safe harbor lease** 안전 피난 리스

A lease to transfer tax benefits of ownership (depreciation and debt tax shield) from the lessee.

▶ 소유에 의한 세금 혜택(감가상각이나 부채의 세를 공제해줌)을 임차인이 사용할 수 없는 경우, 임차인이 임대인에게 그들의 세금 혜택을 양도하기 위한 리스.

☐ **Sale and lease-back** 세일 앤 리스백, 매각 후 재리스

An financial arrangement whereby a firm sells its existing assets to a financial company which then leases them back to the firm.

▶ 현존 자산을 금융회사에 매각해 기업이 계속 사용할 수 있도록 다시 리스하는 금융 방법.

☐ **Sales-type lease** 판매형 리스

An leasing arrangement whereby a firm leases its own equipment.

▶ (제조) 기업이 자사 제품을 리스하는 것(제조 기업이 자사의 제품을 리스하는 것은 판매 수익에 대한 과세를 감소시키려 하는 인센티브가 된다).

☐ **Scale enhancing project** 규모 확대적 프로젝트

A project that is in the same risk class as the whole firm.

▶ (단일) 기업으로서 같은 위험 분류에 속하는 프로젝트.

☐ **Scenario analysis** 시나리오 분석

A kind of analysis of the effect on the project of different scenarios, each scenario involving a confluence of factors.

▶ 일치하는 요인을 포함한 각각의 다른 시나리오의 프로젝트 효과를 분석하는 방법의 일종.

☐ **Security market plane, SMP**　　　증권시장 평면

Showing the equilibrium relationship between expected return and the beta coefficient of more than one factor.

▶ 기대수익률과 두 개 이상 인수의 베타 계수 사이의 균형 관계를 나타낸다.

☐ **Seniority**　　　서열

The order of repayment.

▶ (파산 시의) 잔여 가치 지급 순위.

☐ **Sensitivity analysis**　　　감도 분석

The effect on the project when there is some changes in critical variables such as sales and costs.

▶ 매출액과 비용 등의 중요한 변수에 변화가 있을 때 이것이 프로젝트에 주는 영향.

☐ **Separation theorem**　　　분리 정리

The value proposition of an investment to an individual is not dependent on consumption preferences. All investors want to accept or reject the same investment projects by using the NPV rule, regardless of personal preference.

▶ 개인의 입장에서 보면 투자가치는 소비자 선호적이지는 않다. 모든 투자가는 동일한 프로젝트에 관해 개인적인 취향과는 상관없이 NPV 규칙을 사용하여 채용할지 혹은 거부할지를 결정한다.

☐ **Set of contracts perspective**　　　계약 집합의 관점

Seeing the corporation as a set of contracting relationships among individuals who have conflicting objectives, such as shareholders or managers.

▶ 기업을 주주나 관리자 등의 개인 이해관계의 계약의 집합체로 보는 관점.

☐ **Shelf life**　　　(재고의) 보전 기간

Number of days to get goods purchased and sold, or days in inventory.

▶ 상품이 매입되고 판매되기까지의 일수 혹은 재고 일수.

☐ **Shelf registration**　　　일괄 등록

An SEC method that allows a firm to file a master registration statement summarizing planned financing for a two-year period, and then file short state-

ments when the firm wishes to sell any of the approved master statement securities during that period.
- ▶ (미국에서) 증권거래위원회가 기업에 승인한 주식 매출 방식이다. 향후 2년 동안의 금융 계획을 정리한 투자 등록 서류를 제출함으로써 이 기간에 기업은 간단한 서류 제출만으로 투자 등록 서류가 인정하는 범위 내에서 주식 매도를 할 수 있다.

☐ **Shortage cost**   재고 부족 비용

Costs that fall with increases in the level of investment in assets.
- ▶ 자산에 대한 투자량의 증가로 인해 감소하는 비용.

☐ **Side effect**   부작용

Effects of a proposed project of other projects of the firm.
- ▶ 제안된 프로젝트가 기업의 다른 사업 안건에 주는 영향.

☐ **Sight draft**   일람불 환어음

A financial draft demanding immediate payment.
- ▶ 신속한 지급을 요구하는 금융 어음.

■ **Soft landing**   경기 연착륙

☐ **Standstill agreement**   정지 협정

Contracts where the bidder in a takeover process agrees to limit its holdings of another firm.
- ▶ 매수 과정에 있는 매입 기업이 그 외의 기업의 보유를 제한하는 계약.

☐ **Systematic**   체계적인

Common to all businesses.
- ▶ 모든 기업에 공통되는 사항.

☐ **Systematic risk**   체계적 위험

Affects a large number of assets, each to a greater or lesser degree.
- ▶ 정도의 대소에 관계없이 많은 수의 자산에 영향을 주는 위험.

☐ **Systematic risk principle**   체계적 위험 원리

The systematic portion of risk matters in large, well-diversified portfolios.
- ▶ 크고 잘 분산된 포트폴리오에서 위험 재료의 체계적인 부분(규모가 크게 분산되어 있는 포트폴리오의 기대수익률은 체계적인 것에 의한 경우가 많다).

☐ **Tax book**   세금 장부

Books kept by firm management for the IRS that follows IRS rules.

▶ 기업 경영자가 IRS을 위해 IRS의 규칙에 따라 보관하는 장부.

☐ **Taxable income**   과세 소득

Gross income less a set of deductions, such as net operating loss deduction, and special dividend deductions.

▶ 총소득에서 영업 손실, 특별배당 공제 등을 제한 것.

☐ **Tombstone**   발행 성립 광고

An advertisement that announces a public offering of securities of a firm.

▶ 미국 기업의 주식 증자에 관한 일반적인 광고.

☐ **Trust receipt**   화환(貨換) 어음, 담보 보관증

A receipt by which the borrower holds the inventory in 'trust' for the lender.

▶ 재고를 보관할 때 대출자가 대여자를 위해 발행하는 증서(재고 매각 대금은 대출자의 수입이 된다).

CHAPTER 12

선물거래와 옵션

1 선물거래
FUTURES

commodity market(상품 시장)에서 자주 들을 수 있는 futures(선물거래)는 전형적인 derivatives(금융 파생 상품)의 일종입니다. 이것은 futures라는 단어가 나타내듯이 장래의 commodities(상품) 가격을 지금 정해서 거래한다는 개념입니다. 자주 사용되는 futures(선물거래)의 구체적인 예에 관한 설명으로는 옥수수 농가의 futures(선물거래)에 의한 risk hedge(위험 헤지)라는 것이 있습니다. 예를 들어 옥수수 농가가 시세 변동이 극심한 market price(시장가격)에 맡긴 채 수확한 옥수수를 매각하면 그 해의 거래 상황에 따라서 income(수입)에 분산이 생깁니다. 힘들여 수확한 옥수수도 대풍작 등으로 수급이 원활하면 가격이 하락합니다. 그 결과 농가의 수입은 decline(감소)합니다. 이러한 risk(위험)를 감소시키는 방법이 바로 futures(선물거래)입니다. 옥수수의 수확이 끝나지 않은 단계에서 선물 상장에서의 가격이 이익을 확보할 수 있는 수준이라면 미리 매각해두는 것입니다[일정한 가격으로 미래에 팔기 위한 option(권리)을 구입하는 것을 말합니다. 이것은 put option(풋옵션)의 구입이 되며, '매도 헤지(selling hedge)'라고도 부릅니다]. 이 선물 시장의 가격은 옥수수 농가의 생각과는 정반대로 옥수수 가격이 더 오를 것이라 예측하여 미리 대량으로 구입해두자는 수요자에 의해 결제됩니다[미래에 그 가격으로 구입하기 위해 구입 권리를 사는 것을 말합니다. call option(콜옵션)의 구입이 됩니다]. 이렇게 하면 실제 옥수수의 시장가격이 수확기에 폭락하더라도 농가는 선물 시장에서 contract(약정)한 가격으로 옥수수를 매각할 수 있습니다. 그러나 옥수수의 가격 상승을 예측했던 수요자는 현물의 market price(시장가격)보다 비교적 높은 가격으로 옥수수를 구입해야만 합니다. 이 경우는 futures(선물거래)가 옥수수 농가의 안정적인 수입에 기여한 것이 됩니다. 실제로 futures(선물거래)에서는 이 예와 같이 기한까지 기다린 후에 결제하는 일은 좀처럼 없습니다. 대부분은 결제 기일 전에 making up differences(차금결제 ; 선물 가격과 현물 가격의 결제)가 이루어져 선물 시장 참가자에 의해 이익 확정과 loss cut(로스컷, 손절매)이 행해집니다.

 futures(선물거래)의 또 다른 한 가지 특징은 현물의 이동을 수반하지 않으며 결제 시 현금 전액을 반드시 필요로 하지 않는다는 점입니다. 이것은 '증거금 거래(margin trading, margin transaction)'라고 불리며 거래에 참가하기 위해 적은 deposit(증거금)으로 보다 많은 선물을 거래할 수 있습니다. 이것은 making up differences(차금결제)를 전제로 한 것으로 deposit(증거금)을 웃도는 손실이 발생하면 '추가증거금 납부 요구(margin call)'라는 추가 담보 차입을 해야 합니다. 자금이 없어 투자가에게 '추가증거금'을 차입할 수 없는 경우, 건옥(建玉 : 아직 결제되지 않은 약정의 증권과 그 수량 - 옮긴이)은 '반대 매매(reversing trade : 미수금이 발생했을 때 고객의 의사와는 관계없이 주식을 임의로 매도 처분하는 것 - 옮긴이)'에 의해 강제적으로 결제됩니다. margin trading(증거금 거래)은 leverage(레버리지 ; 지렛대 원리) 효과로 인해 자본이 적더라도 큰 거래가 가능합니다. 옥수수 농가의 수입 안정화를 위한 risk hedge(위험 헤지)의 수단인 futures(선물거래)가 opportunity(수익 기회)를 원하는 투자가에 의해 speculation(투기)의 동기가 되는 것임이 틀림없습니다. 일반적으로 투자가는 실수요와 차이가 큰 시장의 변동성을 초래한다는 비난을 받기도 하지만, 시장에 liquidity(유동성 ; 환금의 용이성)를 야기하는 기능도 담당합니다. 일본에서 선물거래 시장이 개설된 상품 분야는 닛케이225 등의 주가지수, 국채, 금, 농산물, 석유 등의 상품입니다.

2 옵션
OPTION

option(옵션) 개념에 대해서는 앞에서 살펴본 옥수수 농가의 예를 떠올려보세요. 미래에 시장에서 새롭게 결정된 가격으로 구입할 권리를 call option(콜옵션)이라고 부릅니다. 반대로 판매할 권리를 put option(풋옵션)이라고 합니다. put(풋)은 '놓다'라는 의미이므로 판다는 개념으로 기억해두면 좋습니다. call(콜)은 '부르다(사다)'라는 개념입니다. option(옵션)은 보이지 않는 '상품'이며 이것에는 두 개의 가치가 있습니다. 하나는 option(옵션)의 '시간적 가치(time value)', 그리고 다른 하나는 '원자산의 가치(principal ; 거래 대상인 시장에서의 가치)'로 condition(조건)에 따라서 가치가 크게 달라집니다. option(옵션)의 가치는 option(옵션)이 설정된 조건과 실제 시장의 상황(현 자산 가격)의 차이로 나타냅니다. '외가격(out-of-the-money : OTM)'이란 option(옵션)의 조건이 원자산 가격을 벗어나 option(옵션)이 가치를 가지고 있지 않은 상태입니다. '내가격(in-the-money : ITM)'이란 option(옵션)의 조건이 원자산 가격의 설정 조건 내에 있기 때문에 option(옵션)의 가치를 가지고 있는 상태입니다. 환율의 예에서 option(옵션) 거래의 예를 살펴봅시다.

call option(콜옵션) 구매 거래의 예

① 현재 1달러가 114엔이지만 1개월 후 달러의 외환시장은 달러고 / 엔저를 예상하고 있다.
② 권리 행사일이 1개월 후, 권리 행사 가격이 1달러 114엔인 콜옵션을 프리미엄(1달러당 옵션 비용) 0.50엔에 5만 달러분을 구매하기로 했다.
③ 1개월 후, 외환시장은 예상대로 118엔이 되었다. 그리고 권리 행사 가격이 114엔인 콜옵션은 '내가격'이 되어 자동 권리 행사가 이루어졌다.
(이상 '유러피언 타입'의 콜옵션 거래의 예)

수익 부분에서의 검증

[초기 비용] 프리미엄 대금 : 0.50엔 × 50,000달러 = 25,000엔 ……①
[손익] (118엔 − 114엔) × 50,000달러 = 200,000엔 ……②
[실현 손익] ② − ① = 200,000엔 − 25,000엔 = 175,000엔

'등가격(at-the-money : ATM)'이란 설정 상장 수준 = 행사 가격의 경우로 옵션 가치가 0이며 이에 비해 옵션의 time value(시간적 가치)가 가장 높은 상태를 말합니다. time value(시간적 가치)는 옵션의 청산 기일까지, 그 잔존 기간이 길면 길수록 옵션이 이익을 창출할 것으로 기대치가 높아지는 것으로 부가됩니다.

옵션의 종류

옵션은 크게 두 가지로 분류됩니다. 하나는 환율의 예에서 살펴본 '유러피언 옵션(European option)'으로 옵션의 권리 행사를 만기일에만 할 수 있는 옵션 거래입니다. 다른 하나는 '아메리칸 옵션(American option)'으로 언제라도 옵션의 권

리 행사를 할 수 있는 옵션 거래입니다. 또한 실제로 많은 종류의 옵션이 파생적으로 개발되어 있습니다. 그 예로 '이색 옵션(exotic option)'이라는 일반적인 옵션 거래에 특수한 조건을 더한 옵션과, '베리어 옵션(barrier option)', '이원 옵션(binary option)' 등이 있습니다. 베리어 옵션의 한 예로 '녹아웃 옵션(knock-out option)', '녹인 옵션(knock-in option)'이 있습니다. knock-out option(녹아웃 옵션)이란 상장 수준이 어떤 일정한 가격(베리어 가격)에 도달하여 거래된 경우 옵션의 권리가 소멸하는 옵션입니다. knock-in option(녹인 옵션)이란 상장 수준이 어떤 일정한 가격(베리어 가격)에 도달하여 거래된 경우에 옵션의 권리가 발생하는 옵션입니다. '캐시 오어 낫싱 옵션(cash-or-nothing option)'이란, 만기일에 ITM(내가격)이 된 경우 고정된 가치를 가지고 OTM(외가격), ATM(등가격)이 된 경우에는 가치를 전혀 가지지 않는 옵션입니다. 또한 환율 상장에서 자주 사용되는 옵션으로는 '더블 노터치 옵션(double no-touch option)'이 있습니다. 이것은 일정 기간 중에 사전에 설정된 두 개의 가격에 도달할지 혹은 그렇지 않을지를 내기 하는 옵션 거래를 말합니다. 예를 들어 미국 달러가 현재 엔으로 102엔일 때 3개월 동안 100엔, 105엔에 도달하지 않는다는, 즉, 3개월 동안은 이 정도 범위일 것이라고 상장을 예측하는 투기 관계자 등이 이 옵션 거래를 합니다. 이처럼 옵션은 여러 방면에 걸쳐 개발되어 있으므로 '바닐라 옵션(vanilla option)'이라고 불리기도 합니다.

옵션의 매매 및 손익

옵션이라는 derivatives(파생 금융 상품)는 앞에서 예로 살펴봤던 옥수수 농장과 같이 motivation(동기)으로 활용되는 경우도 있으며, speculation(투기)을 목적으로 한 투자가에 의해 수익 기회로 취급되는 경우도 확실히 있습니다. 옵션 거래는 적은 deposit(증거금)으로 많은 투자를 가능하게 합니다. 따라서 상장의 방향성이 보이지 않을 때 '명확한 상승 trend(트렌드)나 하강 trend(트렌드)가 아닐 때'에도 단기적으로 이익을 큰 폭으로 상승시킬 수 있습니다. 예를 들어 1000엔인 주식을 1

주 구입하여 1200엔이 된 경우 200엔이 이익이지만, 그 200엔을 얻기 위해서는 원래의 1000엔이라는 자금이 필요합니다. 그러나 옵션을 활용하면 이 주식의 콜옵션을 50엔에 구입함으로써 마찬가지로 200엔의 이익을 얻을 수 있습니다. 만약 이 1만 배의 가격 옵션을 50만 엔에 구입했다면 그 50만 엔은 200만 엔이 되어 자금 효율은 비약적으로 상승합니다. 또한 옵션 구입에는 장점이 한 가지 더 있습니다. 만약 예상과 반대로 상장이 변동해 주가가 하락한 경우, 이 50엔의 콜옵션의 가치는 0엔이 되어버리며 그 이상의 손실은 없을 것입니다. 이처럼 옵션을 매매함으로써 콜/풋옵션을 각각 매입하는 것은 '손실의 위험은 한정되고 이익의 가능성은 극대화된다'고 하는 것입니다. 반대로 콜/풋옵션을 각각 매도하는 것은 '이익은 한정되어 있으며 손실의 위험은 극대화된다'라는 패턴이 있음을 이해해야 합니다.

콜/풋옵션의 매수자는 옵션을 매수할 때만 대금 지급의 의무를 집니다. 콜/풋옵션의 매수자는 옵션의 가치가 0이 되어도 최초로 지급한 premium(프리미엄) 이상의 금액을 부담할 필요는 없습니다. 콜/풋옵션의 매도자는 먼저 premium(프리미엄) 대금을 수취하고 청산 시에 매수자에게 손익 대금을 돌려줍니다. 콜/풋옵션의 매도자는 일괄 매각을 할 때 수취하는 수익이 최대가 되며 손실의 위험은 사실상 무한대가 됩니다.

call option(콜옵션) 구매자와 판매자의 손익

콜옵션의 구매자 손익 그래프

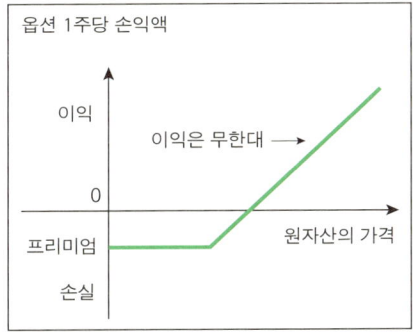

콜옵션의 판매자 손익 그래프

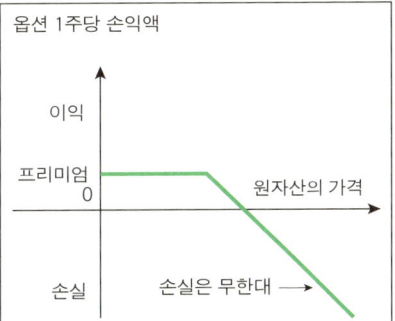

put option(풋옵션) 구매자와 판매자의 손익

풋옵션의 구매자 손익 그래프

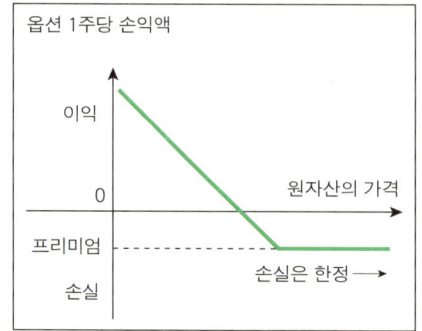

풋옵션의 판매자 손익 그래프

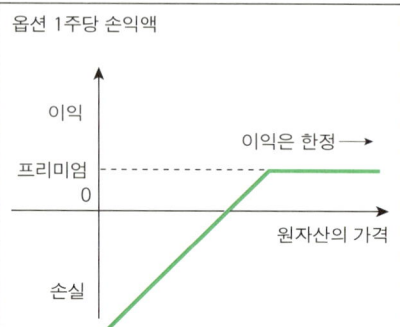

option(옵션)과 premium(프리미엄) 구성

콜옵션 프리미엄

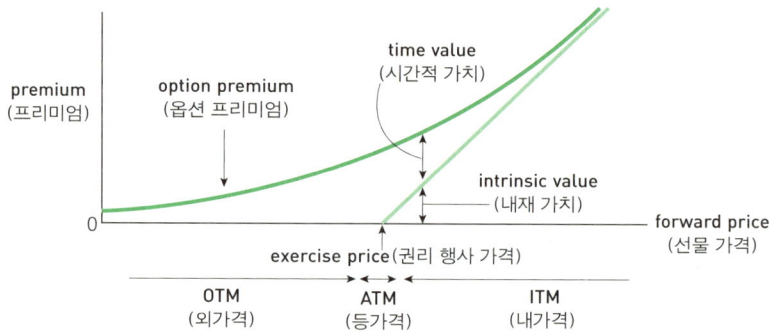

풋옵션 프리미엄

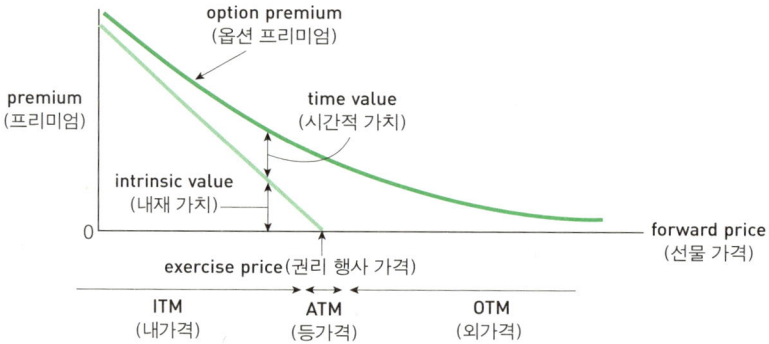

옵션의 intrinsic value(내재 가치)의 변동과 손익 관계

	원자산 가격이 큰 폭 하락	원자산 가격이 소폭 하락	소폭으로 자주 등락	원자산 가격이 소폭 상승	원자산 가격이 큰 폭 상승
콜 매입	프리미엄분만큼 손실	프리미엄분만큼 손실	프리미엄분만큼 손실	소폭 이익	큰 폭 이익
콜 매도	프리미엄분만큼 이익	프리미엄분만큼 이익	시간 경과에 따른 이익	소폭 손실	큰 폭 손실
풋 매입	큰 폭 이익	소폭 이익	프리미엄분만큼 손실	프리미엄분만큼 손실	프리미엄분만큼 손실
풋 매도	큰 폭 손실	소폭 손실	시간 경과에 따른 이익	프리미엄분만큼 이익	프리미엄분만큼 이익

이 그래프와 표를 살펴보면 call(콜 : 매입할 권리) 또는 put(풋 : 매도할 권리)의 옵션을 '매도'한다는 것은 '리스크가 극대화'되므로 수지가 맞지 않는다는 인상을 받습니다. 그러나 옵션의 매도는 일반적으로 시장 대폭등과 대폭락만 없다면 대부분의 경우 time decay(시간의 경과)로 많은 이익을 낼 수 있습니다. 콜옵션 판매자는 상장이 폭등하면 무한대의 손실을 입게 됩니다. 그러나 상장이 교착 상태가 되거나 시세가 소폭으로 하락한다면 높은 확률로 이익을 얻게 됩니다. 풋옵션 판매자는 상장이 폭락하면 손실이 극대화되지만, 교착 상태이거나 상승 국면이라면 constant(끊임없는) 이익을 얻게 됩니다.

옵션의 매도에 대한 위험 관리

옵션을 매도할 때 만약에 발생할지도 모르는 손실을 확정하는 방법으로 '신용 스프레드(credit spread)'라는 것이 있습니다. 이것은 어떤 권리 행사 가격의 옵션을 팔고 있는 경우, 만약에 있을 상장의 큰 변동에 대비해 사전에 가치가 없는 OTM(외가격)의 옵션을 매수해두는 방법입니다. 예를 들어 현재 1050엔인 주식이 있다고 합시다. 이 주가에 대해 1000엔인 풋옵션과 900엔인 풋옵션은 둘 다 원자산 가격을 밑돌고 있으므로 OTM(외가격)입니다. 그러면 이 상태에서 풋옵션을 매도한다고 합시다. 이것은 time decay(시간의 경과)에 따라 옵션 가치가 하락하고 위험이 낮은 '세타(θ : 반드시 감소하는 option 가치)'에 대해 '옵션을 매도함으로써' 얻을 수 있는 이익을 목표로 합니다. 그러나 10% 이상의 주가 하락이 갑작스럽게 발생한 경우(원자산의 가격이 900엔 대가 된 경우)를 생각해봅시다. 1000엔인 풋옵션의 매도에 의한 손실은 커집니다. 따라서 원자산이 1050엔일 때 1000엔인 풋옵션을 매도하는 동시에 900엔인 풋옵션을 매수해둡니다. 예를 들어 1000엔인 풋옵션을 매매 단위 100주로 10장을 샀다고 합시다. 이것으로 얻을 수 있는 premium(프리미엄)이 25엔이라고 하면 이 시점에서는 25 × 100 × 10 = 25,000엔을 수취하게 됩니다. 반대로 900엔인 풋옵션을 10장 매수하여 premium(프리미엄)이 10엔인 경우, 10 × 100 × 10 = 10,000엔의 비용(지급)이 됩니다. 따라서 이 시점에는 25,000엔 - 10,000엔 = 15,000엔을 수취하게 됩니다. 이 거래의 경우, 주가가 1000엔을 밑돌지 않는다면 변동 없이 1만 5000엔의 이익을 볼 수 있습니다. 그러나 1000엔 미만의 주가라면 손실이 발생하기 시작합니다. 900엔의 풋옵션을 매수하면 1000엔인 풋옵션의 매도가 10장씩이므로 계산상 1000엔 미만에서는 975엔이 될 때 premium(프리미엄)의 손익은 0이 됩니다. 만약 주가가 900엔까지 하락한 경우, 1000엔인 풋옵션을 10장 매도하는 거래를 하므로 10장 × 100주 × 100엔에서 손실은 10만 엔입니다. 최초에 수취한 premium(프리미엄)을 빼면 그 손실은 10만 엔에서 1만 5000엔을 뺀 8만 5000엔이 됩니다. 그 후 900엔보다도 하락한 경우라도 900엔의 풋옵션을 매수함으로써 이 풋옵션 매수 10장에 프리미엄이 상승해 반대로 이익을 창출합니다. 원자산 가격(주가)이 예측 못하게 폭락할 때 1000엔인 풋옵션을 매도하면 이것은 이론상 극대화되는 손실을 벌충해 줍니다. 따라서 만약에 주가가 900엔을 밑돌 정도로 폭락을 해도 최대 손실액은 8만 5000엔으로 한정됩니다. 풋옵션 매도에 의한 이익을 높은 확률로 얻을 수 있다는 것을 고려하면 이 risk hedge(위험 헤지) 방법은 효과가 있다고 할 수 있습니다.

그 외의 옵션^{Option}을 사용한 전략^{Strategy}

Covered Call(커버드 콜) strategy(전략)

현물 주식 등 principal(원자산)을 보유하고 있는 상황에서 K점에서의 손익을 생각해봅시다. 우선 call을 매도함으로써 premium(프리미엄) 수입을 얻을 수 있습니다. 보유한 principal(원자산)의 가격이 상승해도 call option(콜옵션)이 OTM(외가격)인 이상 principal(원자산)의 시세 상승 이익과 call option(콜옵션)의 premium(프리미엄)을 얻을 수 있습니다.

Protective Put(방어적 풋) strategy(전략)

현물 주식 등 principal(원자산)을 보유하고 있는 상황에서 K점에서의 손익을 생각해봅시다. put option(풋옵션)을 매수함으로써 지급 premium(프리미엄)이 비용이 됩니다. 이것은 principal(원자산) 가격이 K점에서 하락하는 것에 대한 risk hedge(위험 헤지)가 됩니다. principal(원자산) 가격이 K점보다 상승한 경우에도 premium(프리미엄)을 제한 만큼 수익을 확보할 수 있습니다.

Bull Spread(불/강세 스프레드)strategy(전략)

option(옵션)의 매매 조합에 의한 strategy(전략)입니다. 같은 만기일에 행사 가격이 다른 call option(콜옵션)의 경우에 생각합니다. 행사 가격 K1의 call option(콜옵션) 매수와 행사 가격 K2의 call option(콜옵션) 매도를 행하여 가격 상승 시 이익을 기대하는 것입니다. 반대로 주가가 하락하는 경우에 이익을 얻을 수 있는 spread(스프레드) 전략을 bear spread(베어/약세 스프레드)라고 합니다.

Covered Call(커버드 콜)

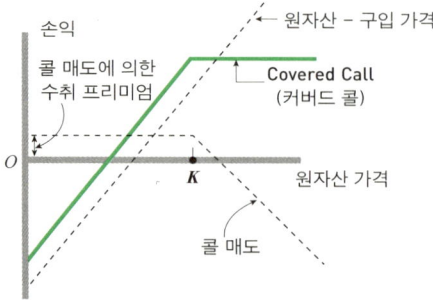

Protective Put(방어적 풋)

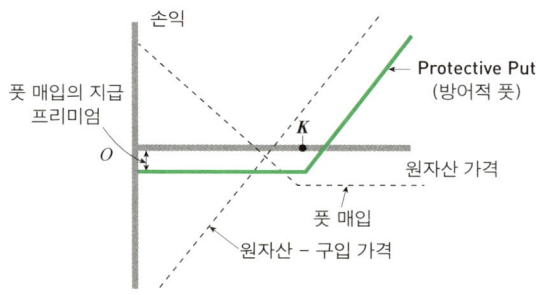

Bull Spread(불/강세 스프레드 : 콜옵션을 사용한 경우)

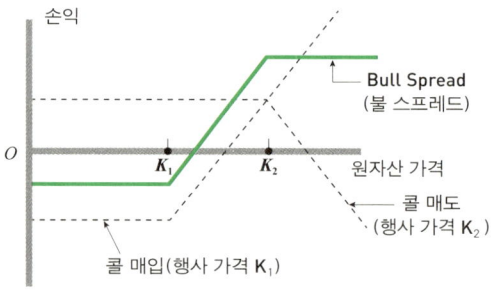

옵션 거래의 전문 용어

옵션 거래와 관련이 있는 용어는 언뜻 전문적으로 보이지만 내용은 대단히 간단합니다. 현재 닛케이 평균이 1만 8000엔이라고 가정한 경우, 1만 7500엔인 콜옵션에는 본질적 가치가 있습니다. 그러나 현재 1만 8000엔인 것을 1만 8500엔에 구입할 권리가 있는 콜옵션에는 본질적 가치는 없고 시간적 가치만 있습니다. 이것은 time decay(시간의 경과)에 의해 그 가치를 상실해갑니다. ITM(내가격) 옵션은 본질적 가치 + 시간적 가치가 있으며, OTM(외가격) 옵션은 시간적 가치만 존재합니다. 옵션 거래 분석에서 자주 사용되는 '델타(Delta : δ)'는 예를 들어 닛케이 평균이 1엔 상승했을 때 옵션 가격이 몇 엔 변동하는지에 관한 이론값입니다. 닛케이 225 옵션의 경우 '델타(δ)'를 파악함으로써 옵션 가격의 변동을 상정할 수 있습니다. 예를 들어 행사 가격이 1만 8500엔인 콜옵션은 델타(δ)가 0.40인 경우 닛케이 평균이 100엔 상승하면 0.40 × 100 = 40엔 옵션 가격이 상승하게 됩니다. 반대로 행사 가격이 1만 8500엔인 풋 옵션은 델타(δ)가 −0.60인 경우 닛케이 평균이 100엔 상승하면 −0.60 × 100 = 60엔 옵션 가격이 하락하게 됩니다. 델타는 ITM(내가격) 측으로 갈수록 수치가 커지며 OTM(외가격) 측으로 갈수록 수치가 작아지는 성질을 띱니다.

상장의 미래를 암시하는 IV(Implied Volatility, 내재 변동성)

옵션 가격의 변동을 구하는 방법으로서 volatility(변동성)를 구하는 것이 있습니다. 첫 번째 방법으로는 과거 데이터(옵션의 시장가격)로부터 계산한 historical volatility(역사적 변동성)가 있습니다. 그러나 이 방법으로 미래의 옵션 가격을 구하는 것은 불가능합니다. 따라서 제2의 방법으로서 블랙 숄즈 편미분방정식을 사용해 implied volatility(IV : 내재 변동성)를 구하는 방법이 있습니다. 블랙 숄즈의 방정식에 포함된 volatility(변동성)를 미지의 변수로 설정하고 현실의 옵션 가격과 금리 등의 변수를 대입해 역산합니다. 이렇게 구한 volatility(변동성)를 implied volatility(IV : 내재 변동성)라고 합니다. implied volatility(IV : 내재 변동성)는 옵션 가격의 예상 변동률(분산치)을 나타냅니다.

내재 변동성(IV)	예상 변동률	옵션 가격	유리한 매매
높다	크다	높다	판매자에 유리
낮다	작다	낮다	구매자에 유리

IV(implied volatility : 내재 변동성)가 높은 경우 콜옵션과 풋옵션 가격이 둘 다 상승하여 매도하는 쪽이 보다 많은 opportunity(수익의 기회)를 얻을 수 있으므로 유리해집니다. 바로 높은 수익성의 opportunity(수익 기회)를 implied(시사하고 있는) 한 지표입니다. 옵션 거래에서는 IV(implied volatility : 내재 변동성), 델타(δ)와 세타(θ : 시간과 함께 반드시 감소하는 option의 가치)를 이해해두면 전략을 세울 수 있습니다. 참고로 이외에 사용되는 그리스 문자로는 감마(γ)와 베가(Vega)가 있습니다. 감마(γ)란 예를 들어 닛케이 평균이 1엔 변동했을 때 델타(δ)가 어느 정도 변동하는지를 나타내는 지표입니다. 그리고 베가(Vega)란 IV(implied volatility : 내재 변동성)가 1% 변동했을 때 옵션 가격이 얼마나 변하는지를 나타내는 지표입니다. 이 옵션 거래들의 지표에는 그리스 문자가 사용되므로 옵션 지표를 Greeks(그리스 문자)로 표현하는 경우도 있습니다.

그리스 문자의 의미와 특징

그리스 문자	기본적인 의미
델타(Delta) δ	principal(원자산)의 변동률에 대한 option(옵션)의 변동률

특징 원자산 가격과 연동해 프리미엄이 상승하거나 하락한다. 현재 자산 가격이 상승했을 때 그 투자에 필요한 금액도 증가하므로 옵션 가치가 증가한다. 콜옵션의 델타 값은 양수이며 풋옵션의 델타 값은 음수가 된다. ATM에서 델타는 0.5가 되며 ITM 측에 갈수록 델타는 상승한다. 반대로 OTM 측에서는 델타가 0.5에서 점점 작아져 프리미엄의 변동은 적어진다.

감마(Gamma) γ	principal(원자산)의 변동률에 대한 delta의 변동률

특징 콜옵션과 풋옵션 둘 다 양수가 된다. 감마는 옵션이 ATM일 때 가장 큰 수치를 나타내며 옵션이 ITM 혹은 OTM 측에 치우칠수록 작아진다.

베가(Vega)	IV(implied volatility)의 변동에 대한 옵션의 프리미엄 감응도

특징 IV의 변동에 의한 옵션 가격의 변동은 ATM에서 최대가 되므로 베가는 옵션이 ATM일 때 최대가 된다. 또한 시간적 가치의 잔존이 많으면 많을수록 IV의 변동폭 증가에 대한 기댓값이 높아지므로 베가는 커진다.

세타(Theta) θ	time decay(시간 경과)에 의한 옵션 가치의 감소

특징 1일당 옵션 프리미엄이 감소하는 실제 값. 항상 음수가 된다. 세타는 ATM 옵션에서는 만기가 가까울수록 수치가 상승하고, OTM과 ITM 옵션에서는 만기가 가까울수록 감소한다.

옵션을 사용한 투자 판단 ; 리얼 옵션 Real Option

지금까지 살펴본 option(옵션)은 derivatives(파생 금융 상품)의 일종이었습니다. 이 option(옵션)들은 현실에서도 기업의 investment project(투자 프로젝트)에 응용되며 이를 real option(리얼 옵션)이라 부릅니다. real option(리얼 옵션)은 NPV(순현재가치)에서 살펴본 '미래의 현금흐름을 WACC로 할인해 그 값에서 소요 투자 금액의 present value(현재가치)를 차감합니다. 결과가 양수라면 project(프로젝트)를 수행하고 음수라면 project(프로젝트)를 철수합니다'라는 투자 판단에 대해 다음 요소들을 새로이 가미합니다.

1) 비즈니스 경험 혹은 직감을 토대로 한 투자에 대한 의사 결정의 flexibility(유연성)를 고려합니다[이에 따라 investment project(투자 프로젝트)에 대한 추가 투자는 call option(콜옵션), 연기나 축소, 중지는 put option(풋옵션)이라는 사고를 합니다].
2) 미래의 의사 결정에 관한 option(옵션)도 decision tree(의사 결정 나무) 방식 등으로 투자 효과에 산입합니다.

corporate finance(기업금융) 이론에서 경영 판단의 새로운 방법으로 주목받고 있습니다.

real option의 가치를 결정하는 6가지 변수

1) real option(리얼 옵션)의 가치를 높이는 4가지 요소

　① project(프로젝트)의 present value(현재가치)의 상승

　② 행사 기간의 장기화에 의한 uncertainness(불확실성)에 대한 정보 증가

　③ 경영의 flexibility(유연성)에 의한 present value(현재가치)의 volatility(변동성)

　④ risk free rate(무위험 이자율)의 상승

2) real option(리얼 옵션)의 가치를 하락시키는 2가지 요소

　⑤ 투자 비용의 증가에 의한 NPV(순현재가치)의 감소

　⑥ 경쟁사의 신규 진입에 의한 cash flow(현금흐름)의 감소

선물거래와 옵션에 관한 Key Words

■는 기본 단어   □는 해설이 첨부된 중요 단어

☐ **American option**　　　　　　　　아메리칸 옵션

One of the styles of option contract that may be exercised anytime up to the expiration date. In contrast, the European option may be exercised only on the expiration date.

▶ 기한 내라면 언제라도 권리를 행사할 수 있는 옵션 계약의 일종. 반면에 유러피언 옵션은 만기일에만 행사할 수 있다.

☐ **Advance commitment**　　　　　　선행 약정

A financial contract to sell an asset before the seller has lined up purchase of the asset. This seller can off set risk by purchasing futures to fix the sales price by the contract.

▶ 판매자가 구매자를 찾기 전에 미리 판매 약정을 맺는 것. 이 계약으로 판매자는 선물 시장에서 선물을 구입함으로써 매각 가격을 고정화할 수 있으며 위험을 피할 수 있다.

☐ **Bargain-purchase-price option**　　염가 구매 선택권

Gives a lessee the option to buy the asset at a price below fair market value when the lease expires.

▶ (리스 계약에서) 계약 종료 시 임차인에 대해 리스 기간 종료 후 그 자산을 공정 시장 가보다 싼 가격에 살 수 있는 권리를 부여하는 것.

☐ **Beta coefficient**　　　　　　　　베타 계수

A measure of stock's relative volatility, the sensitivity of a security's return to movements in an underlying factor. It is a measured systematic risk.

▶ 주식의 상대적인 변동률 척도. 기초적인 요소의 변동에 대한 주식 수익의 감도. 표준적인 체계적 위험을 말한다.

☐ **Call option**　　　　　　　　　　콜옵션

The right, but not the obligation to buy a certain number of share of stock at a predetermined price within a specified term.

▶ 기한부 예정 가격의 주식을 일정량 매수할 수 있는 권리(의무는 아니다).

☐ **Call premium** 　　　　　　　　　　상환 프리미엄, 콜 프리미엄

The price of a call option on a firm's common stock.
▶ 보통주의 콜옵션 가격.

☐ **Call price of a bond** 　　　　　　채권 콜 가격

The price at which a firm has the right to repurchase its bonds or debentures before the stated maturity date.
▶ 기업이 만기일 이전에 담보부 채권 혹은 무담보 채권을 환매할 수 있는 권리의 가격.

☐ **Deliverable instrument** 　　　　수수 가능 상품

The asset in a futures contract which will be delivered in the future at an agreed-upon price.
▶ 미래의 합의 가격으로 수수 가능한 선물 계약이 되어 있는 자산 상품.

■ **Equity option** 　　　　　　　　　주식 옵션

☐ **European option** 　　　　　　　유러피언 옵션

An option contract that can be exercised only on the expiration date. In contrast, an American option may be exercised any time up to the expiration date.
▶ 실효일에만 행사 가능한 옵션 계약. 반면에 아메리칸 옵션은 기한까지라면 언제나 행사할 수 있다.

☐ **Exercise price** 　　　　　　　　　행사 가격

Price at which the holder of an option can buy in the case of a call option or sell in the case of a put option.
▶ 옵션 보유자가 콜인 경우에는 매수, 풋인 경우는 매도할 수 있는 가격.

☐ **Exercising the option** 　　　　　옵션의 행사

Buying or selling the underlying asset via the option contract.
▶ 옵션 계약을 통해 원자산을 매매하는 것.

☐ **Exotics** 　　　　　　　　　　　　이색 옵션

One of the options which is very complicated contingent claims for derivatives.
▶ (금리 변동에 대한 플로어(floor)나 캡(cap) 등) 변동성에 대한 복잡한 요구를 조합한 옵션 중 하나.

☐ **Expected return** 　　　　　　　　기대 수익

Weighted average of possible returns by their probability in the market.

▶ 시장에서 일어날 수 있는 확률에 따라 가중된 가능 수익의 평균.

☐ Extinguish   소멸

Retire or pay off debt.

▶ (사업을) 철수하거나 부채를 완제하는 것.

☐ Factor model   요인 모형

A financial model in which each stock's return is generated by common factors, called the systematic sources of risk.

▶ 시스템 원천 위험이라는 공통의 요인에 의해 야기되는 주식 수익의 금융 모델.

■ Fund manager   펀드 매니저

☐ Hedging   헤징

Taking a position in two or more securities that are negatively correlated (taking opposite trading positions) to get rid of risk.

▶ 위험 회피를 위해 두 가지 혹은 그 이상의 부의 상관관계를 가진 주식에 투자하는 것.

☐ In the money   내가격

Describes an option whose exercise would produce profits at some point.

▶ 행사함으로써 어떤 시점에서 이익을 창출하는 옵션을 말한다.

☐ Long hedge   매입 헤지

Hedge the risk of future cost of a purchase by purchasing a futures contract to protect against changes in the price of an asset.

▶ 자산 가격의 변동이라는 위험에 대비하기 위해 선물 계약을 매입하여 미래 매입 비용의 상승을 피하는 것.

■ Money management fund, MMF   머니 매니지먼트 펀드

☐ Monte Carlo simulation   몬테카를로 시뮬레이션

A simulation that identifies outcomes and probabilities and generates possible scenarios.

▶ 결과 및 개연성을 예상해 가능성이 있는 시나리오를 제시하는 시뮬레이션.

☐ One-factor APT   원 팩터 재정 가격 이론

A case of the arbitrage pricing method that is derived from the one-factor model by using diversification and arbitrage.

▶ 분산과 재정 거래에 의한 원 팩터를 이용한 재정 가격 이론의 특별한 케이스.

☐ Option   옵션

A right but not an obligation to buy or sell underlying assets at a fixed price during a specified time.

▶ 특정한 기간에 특정 가격으로 원자산을 매매할 수 있는 (의무가 아닌) 권리.

☐ Out of the money   외가격

An option whose exercise would not be profitable. In the money describes an option whose exercise would produce profits.

▶ 옵션의 권리를 행사해도 이익을 창출하지 않는 상태의 옵션. 내가격과 반대이다.

☐ Principal   원금

The original value of a bond that must be repaid at maturity. Also it is called the face value or par value.

▶ 만기일에 환급받는 채권의 가치. 액면가 혹은 액면 금액으로도 불린다.

☐ Put option   풋옵션

The right but not the obligation to sell a specified number of shares of stock at a stated price on or before a specified time.

▶ 특정 기간까지 정해진 가격으로 특정 수량의 주식을 매도할 (의무가 아닌) 권리.

☐ Put provision   풋 조항

Giving a holder of a floating-rate bond the right to redeem his or her note at par on the coupon payment date.

▶ 금리변동부 사채 보유자에게 쿠폰 지급일에 액면가로 환급할 권리를 부여하는 것(채권 보유자는 금리 변동 위험을 피할 수 있다).

☐ Put-call parity   풋-콜 패러티

The value of a call that equals the value of buying the stock plus buying the put plus borrowing at the risk-free rate.

▶ 콜옵션의 가치는 주식을 매입할 가치 + 풋옵션을 구입할 가치 + 무위험 금리로 차입할 가치와 같다.

☐ Short hedge   매도 헤지

Maintaining the value of an asset making by selling a futures contract.

▶ 선물을 매도함으로써 자산의 가치를 지키는 것.

■ Stock plunge 주가의 급락

☐ Warrant   워런트

A security that gives the holder the right or obligation to buy shares of common stock directly from a company at a fixed price for a given time period to

hedge some portion of risk.
▶ 위험이 있는 부분을 헤지하기 위해 고정 가격으로 기업으로부터 보통주를 구입할 권리 또는 의무를 보유자에게 부여한 증권.

Winner's curse 승자의 저주

The average investors usually win because those who knew matters tend to have avoided the issue.
▶ (보다 지식이 있는 사람이 위험을 피하므로) 평균적인 투자가가 대부분 승리한다.

CHAPTER 13

위험 헤지와 시장의 효율성

1 위험 헤지란?
RIST HEDGE

'위험 헤지(risk hedge)'의 '헤지'는 영어로는 '울타리(hedge)'를 의미합니다. 울타리는 외부의 적으로부터 몸을 지키기 위한 것이므로, '울타리를 치다'란 위험을 피해 간다는 의미가 아니라 '외부의 적에 대해 몸을 지킨다'는 defensive(방어적인)한 nuance(뉘앙스)를 가집니다. 즉, 미래에 닥칠지도 모르는 risk(위험)에 대해 protect(방어)한다는 의미입니다. risk hedge(위험 헤지)의 가장 전형적인 예는 수출 기업의 '외환 예약(foreign exchange forward contract)'입니다. 외환 예약이란 환의 futures trade(선물거래)를 말합니다. 예를 들어 자동차를 미국에 수출하는 기업은 일본에서 생산한 자동차를 미국에 수출할 때 미국 달러로 대금을 수취합니다. 자동차는 일본에서 생산되고 있으므로 fixed cost(고정비), material cost(재료비), personnel cost(인건비) 등의 비용이 당연히 Japanese Yen(일본 엔)으로 지급되어야 하고, 따라서 엔이 필요합니다. 엔으로 교환할 때 수출 기업이 exchange rate(환율)에 따라 엔으로 환산해 채산하게 되면 액수가 크게 달라집니다. 예를 들어 1대에 2만 달러인 자동차를 수출할 경우, 1달러가 120엔이라면 240만 엔을 수취할 수 있습니다. 그러나 1달러 = 100엔으로 엔고가 지속되면 수취할 엔화는 40만 엔이 적은 200만 엔으로 줄어듭니다. exporting company(수출 기업)에게 환은 채산 관리를 하는 데 있어 가장 중요한 항목 중 하나입니다. exporting company(수출 기업) 입장에서는 다른 어떤 요인보다 급격한 큰 폭의 엔고가 실적에 negative impact(악영향)를 줍니다. 경영자 입장에서는 이 예측하기 어려운 엔고를 risk hedge(위험 헤지)로 취급할 필요성이 높아집니다. 앞에서 잠시 언급했던 자동차의 예로 설명하자면, 만약 대미국 수출 생산 결정 단계에서의 환율이 1달러 = 120엔이고 여기서 엔고가 진행되어 채산에 악영향을 미칠 경우 risk hedge(위험 헤지)를 해야 합니다. 이들 자동차가 실제로 완성되어 수출될 때의 forward exchange rate(선물 환율)를 예약해두는 방법이 유효합니다. 그 시점에서 1달러 = 115엔, 1년 후 달러와 엔의 forward exchange rate(선물 환율)가 110엔이라고 합시다(선물 환율이 엔고 수준이 되는 것은 달러와 엔의 현재가치를 비교했을 때 달러의 금리가 높으면 달러의 현재가치가 엔 대비 엔고 환율이 되기 때문입니다). 지금 1년 후의 환율을 예약하면 1년 후에 1달러 = 100엔으로 엔고가 진행된다 할지라도 예약한 1달러 = 110엔으로 settlement(결제)할 수 있습니다. 달러와 엔의 환율이 1년 후에 반대로 1달러 = 130엔이 될 경우에는 예약한 환율을 반드시 execute(집행)해야 하므로 이 merit(장점)의 혜택을 받을 수는 없을 것입니다. 그러나 실제로 대부분의 일본 exporting company(수출 기업)는 manufacturer(제조업)이고 동시에 엔화 표시로 비용이 확정되므로 이 엔화에 따른 채산의 악화를 다른 어떤 것보다도 먼저 hedge(헤지)해야만 합니다. 반대로 importing company(수입 기업)는 엔저가 되면 이론적으로는 채산이 악화되지만 현실적으로는 판매 가격에서 수입 비용이 차지하는 비율이 낮은 경우도 많고 국내에서의 가격 전가도 비교적 용이하므로 환에 대한 sensitivity(감응도)는 exporting company(수출 기업)와 비교하면 낮습니다. 그렇다고 해도 이익 범위가 좁으므로 판매 가격이 이미 결정된 importer wholesaler(수입 도매상)나 importer(수입 상사) 등에서는 수입을 할 때 환 예약(달러 매입)을 확실히 해두어야 합니다. 이처럼 왠지 gambling(도박)적 요소가 강한 futures trading(선물거래), option trading(옵션거래), swap(스와프)이지만, 실수요 거래의 risk hedge(위험 헤지)로서 폭넓게 활용됩니다. 실제로 환거래에서 risk hedge(위험 헤지)를 할 때는 복잡한 옵션을 조합하여 예측할 수 없는 상장의 동향에 대비합니다.

외환 예약과 risk hedge(위험 헤지)

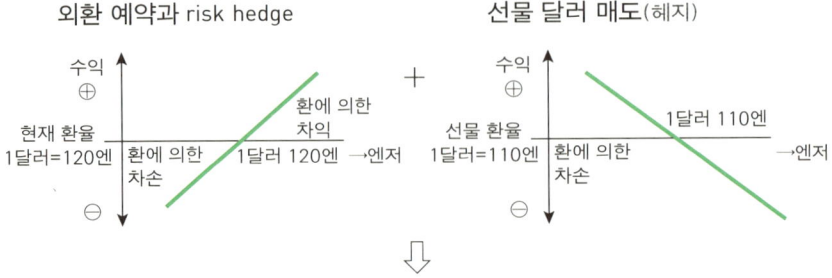

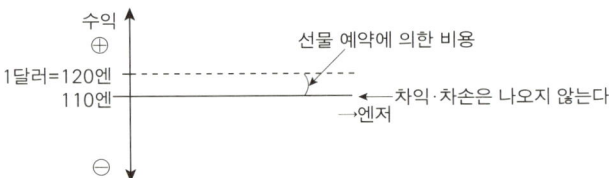

통화 swap(스와프)에 의한 risk hedge(위험 헤지)

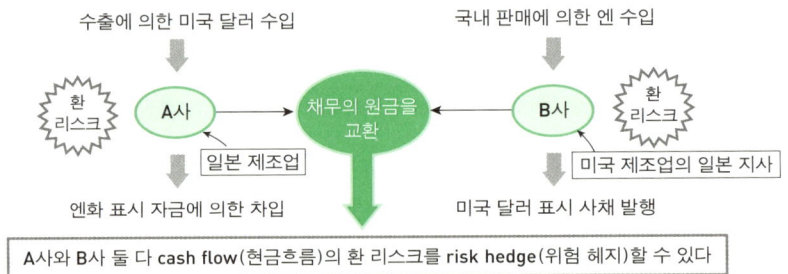

A사와 B사 둘 다 cash flow(현금흐름)의 환 리스크를 risk hedge(위험 헤지)할 수 있다

swap(스와프), futures(선물), option(옵션)의 장점, 단점

	장점	단점
swap(스와프)	계약이 간단하다	시장이 없어 계약 불이행의 위험이 있다
	계약 당사자가 적다	
	거래 실행 비용이 싸다	
	기한 제약이 없다	

option(옵션)	시장에서 확실한 상품이 유통되고 있어 유동성이 높다	리스크 관리가 어렵다
	원자산의 리스크 헤지에 효과가 높다	
futures(선물)	레버리지를 사용해 투자 효율을 높일 수 있다	리스크 관리가 어렵다

리스크와 주가 변동성

risk(리스크)와 함께할 때는 '예측할 수 없는 상장'에 대한 defensive(방어적인)한 헤지 방법이 필요하다는 것을 충분히 이해하셨을 것입니다. 반대로 말하면, '예측할 수 없는 상장'의 존재는 risk(리스크)를 동반하지만 이러한 리스크의 존재 자체가 새로운 이익을 획득할 수 있는 opportunity(수익의 기회)가 되기도 합니다. '하이 리스크 하이 리턴(high risk high return : 고위험 고수익)'이라는 단어가 상징하듯이, 만인이 risk(리스크)라고 생각하는 고정관념을 극복하면 그곳에 큰 return(수익)이 기다리고 있습니다. 일반적으로 안전하다고 생각되는 bond(채권)에 대한 투자 행동을 생각하면 risk(리스크)의 존재와 return(수익)의 대소 관계는 명확합니다. 일본에서 가장 안정성이 높다고 알려져 있는 '일본 국채(JGBs, Japanese government bonds)'를 봐도, 상환 기간이 긴 30년채는 채권 duration(기간)이 길기 때문에 금리 변동에 따라 채권 가격도 크게 변동합니다. 여기서 말하는 금리의 변화가 바로 risk(리스크)에 해당합니다. 또한 사기업이 발행하는 corporate bonds, debenture(사채)에는 발행체의 credit risk(신용 위험)가 반영되므로 rating(신용평가)의 변동이라는 리스크 요인으로 인해 가격이 변동합니다. 특히 '정크 본드(Junk bonds)'라 불리는 신용도가 낮은 기업에 의해 발행된 corporate bonds, debenture(사채)는 '도산 위험(default risk)'이라는 가격 변동 요인을 가지고 있습니다. 따라서 maturity date(상환일)까지 도산할지 여부에 따라 채권 자체의 가치가 크게 변동합니다. 이처럼 리스크는 투자 대상의 volatility(변동성)와 연결되어 있으므로 일방적으로 negative(부정적인)한 요인이 아니라는 점을 이해할 수 있습니다. risk(리스크)를 짊어짐으로써 새로운 이익을 크게 얻을 opportunity(수익 기회)가 생깁니다. 이때 반드시 주의해야 할 점은, 수치적으로 높은 risk(리스크)를 가졌다고 해서 반드시 이에 걸맞은 이익이 보증되지는 않는다는 것입니다. 앞의 예에서 살펴본 Junk bonds(정크 본드)에 대한 투자는 high risk high return(하이 리스크 하이 리턴)이라고 설명했습니다. 그러나 실제로 return(수익)을 얻을 수 있을지는 그 누구도 확신할 수 없습니다. 여기서 실제로 똑같이 리스크가 높은 투자 대상이 있다면 조금이라도 손실을 입을 확률을 줄이거나 return(수익)을 얻을 확률이 높은 투자 대상을 선별할 필요성이 생깁니다.

투자 위험 · 매니지먼트의 구체적인 예들

첫 번째 방법으로 '분산투자(diversified investment)'를 들 수 있습니다. 분산투자를 함으로써 결과적으로는 같은 수익을 얻었다 할지라도, 예를 들어 credit risk(신용 위험)로 한정시켜 생각하면 분산한 만큼 default risk(도산 위험)를 hedge(헤지)할 수 있습니다. 가령 Junk bonds(정크 본드)에 투자해 연 10%의 수익을 얻은 경우라도, 1개사에만 투자하여 얻은 10%의 수익보다 2개사에 분산해 얻은 10% 쪽이 보다 적은 도산 리스크로 같은 수익을 얻었으므로 수익 효과로서는 양호하다고 판단합니다.

두 번째 방법은 리스크를 계량적으로 측정해 그 리스크에 대해 얼마만큼의 수익을 올릴 수 있는지를 생각해보는 것입니다. VaR(value at risk)이라 불리는 방법으로 주로 '현재 보유하고 있는 자산이 리스크를 얼마나 내포하고 있는지'를 나타낸 것입니다. 구체적으로는 보유하고 있는 자산의 volatility(변동성) × standard deviation(표준편차) × period of asset holding(자산 보유 기간)의 square root(제곱근)로 계산합니다.

여기서 말하는 standard deviation(표준편차)은 price fluctuation(가격 변동)의 분산을 나타내며, 대부분의 경우 2σ(2시그마, 95% 범위에서 분산하는 것)를 사용합니다. 예를 들어 volatility(변동성)가 20%인 1억 엔의 채권에 투자하여 연간 영업 일수 250일 중 10일간 보유한 경우의 시장 리스크는,

$$1억\ 엔 \times 20\% \times 2\sigma \times \sqrt{\frac{10}{250}} = 800만\ 엔이\ 됩니다.$$

이 수식의 결과는 1억 엔의 채권을 10일간 보유함으로써 발생하는 손실을 입을 위험이 95%의 확률로 800만 엔 이내, 혹은 800만 엔 이상의 손실을 5%의 확률로 입을 위험이 있음을 의미합니다.

세 번째 방법은 어떤 특정한 투자 대상을 시장 전체의 index(지표)와 비교하면서 투자하는 것입니다. 예를 들어 주식 투자 상품에 투자한 경우, 그 상품이 가진 시세 변동 성질을 닛케이 평균과의 correlation(상관관계)에서 생각해 그것을 수치화합니다. β(베타)와 α(알파)가 이에 해당합니다. β(베타)는 어떤 특정한 주식이 닛케이 평균과의 상관관계에서 어떤 시세 변동을 하는지를 수치화한 것입니다.

$$\beta(\text{beta}) = \frac{개별\ 상품의\ 변동률과\ 시장\ 변동률의\ 공분산(\text{covariance})}{시장\ 변동률의\ 분산(\text{variance})}$$

예를 들어 β(베타)가 1.0인 상품은 닛케이 평균이 10% 상승하면 그 상품도 10% 상승하는 성질을 가진 상품이라고 할 수 있습니다. β(베타)가 0.5인 상품은 닛케이 평균이 10% 변동할 때 5% 만 변동하는 상품입니다.

이처럼 β(베타)를 시장의 표준 index(지표)에 대한 감응도라고 표현할 수 있습니다. 이것에 대해 α(알파)는 닛케이 평균의 변동률을 확실하게 웃도는 성질을 가진 상품을 나타내는 index(지표)입니다. 예를 들어 닛케이 평균이 10% 상승했을 때 15% 상승한 상품의 α(알파)는 5%가 됩니다. 또한 닛케이 평균이 5% 하락해도 2%밖에 하락하지 않은 상품의 α(알파)는 3%라는 표현도 합니다. index(지표)에 대해 얼마나 양호한 실적을 나타내는지가 α(알파)입니다. 주식의 운용 능력에서는 이 α(알파)가 양호한 상품을 portfolio(포트폴리오)에 반영하는 것이 중요하다고 할 수 있습니다. 이처럼 α(알파)를 추구하는 투자 방법을 '공격적(active) 투자'라고 합니다. 그리고 β(베타)를 중시하면서 보다 확실한 운용을 노리는 투자 방법을 '소극적(passive) 투자'라 부릅니다. 또한 '공격적 투자'에는 그 기업의 성장력에 투자하는 '성장(growth) 투자'와 그 시점에서 주가가 비교적 저렴하다고 생각해 장래의 오름세를 기대하는 '가치(value) 투자'라는 방법이 있습니다.

　risk(리스크)와 함께하는 방법으로는 변칙적인 투자 방법으로서 '대체(alternative) 투자'가 있습니다. 이것은 대체 투자 방법이라 불리며 기존 시장 외의 것을 투자 대상으로 합니다. '미공개 기업의 주식(private equity)'에 투자해 그 기업의 상장 이익 혹은 지속적인 성장에 동반되는 주가 상승을 노린 '프라이빗 에쿼티(private equity)' 방법은 alternative(대체) 투자 중 하나입니다. 이 대체 투자 방법의 최대 특징은 systematic risk(체계적 위험)와 시장의 외적 요인(예를 들어 닛케이 평균가의 상승과 하락)에 영향을 받기 어렵다는 점을 들 수 있습니다. 이러한 의미에서 대체 투자 방법은 분산투자에서 유효한 분산투자처가 될 가능성이 있습니다.

2 투자에 대한 기대 수익
EXPECTED RETURN

지금까지 투자에 대한 risk(리스크)에 초점을 맞춰 살펴보았습니다. 여기서는 투자에 대한 return(리턴, 수익)에 주목하여 살펴봅시다. principal(투자 원금)에는 크게 분류해 두 가지 성질이 있습니다. 하나는 '없어도 되는 돈', 다른 하나는 '잃으면 곤란한 돈'입니다. 보통 '없어도 되는 돈은 존재하지 않는다'고 말하기도 하지만 '기대 수익(expected return)'과 '투자 자금(investment funds)'의 성질은 밀접한 관계가 있으므로 여기서는 이 두 가지 성질에 주목해서 살펴보기로 하겠습니다. 예를 들어 cash flow(현금흐름)가 윤택한 투자가가 그 cash(현금)의 효율적인 투자처로 선택한다는 것은 보다 투자 효율이 높은 투자 상품이 되는 것이라고 추측할 수 있습니다. 즉 cash(현금)를 그대로 보유하고 있는 것보다 효율이 좋은 투자 운용을 하지 않으면 투자의 의미가 없기 때문입니다. 다른 말로 설명하자면 '위험 허용도(risk allowance)'가 높다고 할 수 있습니다. 반대로 자산을 보유하지 않은 투자가가 margin trading(신용 거래)을 활용해 차입금으로 주식 투자를 할 경우에는 리스크 허용이 낮으므로, 높은 기대 수익보다 오히려 리스크가 낮은 안전한 상품을 선호할 가능성이 높습니다. 이러한 '기대 수익(expected return, 평균치 average)'과 '리스크(risk, 표준편차 standard deviation)'

의 측정에는 다음과 같은 방법이 있습니다.

기대 수익과 위험

10만 엔을 투자한 투자 project가 있을 경우 1년 후 그 결과가 얼마가 되는지 생각해봅시다. 이를 위해서는 expected return(기대 수익)과 그 결과가 일어날 probability(확률)로부터 계산되는 risk(리스크)를 구해야 합니다.

10만 엔의 투자 project(프로젝트)

패턴	예상 수익		일어날 probability (확률)
	%	금액(만 엔)	
①	30	13	33.3%
②	10	11	33.3%
③	−10	9	33.3%

이때, 1년 후에 얼마가 되는지에 대한 확률 변수(예측할 수 없는 결과)를 위의 표를 보고 ①, ②, ③의 세 패턴으로 생각해봅시다.

expected return(기대 수익)은 확률 변수의 평균값이 됩니다. 여기서 말하는 기대 수익이란 이익을 의미합니다.

expected return(기대 수익) = (예상 수익 ① × ①이 일어날 확률) + (예상 수익 ② × ②가 일어날 확률) + (예상 수익 ③ × ③이 일어날 확률) = 30% × 33.3% + 10% × 33.3% + (−10%) × 33.3% = 10%

이 기대 수익으로부터 어느 정도 흩어짐(분산)의 상태에서 벗어난 결과가 나올지를 계산합니다. 이 흩어짐의 상태를 variance(분산)라 하며 variance(분산)의 제곱근이 standard deviation(표준편차)입니다. 리스크란 standard deviation(표준편차)을 말합니다.

variance(분산) = (예상 수익 ① − 기대 수익)² × ①이 일어날 확률 + (예상 수익 ② − 기대 수익)² × ②가 일어날 확률 + (예상 수익 ③ − 기대 수익)² × ③이 일어날 확률 = 0.0267

risk(리스크) = variance(분산)의 제곱근(standard deviation : 표준편차) = $\sqrt{0.0267}$의 제곱근 = 0.1634 = 16.34%

따라서 이 투자처의 조합 portfolio(포트폴리오)는 expected return(기대 수익) 10%, 리스크 16.34%가 됩니다. 여기서 이 리스크와 기대 수익을 비교할 방법이 필요한데 이것을 utility function(효용 함수)이라고 합니다. utility function(효용 함수)은 리스크가 높은 경우 그 기대 수익도 높아진다는 것을 나타내기 위해 수치가 점점 커집니다. 게다가 이것은 리스크 증가에 대해 요구되는 기대 수익도 가속도적으로 증가하므로 quadratic curve(이차곡선)가 됩니다. 일반적으로 자산 운영에서 utility curve(효용 곡선)를 나타내는 수식을 단순화하면 다음과 같이 됩니다.

> utility curve(효용 곡선) = expected return(기대 수익)
> − 리스크 거부도(사람에 따라 다른, 수치화가 어려운 개념) × 리스크의 표준편차²

이 효용 곡선상에 무한으로 존재하는 점들은 각각 그 리스크에서의 최대 수익이 됩니다(또한 그 기대 수익에 대해 최소의 리스크도 나타냅니다). 마찬가지로 리스크와 기대 수익을 감안하면서 투자처 상품을 어떻게 조합할지를 나타내는 곡선도 존재합니다. 이것은 '효율적 경계선(efficient frontier)'이라 불립니다. efficient란 '어떤 조건 중에서 효율이 좋은'이라는 의미이고, frontier는 '곡선적 개념' 혹은 '곡선적으로 면하다'라는 의미입니다.

예를 들어 어떤 주식 상품 A와 B에 여러 가지 비율로 투자했다고 가정하고 그 portfolio(포트폴리오)의 리스크와 리턴을 그래프로 나타내봅시다.

곡선 ADB 상에 존재하는 portfolio(포트폴리오)의 리스크와 리턴

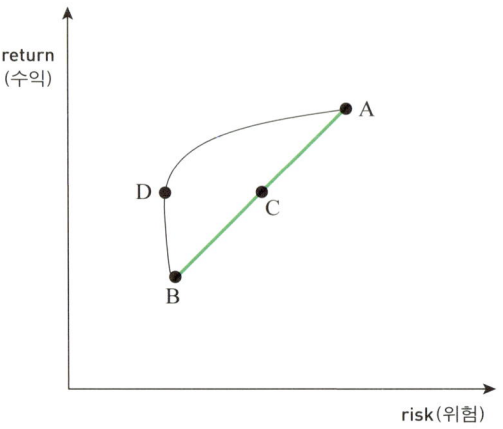

이 경우 주식 A · B의 리스크와 리턴을 표시하고 A · B점을 연결하는 직선 ABC 상에 portfolio(포트폴리오)의 리스크와 리턴은 존재하지 않는다는 점에 주의해야 합니다. 즉, 직선 ABC 상이 아닌 곡선 ADB 상에 존재하게 됩니다. 이것은 분산투자에 의한 효과라고 할 수 있습니다. 같은 리스크라도 투자처를 분산함으로써 기대 수익이 높아지는 곡선 상의 점이 곡선 ADB가 됩니다. A와 B의 correlation coefficient(상관계수)가 1이 아닌 이상 리스크는 반드시 감소함을 의미합니다. 두 개의 주식을 조합한 portfolio(포트폴리오)를 더욱 많은 수의 주식과 조합한 경우와 비교해보면 동일 expected return(기대 수익)에 대한 리스크가 점점 감소하므로 활 형태의 곡선으로 둘러싸인 부분이 더욱더 커집니다.

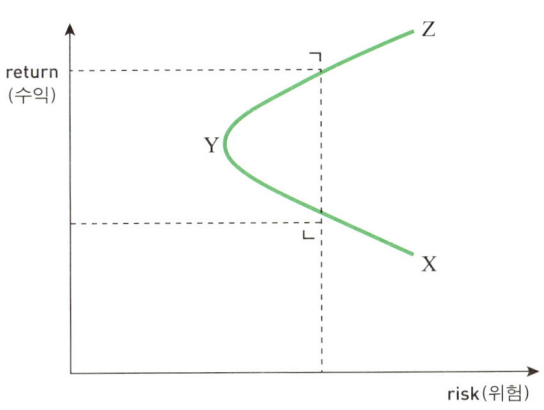

⇐ 분산 투자를 진행하면 활 형태의 곡선의
부푼 정도가 증가합니다.

    XYZ 곡선 상의 portfolio(포트폴리오)는 같은 수익이라도 가장 작은 리스크를 가진 portfolio(포트폴리오)의 집합이며, 리스크가 최소라는 이유로 이 XYZ를 '최소 분산 경계(최소 분산 집합 : minimum variance set)'라고 부릅니다. 게다가 투자가가 expected return(기대 수익)에 민감한 경우, 같은 리스크라면 분명히 수익이 높은 편을 선택할 것이므로 XYZ 곡선 중 YZ 곡선 상의 portfolio(포트폴리오)를 선택할 것입니다. 이 곡선이 바로 '효율적 경계선(efficient frontier)'입니다. 높은 수익을 원하는 투자가는 최소 분산 경계 상에 ㄱ과 ㄴ이 있다면 ㄱ을 선택합니다. 일반적으로 리스크 거부도는 투자가에 따라 차이가 있습니다. 그 투자가가 보유하고 있는 자금의 성질에 따라 리스크의 allowance(허용도)가 다릅니다. 이것이 utility function(효용 함수)에 의한 곡선이었습니다. 따라서 이 이차곡선과의 접점이 바로 그 투자가에게 최적의 포트폴리오 조합점이 됩니다. 그러나 utility function(효용 함수)은 과학적 수치화가 곤란한 리스크 거부도를 포함하고 있으므로 현실 수치화가 어렵습니다. 그렇기 때문에 utility function(효용 함수) 대신 '무위험 자산(risk free asset)'을 대입한 경우의 efficient frontier(효율적 경계선)를 검토합니다.

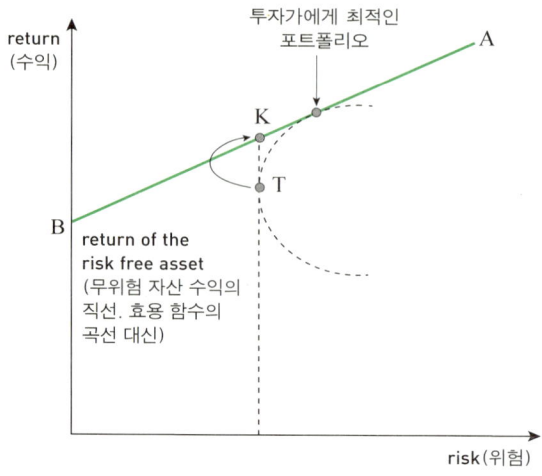

'무위험 자산(risk free asset)'으로 구성된 직선 AB가 새로운 efficient frontier(효율적 경계선)가 됩니다. risk free asset(무위험 자산)이란 금융기관 측에서 보면 '담보부 익일물 콜(secured overnight call)'이 되지만, 개인투자가 입장에서는 10년물의 일본 국채(JGB : Japanese government bond)가 이에 해당합니다. 일본 국채(JGB)는 엄밀한 의미에서 risk free asset(무위험 자산)이라고 할 수 없습니다. 그러나 liquidation(환금)이 가능하므로 여기서는 risk free asset(무위험 자산)으로 취급하겠습니다. 여기서 한 번 더 리스크 자산만의 efficient frontier(효율적 경계선) 상에 있는 portfolio(포트폴리오)를 생각해봅시다. 이 포트폴리오가 초래하는 risk(위험)와 return(수익)이 T점이라고 합시다. 이것에 무위험 자산에 대한 리스크와 리턴 AB(직선으로 표시됩니다)가 더해지면, 리스크 자산만 있는 T 점보다 같은 리스크지만 수익이 높은 K점을 선택할 수 있습니다. 즉 risk free asset(무위험 자산)을 portfolio(포트폴리오)에 더함으로써 보다 뛰어나고 효율성이 높은 포트폴리오를 형성할 수 있습니다.

마지막으로 이 투자가가 portfolio(포트폴리오)에 기대하는 expected return(기대 수익)을 구하는 방법을 살펴봅시다. 이것은 2장에서 공부했던 'CAPM(capital asset pricing model : 자본 자산 가격 결정 모형)'이라는 방식입니다.

> CAPM = 무위험 자산의 보유로 얻을 수 있는 금리 + β(베타) × (시장 전체의 기대 수익 − 무위험 자산의 보유로 얻을 수 있는 금리)

β(베타)가 1인 stock(주식 상품) 혹은 투자 대상인 asset(자산)은 시장 전체 지수의 동향과 같은 시세 변동을 보입니다. 즉, β(베타) 값이 얼마나 높은지, index(지표)보다 좋은 시세 변동을 하는 주식 종목을 발견할 수 있을지가 risk(위험)를 감소시키면서 investment management(투자 운용) 성적을 높이는 포인트가 됩니다.

β(베타)란

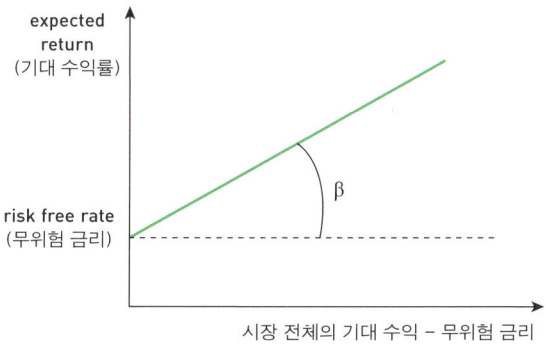

리스크 헤지와 시장 효율성에 관한 Key Words

■는 기본 단어   □는 해설이 첨부된 중요 단어

□ **Cash offer**　　　　　　　　　　　유상증자

A public equity issue that is sold to general interested investors.
▶ 일반적인 관심이 있는 투자가에게 판매되는 주식.

□ **Compensating balance**　　　　　보상 예금, 양건예금

Deposit amount that the firm keeps with the bank in a low-interest or non-interest-bearing account to compensate banks for bank loans or services.
▶ 기업이 은행 차입이나 서비스를 보상할 목적으로 은행에 보유한 저금리 혹은 무금리 예금(보통 차입의 2~5%를 은행에 예금으로 넣어두는데 이것은 차입 금리의 면세 효과가 있다).

□ **Duration**　　　　　　　　　　　　듀레이션

The weighted average time of an assets (bond) cash flows.
▶ 자산 현금흐름의 가중평균 기간.

□ **Efficient set**　　　　　　　　　　효율적 집합

Graph representing a set of portfolios which maximize expected return at each level of portfolio risk.
▶ 포트폴리오의 위험 수준에 따라 최대화된 기대 수익을 창출하는 포트폴리오의 집합체를 나타내는 그래프.

■ **Feasible set ; opportunity set**　기회 집합

□ **Federal agency securities**　　　연방 기관 증권

Securities issued by corporations and agencies created by the U.S. government.
▶ (연방 주택 대출 은행과 정부 저당 금고 등) 미국 정부에 의해 설립된 회사와 기관에 의해 발행된 증권.

□ **Floating-rate bond**　　　　　　　금리변동부 사채

A debt obligation with an adjustable coupon payment.

▶ 조정 가능한 쿠폰부 사채 지급 의무(채권).

☐ **Flow to equity, FTE**　　　　　　주주 현금흐름

Valuation approach that emphasizes cash flows to equity.

▶ 주식에 대한 현금흐름을 중시하는 평가 방식.

■ **Follow-up price increase**　　　　편승 시세 상승

☐ **Growth stock portfolio**　　　　　성장주 포트폴리오

A portfolio of stocks perceived to have high growth prospects (high growth rate of cash flows).

▶ 높은 성장성을 동반한 현금흐름을 낳는다고 생각되는 주식의 포트폴리오.

☐ **Independent project**　　　　　　독립 프로젝트

A project whose acceptance or rejection is decided independently.

▶ 채택 혹은 비채택을 개별적으로 결정하는 프로젝트.

☐ **Keiretsu**　　　　　　　　　　　계열

A confederation of Japanese firms under the single secure industrial brand, connected with cross holders of equity investments and a banking firm.

▶ 은행과 주식의 보합으로 연결된 산업 브랜드 아래 집결한 일본 기업군.

☐ **Limited partnership**　　　　　　합자회사

Form of business that permits the liability of some partners to be limited by the amount of cash contributed to the firm or partnership.

▶ 기업이나 조합에 출자한 금액의 범위 내에서 조합원의 책임을 묻는 사업 조직.

☐ **London Inter-Bank Offered Rate, LIBOR**　런던 은행 간 대출 금리

Rate the most creditworthy banks charge one another for loans of Euro-dollars overnight in the London market.

▶ 런던 시장에서 자금이 가장 윤택한 다른 은행에 대부하는 익일물 달러 표시의 거액 대출 금리.

☐ **Mortgage security**　　　　　　　저당증권

A debt obligation that is backed by a mortgage on the real property of the borrower.

▶ 임대자의 실재 자산을 담보로 한 채권.

☐ **Normal distribution**　　　　　　정규분포

Symmetric bell-shaped frequency distribution that can be defined by the

mean and standard deviation.
▶ 평균값과 표준편차로 나타내는 좌우 대칭의 종 모양의 분산 상태.

☐ **Opportunity set**   기회 집합

The possible expected return-standard deviation pairs of all portfolios constructed from a set of assets.
▶ 자산의 집합에서 만들어진 모든 포트폴리오의 기대 수익률을 조합한 것.

☐ **Portfolio variance**   포트폴리오 분산

Weighted sum of the covariance and variances of the assets in a portfolio.
▶ 포트폴리오의 자산 분산과 공분산의 합계의 가중 합계.

☐ **Principle of diversification**   분산투자의 원칙

Highly diversified portfolios that have negligible unsystematic risk.
▶ 극소의 비체계적 리스크(그 기업 특유의 리스크)로 고도로 분산화된 포트폴리오.

☐ **Q ratio; Tobin's Q ratio**   Q 비율, 토빈의 Q 비율

Market value of firm's asset divided by replacement value of firm's assets.
▶ 기업 자산의 시장가치를 기업 자산의 대체 가격으로 나눈 지표(일본에서도 1980년대 후반에 버블 시장을 정당화하는 지표로 사용되었다).

☐ **Separation principle**   분리 원칙

Portfolio choice is able to be separated into two independent tasks : 1) determination of the optimal risky portfolio, which is a purely technical problem, and 2) the personal choice of the best mix of the risky portfolio and the risk-free asset.
▶ 포트폴리오의 선택은 두 개의 독립 단계로 분리된다 : 1) 기술적인 문제로서 최적의 위험 자산을 포함한 포트폴리오의 조성, 2) 무위험 자산과 위험 자산의 포트폴리오의 최고 조합에 대한 개인의 선호.

☐ **Value portfolio**   밸류 포트폴리오

Portfolios of common-share stocks that emphasize short-run pay-outs and amount of earnings.
▶ 단기 배당 성향과 이익 금액에 중점을 둔 보통주로 구성된 포트폴리오.

☐ **Venture capital**   벤처 캐피털

Early-stage financing of young companies seeking to grow.
▶ 급성장을 요구하는 신생 회사의 초기 단계 융자(를 하는 회사).

옮긴이 **김민경**

기타규슈 대학교 경영정보학과를 졸업하고 영국 버밍엄 대학교 재무회계학 석사를 취득했다. 현재 번역 에이전시 (주)엔터스코리아 출판기획 및 일본어 전문 번역가로 활동 중이다.
옮긴 책으로『실전에 강한 MBA 회계』『회계의 정석』『MBA 마케팅 입문』『엄마 친구 아들도 배우는 영단어 Super』『중학영어』『SUPER LEVEL VOCA 10000』『베이직 영어회화 핵심 패턴 72』『베이직 영어회화 핵심 패턴 72+a』『올인원 리스타트』『중고등학교 영단어 총복습』등이 있다.

MBA ENGLISH
금융지식을 영어와 동시에 배운다

ⓒ 이시이 료마, 2011

초판 1쇄 인쇄 2011년 12월 16일
초판 1쇄 발행 2011년 12월 30일

지은이   이시이 료마
옮긴이   김민경
펴낸이   김동영
주간   정은영
편집   사태희 박영숙
디자인   배현정 여만엽
외서팀   김찬영 노유리
제작   고성은 박이수
영업   조광진 장성준 강승덕
마케팅   박제연 전소연
E-사업부 정의범 한설희 이혜미

펴낸곳   이지북
출판등록 2000년 11월 9일 제10-2068호
주소   121-753 서울시 마포구 동교동 165-1 미래프라자빌딩 7층
전화   편집부 02) 324-2347 경영지원부 02) 325-6047
팩스   편집부 02) 324-2348 경영지원부 02) 2648-1311
이메일   ezbook21@hanmail.net
홈페이지 www.jamo21.net

ISBN 978-89-5624-383-2 (14740)
     978-89-5624-385-6 (set)

잘못된 책은 교환해드립니다.
저자와의 협의하에 인지는 붙이지 않습니다.